OBERHAUSEN
ERLEBEN

Liebe Anne,

viel Spaß beim

Entdecken ...

tollen St...

Liebe Grüße

Mercator

Die Journalistin Fabienne Piepiora und die Fotografin Alexandra Roth sind schon seit vielen Jahren im Ruhrgebiet unterwegs, um Geschichten aufzuschreiben und zu dokumentieren. Dabei sind ihnen immer wieder Geheimtipps aufgefallen, die sie für dieses Buch zusammengetragen haben. Und weil beide selbst gerne reisen, wissen sie genau, welche Infos für einen gelungenen (Kurz-)Trip wichtig sind.

Liebe Leserinnen, liebe Leser,

das Buch ist in den vergangenen Monaten recherchiert, geschrieben und bis kurz vor Drucklegung aktualisiert worden. Dennoch kann es sein, dass sich Daten wegen der aktuellen Corona-Lage kurzfristig ändern. Bitte informieren Sie sich deshalb vor einem Besuch auf den Internet- und Facebookseiten der Anbieter. Die Kontaktdaten sind jeweils angegeben.
Im Sinne einer vielfältigen Gesellschaft hat der Verlag sich zur Verwendung der geschlechtergerechten Sprache entschieden.

Fabienne Piepiora und Alexandra Roth im August 2021

IMPRESSUM

1. Auflage 2021

www.mercator-verlag.de

Text & Konzeption: Fabienne Piepiora
Fotoredaktion: Alexandra Roth
Umschlagbilder: Neoliet, Slinky, Piwy's, Ruhrpottbrew, Schloss Oberhausen, Legoland: Alexandra Roth; Gasometer, Zauberlehrling, HOAG-Trasse, Sterkrader Kirmes: Carsten Walden; St. Antony-Hütte: Rainer Suhr; Centro: Centro; Ebertbad: Ebertbad
Satz und Gestaltung: media team, Duisburg
Druck & Bindung: AZ Druck- und Datentechnik, Kempten

ISBN 978-3-946895-36-7

Bibliografische Information der Deutschen Bibliothek: Die Deutsche Bibliothek verzeichnet diese Publikation in der Deutschen Nationalbibliografie; detaillierte bibliografische Daten sind im Internet über http://dnb.dnb.de abrufbar.

INHALTSVERZEICHNIS

Die Stadtteile von Oberhausen

Fakten und Geschichten

Die Stadt Oberhausen setzt sich aus den drei Bezirken **Alt-Oberhausen**, **Sterkrade** und **Osterfeld** zusammen. Die vormals selbstständigen Städte wurden 1929 zusammengelegt und bilden seitdem die heutige Großstadt. Je nachdem, wo man sich befindet, steht man im Rheinland oder in Westfalen. Die Grenze verlief bis 1929 zwischen Sterkrade und Osterfeld. Mittlerweile gehört Oberhausen komplett zum Rheinland, fühlt sich aber insbesondere der Metropole Ruhr zugehörig. Übrigens: Zwar sagt man den Westfalen nach, dass sie zum Lachen in den Keller gehen, aber der Karneval spielt auch in Osterfeld, etwa beim Sturm auf die Burg Vondern oder dem großen Kinderkarnevalszug, eine wichtige Rolle. Noch heute pflegt jeder Stadtteil seine Traditionen und für manche OberhausenerInnen stellt der Rhein-Herne-Kanal eine natürliche Grenze dar. Wer in Königshardt wohnt, fährt nur selten nach Alt-Oberhausen, AlstadenerInnen zieht es kaum zum belebten Wochenmarkt nach Sterkrade.

Die **St. Antony-Hütte** ist die Geburtsstätte der Ruhrindustrie. Deshalb trägt Oberhausen auch den Beinamen **»Wiege der Ruhrindustrie«**. Hier lebten und arbeiteten Protagonisten, ohne die das Ruhrgebiet nicht das geworden wäre, was es heute ist: Jacobi, Krupp, Haniel, Wenge. Sie alle sind bedeutende Persönlichkeiten der Schwerindustrie. Die St. Antony-Hütte ist auch die Wiege des späteren Weltkonzerns Gutehoffnungshütte, dessen Nachfolger MAN heute moderne Lkw und Busse herstellt.

Zahlreiche Zechen gab es in Oberhausen. 1850 wurde das erste Bergwerk der Stadt, die **Zeche Concordia**, eröffnet. 112 Jahre wurde tief unter der Stadt das sogenannte »schwarze Gold« gefördert. 6.567 Beschäftigte standen 1922 auf Concordia in Lohn und Brot. 1950 waren es noch 5.100 Personen. Obwohl die Geschäfte florierten, wurde die Zeche 1968 abgewickelt. Tausende OberhausenerInnen und die damalige Landesregierung protestierten, aber es half nichts. Stattdessen wurde auf dem ehemaligen Zechengelände der erste Strukturwandel eingeläutet. Heute stehen auf der Fläche das Einkaufszentrum »Bero«, das Berufsförderungswerk und die sogenannte City-West. Die letzte Zeche schloss 1992 in Osterfeld. Inzwischen werden die alten Industrieanlagen und -gebäude vielfältig genutzt. So kann man in der Zeche Alstaden beispielsweise Hochzeiten und Geburtstage feiern, auf dem Gelände von Zeche Jacobi ist ein Volksgolfplatz entstanden und im ehemaligen Fördermaschinenhaus der Zeche Concordia Schacht 6 wird nun Theater gespielt. KabarettistInnen und das Ensemble des Theaters an der Niebuhrg treten hier auf.

In der Zeche Concordia wird nun Theater gespielt.

Oberhausen war nicht nur Standort der Montanindustrie. Die **Oberhausener Glasfabrik** wurde 1876 nördlich der Duisburger Straße errichtet und nahm 1877 die Produktion auf. Bis 1979 wurden Trinkgläser, Flacons oder Pharmazie-Fläschchen hergestellt und in die ganze Welt verschickt. Zu den Abnehmern gehörten etwa Klosterfrau Melissengeist, Bayer Leverkusen, Löwensenf Düsseldorf oder auch der Parfümhersteller 4711. Noch heute hat der eine oder die andere OberhausenerIn schmuckvolle Kristallgläser bei sich zu Hause im Schrank stehen.

Fläschchen aus der Oberhausener Glasfabrik

Die Glasfabrik steht in der Oberhausener Stadtgeschichte für mehrere Dutzend **Unternehmen**, die neben den Zechen und Stahlwerken das Leben und Arbeiten prägten. Weitere bedeutende Unternehmen waren die Zinkhütten Altenberg und Grillo, die Chemiefabriken Hasenclever und Krebber oder die Rheinischen Polstermöbelwerke. Zur **Wirtschaftswunderzeit** um 1960 erreichten die Bevölkerungs- und Beschäftigtenzahlen Höchststände: 261.000 OberhausenerInnen gab es, 108.600 Menschen boten die Firmen einen Job. Zeitgleich begann die Absatzkrise des Steinkohlebergbaus. Billige Importe und Öl machten der heimischen Kohle Konkurrenz.

Allein durch die Schließung der verschiedenen Montanindustrie-Zweige gingen in Oberhausen seit den 1960er Jahren rund **50.000 Arbeitsplätze** verloren. Die PolitikerInnen standen vor der Aufgabe, neue Perspektiven zu schaffen – beispielsweise im Hinblick auf die künftige Nutzung alter Flächen. Außerdem mussten Pläne her, um neue Firmen anzusiedeln. Einiges glückte. So werden zum Beispiel die Ansiedlung des **Centros** und die Entwicklung der **Neuen Mitte** als Erfolge gefeiert. In den vergangenen Jahren sind nicht nur Freizeiteinrichtungen in die Nachbarschaft der Shoppingmall gezogen, sondern auch Firmenzentralen und das Technologiezentrum Umweltschutz Management (TZU). Für das Gelände des Elektrostahlwerks an der Osterfelder Straße gab es ebenfalls große Pläne, verbunden mit dem Namen O.Vision. Doch der angedachte Gesundheitscampus scheiterte. Die Vermarktung der Fläche geht schleppend voran.

Laut der Oberhausener Wirtschafts- und Tourismusförderung (OWT) gehören mittlerweile folgende Firmen, gemessen an der Beschäftigtenzahl, zu den **größten Unternehmen in Oberhausen**: MAN Energy Solutions SE, GHH Radsatz, Bilfinger Engineering & Technologies, ThyssenKrupp MillServices & Systems, OQ Chemicals sowie KODi, dessen Zentrale und Lager in Oberhausen ansässig sind. Die GEWA Gesellschaft für Gebäudereinigung und Wartung macht

Die Bernaduskapelle kann man für Veranstaltungen mieten.

den Reigen komplett. Im Bereich der Neuen Mitte Oberhausen sind nach dem Rückzug der Eisen- und Stahlindustrie etwa 13.500 Arbeitsplätze neu entstanden, so die OWT. Rund 5.000 davon entfallen auf den engeren Bereich des Centros, einschließlich Promenade und Businesspark an der Centroallee.

Die wirtschaftliche Entwicklung ist **nicht der einzige Strukturwandel**, der in den vergangenen Jahrzehnten in Oberhausen und im gesamten Ruhrgebiet eingesetzt hat. Seit Jahren klagen die evangelische und die katholische Kirche über sinkende Mitgliederzahlen. Genauso lange wird diskutiert, wie viele Gotteshäuser sich die Gemeinden noch leisten können und wie die sakralen Gebäude anders genutzt werden könnten. In Osterfeld gibt es zum Beispiel Überlegungen, aus der Kirche St. Josef Heide eine Sportstätte zu machen. Die Kirche ist denkmalgeschützt und darf deshalb nicht abgerissen werden. In Sterkrade hat Küchenmeister Tobias Fleckner die **Bernaduskapelle** in einen beliebten Treffpunkt umfunktioniert. Das Kirchenschiff ist, getrennt durch eine Glaswand, in einen geistlichen und einen weltlichen Bereich unterteilt. Konzerte und andere kulturelle Events finden hier genauso statt wie Hochzeiten. Die Kapelle kann man mieten, Tobias Fleckner und sein Team sorgen für den festlichen Rahmen inklusive Catering.

In Oberhausen leben rund **212.000 EinwohnerInnen aus 148 Ländern** – Stand Dezember 2019. Frauen sind leicht in der Mehrheit, es gibt knapp 108.000 Oberhausenerinnen. Laut Statistik-Amt der Stadt haben etwa 64.000 Personen einen Migrationshintergrund.

Zu den **prominenten OberhausenerInnen** gehören etwa der Aktionskünstler **Christoph Schlingensief**, die Schauspielerin **Esther Schweins**, die 1970 in Oberhausen geboren wurde, oder 800-Meter-Weltmeister **Willi Wülbeck**. Die Oberhausener

Kabarettistin **Gerburg Jahnke** hat seinerzeit mit Missfits-Partnerin Stephanie Überall ihrer Heimat mit dem »Oberhausen«-Lied ein musikalisches Denkmal gesetzt. **Wim Wenders** wurde zwar in Düsseldorf geboren, wuchs allerdings in Oberhausen auf und besuchte später in Sterkrade das Freiherr-vom-Stein-Gymnasium. Schauspieler **Claus Theo Gärtner**, der den Matula in »Ein Fall für Zwei« spielte, lebt noch heute hier. Seine Mutter, **Lotti Gärtner**, war in Oberhausen mindestens genauso bekannt und beliebt. Die Artistin und Ballett-Tänzerin mochte allerdings gar nicht auf die Rolle als »Mama Matula« reduziert werden – dazu war ihr eigenes Leben zu aufregend und erlebnisreich.

Der zumindest zeitweise populärste Oberhausener war allerdings **Krake Paul**. Der achtarmige Bewohner des Sea Life orakelte den Ausgang der WM-Partien im Jahr 2010 immer richtig. »Wir haben da nicht getrickst«, beteuert Centermanager Martin Lind noch Jahre später. Paul war wohl einfach vom Hunger getrieben. Die Pfleger füllten Muscheln in zwei Boxen, jeweils versehen mit der Flagge der Fußballgegner. Als der Krake immer wieder richtig lag, schickten Radio- und Fernsehsender, Zeitschriften und Tageszeitungen ihre Journalisten zum Großaquarium, um über Paul zu berichten. Als dieser schließlich das Ausscheiden von Deutschland vorhersagte, kippte kurzzeitig die Stimmung – aber selbst beim Endspiel lag er richtig: Spanien siegte. So gesehen machte sich Paul auch um die deutsch-spanischen Beziehungen verdient. Er wurde zum Ehrenbürger der Tintenfisch-Stadt Carballino ernannt. Am 26. Oktober 2010 verstarb das Tier, das Sea Life flaggte Halbmast. Danach zogen noch mehrere Pauls in die Becken des Großaquariums. Die Urne des legendären Kraken steht mittlerweile im DFB-Museum in Dortmund. Eine Replik ist weiterhin in der Neuen Mitte zu sehen.

Krake Paul ist weltberühmt.

Die Trauer war damals groß. Die meisten HaustierbesitzerInnen können wahrscheinlich nachvollziehen, wie es sich anfühlt, wenn ein geliebter Weggefährte stirbt. Als eine der ersten Kommunen hatte Oberhausen denn auch einen **Friedhof für Haustiere**. Das rund 3.000 Quadratmeter große Areal wurde vor mehr als 30 Jahren angelegt und wird privat betrieben. Hinter dem Diekerhof, an der Stadtgrenze zu Mülheim, finden Hunde, Katzen, aber auch Kaninchen und sogar Schlangen ihre letzte Ruhe. Die Beisetzung erfolgt, je nach Wunsch von Frauchen oder Herrchen, in einem Sarg oder einer Kuscheldecke. Wer mag, kann seinen Liebling noch einmal aufbahren lassen, um sich in Ruhe zu verabschieden. Nach der Bestattung können Angehörige das Grab gestalten. Einige sind üppig bepflanzt, es brennen Kerzen und zur Erinnerung liegen die alten Spielzeuge dort. Nur Kreuze sind aus rechtlichen Gründen nicht erlaubt. Für die Trauernden wurde eine Sitzecke eingerichtet. Wer mag, kann miteinander ins Gespräch kommen und von seinen geliebten Vierbeinern erzählen.

Friedhöfe sind nicht nur Orte der Trauer, sondern erzählen den Lebenden viel über die **Geschichte und Kultur einer Stadt**. Früher gab es zum Beispiel verschiedene jüdische Friedhöfe in Oberhausen. Der älteste befindet sich in Holten. 2015 formierte sich ein Arbeitskreis, in dem neben der Gedenkhalle und der Jüdischen Gemeinde Duisburg-Mülheim-Oberhausen sowie der Denkmalbehörde einige weitere Institutionen mitwirkten: Gemeinsam wurde überlegt, wie die steinernen Zeugen restauriert werden können. Jüngst ist eine Broschüre erschienen, die zehn jüdische Biografien nachzeichnet. Eine Radtour zu den Jüdischen Friedhöfen wird derzeit vonseiten der Gedenkhalle ausgearbeitet. Einen Rundgang lohnt auch der Westfriedhof – in der parkähnlichen Anlage gibt es bereits Informationstafeln. An den einzelnen Stationen erfahren BesucherInnen Wissenswertes über verschiedene (politische) Ereignisse, die die Stadt bewegt haben. Vorbei geht's an jüdischen Gräbern und Ruhestätten, die an die Grubenunglücke auf Zeche Concordia erinnern. Es gibt einen Gedenkstein für die Märzgefallenen um 1920 sowie ein Germania-Denkmal. Nicht zuletzt liegt auch die unvergessene Oberbürgermeisterin Luise Albertz auf dem Westfriedhof begraben.

Nach dem Zweiten Weltkrieg entstand vielerorts die Idee, Städtepartnerschaften aufzubauen – quasi als eine Art Friedensbewegung, um in Europa ehemals verfeindete Länder wieder näher zueinander zu führen. Oberhausen pflegt **sechs Städtepartnerschaften**. Die erste entstand lange nach dem Krieg. Sie wurde 1974 mit **Middlesbrough** an der Nordseeküste Nordenglands geschlossen. Die 125.000-Einwohner-Stadt, ursprünglich nur ein Dorf, verändert sich vergleichbar zu Oberhausen vom Industrie- zum Dienstleistungsstandort. Die zweite Partnerschaft wurde 1986 mit **Saporoshje** geschlossen. Die Stadt der Stahlkocher und Maschinenbauer ist die sechstgrößte in der Ukraine. 2002 kamen die sardischen Kohle-Städte **Iglesias** und **Carbonia** hinzu. Mal vom besseren italienischen Wetter abgesehen, gibt es erstaunlich viele Gemeinsamkeiten zwischen den Partnern. Ähnlich wie im Ruhrgebiet war lange Zeit der Bergbau prägend – und nach dem Zechensterben gab's hier wie dort einen Strukturwandel. Zum zehnjährigen Bestehen der Freundschaft machten die Italiener den Oberhausenern übrigens eine besondere Freude: Die Straße vor dem Rathaus heißt seitdem »Via Oberhausen«. **Mersin** an der türkischen Mittelmeerküste, unweit der syrischen Grenze, ist mit 1.745.000 EinwohnerInnen die mit Abstand bevölkerungsreichste Partnerstadt – und die einzige außerhalb Europas. Nach Kommunalwahlen in der Türkei war das Verhältnis etwas abgekühlt, mittlerweile sind die Gespräche aber wieder aufgenommen worden. Die jüngste Städtefreundschaft mit dem polnischen **Tichy** datiert aus dem Jahr 2020. Seit vielen Jahren setzten sich die BetreiberInnen des Restaurants Gdanska am Friedensplatz privat für die polnisch-deutsche Völkerverständigung ein. Nach dem Brexit-Schock 2020 begab sich die Stadtspitze schließlich offiziell auf die Suche nach einer polnischen Partnerstadt, um das europäische Zusammengehörigkeitsgefühl zu stärken. Tichy ist eine von Steinkohle, Autos und Bier geprägte Kommune. Sie liegt etwa 1.000 Kilometer von Oberhausen entfernt und ebenso wie das Ruhrgebiet an der Europäischen Route der Industriekultur.

Auf dem Friedensplatz

Die internationalen Freundschaften werden nicht nur bei offiziellen Delegationsreisen gepflegt. Nein, beim **Jugendaustausch Multi** geht's wohl wesentlich lebendiger zu! Jeweils im Sommer, in den ungraden Jahren, kommen Teenager zwischen 13 und 18 Jahren aus der ganzen Welt nach Oberhausen, wohnen bei Gastfamilien und lernen so die unterschiedlichen Kulturen kennen. Jeden Tag finden gemeinsame Aktionen und Ausflüge statt – die Partys natürlich nicht zu vergessen. In den anderen Jahren zieht es die jungen OberhauserInnen in die Multi-Partnerländer, etwa nach China, Estland, Peru, Rumänien oder in die Ukraine. Einen Rekord haben die Multis schon geknackt: Bei dem Programm handelt es sich um den größten internationalen Austausch auf kommunaler Ebene.

Die Jugendlichen lernen Oberhausen von seiner charmanten Seite kennen. Wer ansonsten von auswärts auf die Stadt blickt, tut dies mitunter mit Vorurteilen. Die Stadt trägt einen Titel, auf den sie nicht stolz ist: Sie galt lange als die **Pleitekommune** mit der höchsten Pro-Kopf-Verschuldung in Deutschland. Aktuell, Stand 2021, beträgt diese 9.512 Euro. Dann hat der Kämmerer auch noch einen griechischen Namen – da waren Spott und Häme aus anderen Teilen der Bundesrepublik programmiert. In den vergangenen Jahren hat Kämmerer Apostolos Tsalastras zwar einen harten Sparkurs gefahren, um Altschulden abzubauen. Personal wurde gestrichen, Schwimmbäder und Sportplätze wurden geschlossen. Doch in der Corona-Krise musste die Stadt neue Ausgaben stemmen und Steuerausfälle verkraften. Darüber mochte selbst Heute-Show-Satiriker Oliver Welke keine Witzchen machen. In einer Sendung sprang er Oberhausen bei und nannte die Stadt als Beispiel, dass der Bund endlich eine Lösung für die immensen Finanzlöcher der Kommunen finden müsse. Fragt man die OberhausenerInnen, leben die meisten dennoch gerne in ihrer Heimat – und rümpfen über den Berliner Spruch »arm, aber sexy« die Nase.

Der Music Circus Ruhr ist legendär.

Apropos sexy: Früher hatte das Nachtleben in Oberhausen ordentlich was zu bieten. Wer etwas auf sich hielt, zappelte im legendären Zelt **Music Circus Ruhr** ab. Olaf Hasenbein, Burkhard Sickelmann und Torsten Sievert veranstalteten damals im **Bolleke** erste Live-Konzerte, verlegten größere Namen dann ins Zentrum Altenberg oder ins Sterkrader **Old Daddy**. Als sie schließlich das Management für die Sängerin Jackie Virgil übernehmen, tingeln sie quer durch die Bundesrepublik und lernen so manche Tanz-Location kennen. Ausgerechnet ein Auftritt in Hannover bringt sie auf die zündende Idee. Dort war aus einem alten Zirkuszelt eine Disco geworden. Olaf Hasenbein erinnert sich: »Der Laden war bumsvoll, die Stimmung ein Wahnsinn.« Die drei beschließen: »Das machen wir auch.« Zum Glück glaubte auch der damalige Jugend- und Sozialdezernent Hugo Baum an die Idee. Er vermietete den Jungs den Parkplatz am Stadion. Die neun Gründer kratzten jeder 10.000 Mark zusammen, um ein gebrauchtes Zelt aufzutreiben, jede Menge Deko und nicht zu vergessen: Auch mit Brauereien und Lieferanten musste verhandelt werden. Die Neugier lockt schließlich die ersten Tanzwütigen. Doch als sie verkünden, dass der legendäre James Brown live in Oberhausen spielen wird, glaubt ihnen das kaum jemand. Weniger als tausend Karten gehen weg. Die Einnahmen reichen gerade so für die Gage. Doch dann geht's aufwärts. Bands, die später ihren großen Durchbruch erleben, sind zu Gast, darunter Fury in the Slaughterhouse, die Toten Hosen, die Ärzte oder Philipp Boa.

Der Erfolg beflügelte das **Oberhausener Nachtleben** insgesamt. In Alt-Oberhausen entstanden neue Kneipen, Restaurants, Clubs und Discotheken, zum Beispiel das heute noch bestehende »Transatlantik«, »Paul's« im Ebertbad und das »Raskalnikof«. Der spätere Chef der Turbinenhalle eröffnete an der Essener Straße ein zweites Zelt. Das »Blue Moon« lockte ebenfalls NachtschwärmerInnen aus den umliegenden Städten. Bald war in Oberhausen so viel los, dass die Music-Circus-Macher ihr eigenes Programmheft »Alles in 4200« herausgaben. Heute sind viele Feten aus dem Kalender verschwunden. Getanzt wird allenfalls noch im Altenberg, Druckluft oder Steffys. Revival-Partys im Zelt sorgten bei alten Music-Circus-Fans noch einmal für alte Glücksgefühle. Mittlerweile ist die Ära aber beendet. Olaf Hasenbein ist mit einem Teil des Gründerteams dem Zeltgeschäft indes treu geblieben. Sie vermieten nun Zelte für Veranstaltungen.

In Sachen Musik und Informationen spielt Oberhausen allerdings immer noch eine wichtige Rolle: Seit der Gründung der privaten Lokalradios sendet **Radio NRW** das

Rahmenprogramm. Wenn die ModeratorInnen und ReporterInnen nicht aus ihren Sendegebieten berichten, übernimmt Oberhausen das Programm. Dazu gehören die Weltnachrichten, Wetterberichte, Verkehrs-Meldungen, Comedy-Formate und die Auswahl der Musiktitel. »Mantel-Programm« heißt das im Fachjargon. 45 Lokalstationen aus ganz Nordrhein-Westfalen sind angegliedert. Im Schnitt schalten 4,37 Millionen HörerInnen täglich ein.

Radio NRW sendet aus Oberhausen.

Seit Eröffnung des Centros im September 1996 und zahlreicher Freizeiteinrichtungen in der Neuen Mitte, ist Oberhausen ein beliebtes Ausflugsziel – nicht nur für einen Tag. Einige TouristInnen verbringen hier ein längeres Wochenende oder in Kombination mit Ausflügen in die Nachbarstädte auch locker eine Woche. Sie sind begeistert von den vielen Möglichkeiten, die die Stadt bietet. Beliebte Stopps sind das Centro, der Gasometer, Veranstaltungen in der König-Pilsener-Arena. Kaisergarten und Rhein-Herne-Kanal laden zum Spaziergang ein. Der Ruhrtal-Radweg streift Oberhausen, und auch an der Emscher kann man prima radwandern. **546.000 Übernachtungen** zählten die Touristiker im Jahr 2019.

Doch schon früher bemühte sich die Stadt, mit allerlei Devotionalien auf sich aufmerksam zu machen. Tassen mit Oberhausen-Grüßen wurden gestaltet, Postkarten – und **Krawatten**. Die Binder mit schrägem O. gab's in verschiedenen Kollektionen. Sie waren zwar modisch etwas fragwürdig, verfehlten ihr Ziel aber nicht. So wurde ausgerechnet Bundeskanzler **Helmut Schmidt** am 1. August 1975 zum Werbeträger für die Stadt. Das kam so: Als Schmidt in Helsinki die Schlussakte der Konferenz für Sicherheit und Zusammenarbeit in Europa unterzeichnete, trug er ausgerechnet den Oberhausen-Schlips. Das Accessoire fiel auf und zahlreiche JournalistInnen aus dem In- und Ausland thematisierten die blaue Krawatte, gemustert mit dem schrägen O. Sie war übrigens ein Geschenk von Oberbürgermeisterin Luise Albertz.

Ganz gleich, aus welchem Grund Sie in Oberhausen unterwegs sind – fahren Sie mal eine Runde Bus oder Bahn. Böse Zungen mögen ja behaupten, dass es die Stadt überhaupt nur gibt, weil 1847 der Hauptbahnhof gebaut wurde. Tatsächlich haben Verkehrsprojekte stets eine wichtige Rolle für die Stadtentwicklung gespielt. So entstand 1996 die heutige **ÖPNV-Trasse**, die Alt-Oberhausen ab dem Hauptbahnhof mit Sterkrade verbindet. Früher rollten hier Züge der Hüttenwerke. Die Trasse stützt sich auf 21 Brückenbauwerke und führt Sie über den Rhein-Herne-Kanal, die Emscher, vorbei am Centro, Olga-Park, Siedlung Eisenheim und Oberhausens größtem Arbeitgeber MAN Turbo. Die Fahrt ist garantiert staufrei und dauert elf Minuten.

Veranstaltungen in Oberhausen

Wenn es im **JANUAR** trüb und dunkel ist, wird den LiricherInnen warm ums Herz. Zahlreiche Vereine und Institutionen, allen voran die engagierte Karnevalsgesellschaft »Echte Fründe«, veranstalten das **Liricher Lichterfest**. Bei Einbruch der Dunkelheit, ab 17 Uhr, wird es heimelig und trubelig um die Kirche St. Katharina. Musikalisch wird ein breitgefächertes Programm geboten: Gospel oder ruhigere Töne im Gotteshaus – Schlager, Rock und Schunkelmusik auf der Außenbühne. Auf einer kleinen gastronomischen Meile können sich BesucherInnen stärken. Das Theater an der Niebuhrg beteiligt sich genauso wie Arminia Lirich: »Echte Fründe ston zesamme.«

Micky Maus und Lucky Luke können einpacken: Die Comic-HeldInnen von heute stammen aus Asien, haben tolle Frisuren und stets ein Glänzen in den Augen. Manga heißt der Trend. Einmal im Jahr treffen sich Fans zur Oberhausener **Comic- und Manga-Convention** im Revierpark Vonderort. SammlerInnen halten Ausschau nach alten Comic-Schätzchen, verschiedene Zeichner geben sich die Ehre und porträtieren die BesucherInnen, und natürlich gibt es jede Menge Figuren zu kaufen. Auch optisch ist die Messe ein Spektakel – viele TeilnehmerInnen kommen nämlich in Verkleidung.
www.comic-messen.de

Ahoi und Glückauf: Der Rhein-Herne-Kanal ist ohnehin ein beliebtes Ausflugsziel. Im **APRIL** lohnt es noch mehr, am Ufer zu flanieren. Dann erwacht der **Kulturkanal** mit einer Parade zum Leben – eine Idee, die aus dem Kulturhauptstadtjahr 2010 stammt. 60 Fahrgastschiffe und Boote schippern durchs Ruhrgebiet. Rund um den Anleger am Kaisergarten organisiert das Kulturbüro ein

Die Schiffsparade ist das Highlight beim Kanalerwachen.

umfangreiches Bühnenprogramm. Wer auf einem der Fahrgastschiffe dabei sein möchte, sollte frühzeitig Tickets ordern.
www.kulturkanal.ruhr

Selbermachen liegt im Trend – deshalb hat sich der Holländische **Stoffmarkt**, der im **FRÜHJAHR** und **HERBST** auf dem Altmarkt stattfindet, zu einem Publikumsmagneten entwickelt. HändlerInnen aus Arnheim, Amsterdam oder Doetinchem präsentieren Meterware in Trendfarben. Es kann an mehr als 100 Ständen gestöbert werden. Die Fachleute geben den Hobby-HandarbeiterInnen gerne Tipps rund um Schnittmuster und Co.

Der Stoffmarkt ist ein Publikumsmagnet.

Oberhausen ist das Mekka für Kurzfilm-Cineasten. Wenn im **MAI** die **Internationalen Kurzfilmtage** stattfinden, strömen FilmemacherInnen und ZuschauerInnen aus dem In- und Ausland herbei und sorgen rund um die Lichtburg und das Walzenlager-Kino für eine kreative Atmosphäre in der Stadt. Gezeigt werden rund 500 Filme in verschiedenen Sparten,

Die Kurzfilmtage locken viele (Fach-)BesucherInnen.

eingereicht werden oft tausende. Filme laufen im deutschen oder internationalen Wettbewerb. Sehr beliebt ist das NRW-Programm. Die deutschen Streifen dürfen übrigens nicht länger als 45 Minuten sein. Im Anschluss wird über das Gesehene diskutiert.
www.kurzfilmtage.de

Die **Interessengemeinschaft Oberhausen Osterfelder Oldtimerfreunde** organisiert, stets im **MAI**, den schönsten Stau der Stadt. Autolegenden aus aller Welt können bestaunt werden. Auf dem Marktplatz präsentieren Fans ihre alten Schätzchen. BesucherInnen können mit den BesitzerInnen fachsimpeln. Zu erzählen gibt es genug ... Höhepunkt ist eine Ausfahrt. Wenn's – in der Regel um 11 Uhr – losgeht, werden alle TeilnehmerInnen vorgestellt. Unterwegs müssen die FahrerInnen verschiedene Aufgaben lösen, ganz ohne Navi und Servolenkung.

Das **Pfingstradrennen** gehört zu den sportlichen Klassikern im Veranstaltungskalender. Traditionell am **PFINGSTSONNTAG** findet im Oberhausener Osten das Event statt, Motto: »Sport, Show, Pedale.« Der Rennkurs mit Start und Ziel auf der Mellinghofer Straße ist zwei Kilometer lang und hat mit fast 700 Metern eine der längsten Zielgeraden in Deutschland. Hobby-SportlerInnen ab 16 Jahren können am Jedermann-Rennen teilnehmen. Sie müssen 40 Kilometer bewältigen, also 20 Runden strampeln. Angefeuert werden sie vom Publikum am Straßenrand.

Weil die Geschichtswerkstatt immer wieder alte Schmöker angeboten bekommen hat, kamen die Ehrenamtlichen irgendwann auf die Idee, eine Bücherbörse auszurichten. Entstanden ist die charmante Veranstaltung **Buchgestöber**, die immer im **MAI** stattfindet und mittlerweile die größte ihrer Art in der Umgebung ist. Zudem gibt es ein umfangreiches Rahmenprogramm mit Theater, Lesungen und Diskussionen. Der Eintritt ist frei.
www.facebook.com/buchgestoeber

Im Frühjahr, in der Regel zu **CHRISTI HIMMELFAHRT**, wird es gesellig auf dem Friedensplatz: Das **Winzerfest** gehört zu den Traditionsveranstaltungen in der Innenstadt. Klein, aber fein ist die Auswahl der Weingüter, die hier edle Tropfen ausschenken. Begleitet wird das Programm von Musik und zu Wein passenden Leckereien. Nicht nur für OberhausenerInnen ein beliebter Treffpunkt.
www.oberhausencity.de

Das Winzerfest hat im Frühjahr Tradition.

FRONLEICHNAM ist **Kirmes in Sterkrade**. Die »Einsteigen. mitmachen, dabei sein«-Freunde feiern seit 1829 im Schatten der Clemenskirche. Die Kirmes ist der Höhepunkt des Jahres. Rund 300 SchaustellerInnen bauen ihre Buden und Fahrgeschäfte auf. Los geht's übrigens schon einen Tag vor Fronleichnam mit dem sogenannten Kirmesheiligabend. Früher trafen sich die SterkraderInnen bereits am Mittwoch, um in Ruhe die Fahrgeschäfte zu inspizieren. Daraus wurde dann der offizielle Eröffnungstag. Wer früh kommt, kann zu Happy-Hour-Preisen Spaß haben. Donnerstags findet die Fronleichnamsprozession statt, Samstag ist Familientag. Montagabend endet das Vergnügen traditionell mit einem großen Feuerwerk.
www.fronleichnamskirmes.de

Fronleichnamkirmes in Sterkrade

Im **JUNI** liegt Malle am Centro: Beim Schlager-Festival **Oberhausen Olé** geben sich Ballermann-Größen wie Mickie Krause, Mia Julia und Ikke Hüftgold die Ehre. Das Publikum, meist 30.000 Leute, feiert die Ikonen mit Polonaise, »Schallala« und »Olé«. Wer

garantiert bei Sommer, Sonne und Sangria dabei sein will, sollte sich die Eintrittskarten im Vorverkauf sichern.
www.oleparty.de

Die Extraschicht, auch **Nacht der Industriekultur** genannt, findet jedes Jahr am **LETZTEN SAMSTAG IM JUNI** an rund 50 Orten im Ruhrgebiet statt. Rund um alte Zechen und Halden gibt es ein vielfältiges Programm, das den Wandel von der Schwerindustrie zu einer modernen Kulturregion symbolisiert. Geboten werden Tanz, Theater, Performances und Live-Musik in oft spektakulärer Kulisse. Die BesucherInnen können in Bussen von Ort zu Ort fahren. In Oberhausen beteiligen sich etwa das Schloss, der Gasometer, der Peter-Behrens-Bau oder das Theater an der Niebuhrg. Tickets gibt's im Vorverkauf.
www.extraschicht.de

Ritter erobern im Juli die Burg Vondern.

Wenn Ritter, Knappen, Händler, Spielleute und Gaukler im **JULI** ihr Lager rund um Burg Vondern aufschlagen und Mittelalter-Enthusiasten in Scharen nach Osterfeld strömen, dann ist

Die Fete de Trottoir lockt Flaneure.

Ritterfest. Gestemmt wird das Spektakel von den engagierten EhrenamtlerInnen, die sich das ganze Jahr um den Erhalt der Burg kümmern. Sie koordinieren die Schlachten, die nur zur Belustigung der BesucherInnen geschlagen werden – manchmal sind mehr als 400 Mittelalter-DarstellerInnen im Einsatz. Die kämpfen nicht nur, sondern lassen sich etwa beim Schmieden zuschauen und von manchem geschickten Zuschauer auch helfen. Es werden Körbe geflochten oder nach altertümlicher Art Brot gebacken. Das Fest findet alle zwei Jahre im Wechsel mit den **Highland Games Burg Vondern** statt. Der Eintritt fließt komplett in die Arbeit zum Erhalt der Burg: Huld, Huld, Jubel!
www.burg-vondern.de

Bonjour Oberhausen: Im **JULI** wird die Langemarkstraße bei der **Fête de Trottoir** zum Treffpunkt für FreundInnen französischer Lebensart. Die Straße duftet nach Lavendel, es gibt kulinarische Klassiker, von Austern bis Flammkuchen, hier und da ertönen Chansons und Akkordeonmusik. Dieses kleine, feine Fest bringt Lebensfreude in die Oberhausener Innenstadt und verlängert das Urlaubsgefühl.
www.oberhausen-unplugged.de

Ruhr in Love: Schenkt euch Liebe und elektronische Musik.

das Beste: Der Eintritt ist frei. Weil die Party immer beliebter wurde, findet sie nun an zwei Tagen statt. www.oberhausencity.de

»Aloa-He«: Wenn der Marina Shanty Chor im **AUGUST** maritime Gassenhauer anstimmt, ist wieder **Hafenfest** an der Heinz-Schleußer-Marina am Centro. Alle Feierwütigen kommen am Freitagabend bei der Kanalparty auf ihre Kosten. Ein Strand sorgt für Urlaubsgefühle, auch wenn das Wetter nicht immer Südsee-tauglich ist. Mit Blumenkette um den Hals und einem Cocktail in der Hand kann man sich das ja schöntrinken. Der Sonntag hält jede Menge Programm für Familien bereit, mehr als 60 Vereine und Institutionen stellen mächtig was auf die Beine. Der Eintritt ist frei, nur für die Kanalparty braucht man Tickets.
www.oberhausener-hafenfest.de

Schenkt euch Liebe – und Elektro-Beats: 400 DJs, 40 Tanzflächen und zehn Stunden Techno, House und Trance verwandeln den Olga-Park im **JULI** beim Festival **Ruhr in Love** in eine riesige Freiluft-Discothek. Mit dabei sind nicht nur tausende Tänzer, sondern auch namhafte PlattendreherInnen. Zehn Stunden dauert die Party, für die die Veranstalter schon Tage vorher das Gelände mit Liebe kreativ umgestalten. Das wissen die Fans, die sich als große »elektronische Familie« verstehen, zu schätzen. Karten an allen bekannten Vorverkaufsstellen.
www.ruhr-in-love.de

Zur **Musiksommernacht** im **JULI/AUGUST** verwandelt sich die Oberhausener City in eine zwei Kilometer lange Open-Air-Bühne. Zahlreiche Bands sorgen dafür, dass zwischen Altmarkt, Saporoshje-Platz, Marktstraße und Friedensplatz getanzt und gerockt wird. Und

Party und Familienprogramm: Das Hafenfest wird groß gefeiert.

Umsonst und draußen: Olgas Rock

Olgas Rock ist eine feste Größe im Veranstaltungskalender. Seit 1999 werden im **AUGUST** die Bässe hochgedreht – und Newcomer sowie international bekannte Bands bekommen eine Bühne geboten. Organisiert wird das beliebte Umsonst-und-Draußen-Festival vom Rocko e. V. und dem Kulturbüro der Stadt. Neben Rock kommen auch Fans von Alternative, Indie, Reggae, Pop oder Hip-Hop auf ihre Kosten.
www.olgas-rock.de

Das **Weiße Dinner** im **AUGUST** ist das wohl schönste Picknick Oberhausens. Einmal im Jahr wird auf dem Saporoshje-Platz eine lange Tafel improvisiert. Neulinge und WiederholungstäterInnen schleppen Tische und Stühle samt Luftballons, weißer Blumen oder anderer Deko an, bringen etwas zu essen und zu trinken mit und haben sich zur Feier des Tages ganz in Weiß herausgeputzt. Nur bei den Schuhen sind Ausnahmen erlaubt. So ergibt sich automatisch eine zauberhaft-festliche Atmosphäre. Die musikalische Begleitung wird vom Veranstalter Uwe Muth organisiert.

Am **ERSTEN WOCHENENDE IM SEPTEMBER** wird in Osterfeld gefeiert – dann ist Zeit für das beliebte **Stadtfest**. Gestemmt wird das Bühnenprogramm mit vielen Beiträgen von Vereinen und Institutionen. Außerdem sorgen Musikgruppen für Stimmung. Am Sonntag lockt ein großer Trödelmarkt SchnäppchenjägerInnen, KunsthandwerkerInnen präsentieren ihre Waren.
www.stadtfest.online

Das Weiße Dinner ist das schönste Picknick von Oberhausen.

»Morgens bin ich immer müde, aber abends bin ich wach«: Gute Voraussetzungen, um im **SEPTEMBER** wunderbar **Schlaflos** durch die Nacht zu kommen. Sämtliche Kulturinstitutionen, darunter die Ludwiggalerie

»Schlaflos« durch die Kulturszene

im Schloss, die Stadtbibliothek, das Theater oder die Galerie KiR lassen sich an verschiedenen Orten ein buntes Programm mit Konzerten, Theater oder Lesungen einfallen, damit die BesucherInnen müde, aber glücklich durch den Abend kommen. Aufführungen beginnen jeweils zur vollen Stunde. Kurz vorher gibt's eine Pause, damit das Publikum weiterziehen kann.

Im **OKTOBER** geht's auf Zeitreise, zurück ins Jahr 1758, als der Hochofen am Elpenbach angefeuert und somit die »Wiege der Ruhrindustrie« begründet wurde. Beim **Hüttenfest** an der St. Antony-Hütte tauchen die BesucherInnen tief ein in die Geschichte des Ortes. Rund um das Museum zischen dann Dampfmaschinen, es wird beispielsweise demonstriert, wie früher Eisenerz geschmolzen wurde. Und wer mag, kann an dem einen oder anderen Stand selbst probieren, wie geschickt er oder sie sich mit dem alten Handwerk anstellt. Dank kostümierter Gaukler, wandernder Heiler, feiner Damen oder Herren mit Perücken fühlt man sich der Zeit verbunden – und natürlich gibt sich auch Hüttendirektor Gottlob Jacobi die Ehre.

Beim Hüttenfest an der St. Antony-Hütte geht's auf Zeitreise. Viele BesucherInnen kommen in historischen Gewändern, die Soldaten campieren in der Nachbarschaft.

Familiär und fein ist die traditionelle **Wottelkirmes** in Königshardt mit dörflichem Charme. »Wotteln« sind Möhren; bei dem Fest im **OKTOBER** handelt es sich also um eine Erntedank-Sause. So gehören neben Karussells und Kirmesbuden auch ein Ernte-Umzug sowie ein schöner Markt, bei dem altes Handwerk gezeigt wird, dazu. Die Produkte gibt's natürlich auch zu kaufen.

Einen Überblick über die Kreativszene Oberhausens bekommen Interessierte beim **Kunstlicht** im **NOVEMBER**. Dann öffnen KünstlerInnen ihre Arbeits- und Ausstellungsräume. Wer einiges sehen möchte, sollte sich vorher einen Plan machen. Verborgenes im Hinterhof präsentiert sich genauso wie bekannte Adressen. Organisiert wird die Veranstaltung vom Kulturbüro der Stadt.

In der **VORWEIHNACHTSZEIT** wird es stimmungsvoll auf dem Altmarkt. In der Mitte des Platzes wird eine Eisbahn aufgebaut, Lichter sorgen für eine heimelige Atmosphäre und drumherum gruppieren sich Buden, an denen sich die BesucherInnen mit gebrannten Mandeln, Glühwein und Co. versorgen können. Auf einer Bühne wird ein Live-Programm geboten. Die **City-Weihnacht** ist beschaulicher als der Budenzauber am Centro – und gerade deshalb so beliebt.

Ab **NOVEMBER** weihnachtet es am Centro und die Promenade erstrahlt im festlichen Glanz. Mehr als 100 Buden locken die BesucherInnen in die Neue Mitte. Neben Glühwein und den typischen Weihnachtsleckereien stellen auch KunsthandwerkerInnen aus. Aprés-Ski-Feeling gibt's auf der Flachau-Alm. Hier spielt an sechs Tagen in der Woche die »Kärnzeit Band«. Alle, die sich austoben wollen, können im Reifen eine Ski-Rampe hinunterrutschen – was für eine Gaudi!

Aprés-Ski-Feeling beim Weihnachtsmarkt am Centro.

Oberhausen entdecken

Der alte Schulbus stoppt auch an der St. Antony-Hütte.

Einen Überblick über die beliebtesten Sehenswürdigkeiten Oberhausens bekommen alle BesucherInnen, die samstags ab 14 Uhr eine **Rundfahrt** mit dem gelben US-Schulbus unternehmen, der nun als Sightseeing-Fahrzeug dient. Vom Centro geht's zur St. Antony-Hütte, der Wiege der Industriekultur, über Schloss Oberhausen durch die Innenstadt wieder zur Neuen Mitte. Rund 100 Minuten dauert die Fahrt, die vom Frühjahr bis zum Herbst angeboten wird. Ein Gästeführer ist mit an Bord und vermittelt kompakt und launig viele Infos zur Stadt. Tickets kosten 15 Euro für Erwachsene, Kinder (bis 14 Jahre) zahlen 7 Euro. Fahrscheine sind in der Tourist-Info am Hauptbahnhof oder am Info-Punkt neben der Coca-Cola-Oase erhältlich. Unterwegs werden Foto-Stopps eingelegt, ein Zustieg ist allerdings nicht möglich. Start- und Endpunkt der Rundfahrten ist am Luise-Albertz-Platz gegenüber der Coca-Cola-Oase vor dem Parkhaus 3. Weitere Infos:
www.oberhausen-tourismus.de.

»Sprechende Straßen« heißt ein Projekt, mit dem BesucherInnen die Geschichte der ältesten Arbeitersiedlung des Ruhrgebiets erklärt wird. Auf 100 Tafeln, die an den Häusern angebracht sind, erfahren die SpaziergängerInnen etwas über die **Siedlung Eisenheim**, deren BewohnerInnen und den Alltag. Außerdem, wer alles an der Werrastraße im Haus von Prof. Roland Günter ein- und ausging, um die Siedlung vor dem Abriss zu retten. Wer sich nicht nur für die Geschichte interessiert, entdeckt in Eisenheim zudem zahlreiche künstlerisch-poetische Orte. Ein Rundgang lässt sich ohne Probleme auf eigene Faust unternehmen. Einmal im Monat, immer sonntags, bietet das LVR-Industriemuseum zudem moderierte Spaziergänge samt Führung an. Die Teilnahme kostet pro Person 5 Euro, Gruppen zahlen 55 Euro. Infos und Anmeldung unter 02234/9921555 oder info@kulturinfo-rheinland.de.

Spaziergang durch die Siedlung Eisenheim

»Guten Tag, Herr Jacobi«: Gemeinsam mit dem **Hüttendirektor Gottlob Jacobi** unternehmen BesucherInnen der **St. Antony-Hütte** eine Zeitreise. 2020 wäre der »Chef« stolze 250 Jahre alt geworden. Beim eineinhalbstündigen Rundgang werden spannende Geschichten rund um das erste Hüttenwerk des Ruhrgebiets erzählt. Dabei berichtet Gästeführer Michael Weier alias Jacobi aus seinem Blickwinkel von den Anfängen der Eisen- und Stahlindustrie, von bedeutenden Innovationen, aber auch von schillernden Persönlichkeiten, Betrug und Machtpolitik rund um die Wiege der Ruhrindustrie. Zudem gibt es einen anderen, etwa einstündigen Spaziergang, bei dem man das Gelände der St. Antony-Hütte erkundet – dazu gehören sowohl der Industriearchäologische Park, der Hüttenteich und der benachbarte Garten der Esskultur. Wer an einer der Führungen teilnehmen möchte, muss sich unbedingt anmelden: Telefonisch unter 02234/9921555 oder per Mail an: info@kulturinfo-rheinland.de.

Oberhausens grüne Seiten lassen sich auf zahlreichen Routen prima erkunden. Mit einem schrägen ***O.*** ist der 55 Kilometer lange Rundwanderweg gekennzeichnet, der auch in Teilen gelaufen werden kann. Er führt einmal rund um die Stadt, vorbei an Haus Ripshorst, durch die Ruhrauen, den Hiesfelder Wald oder am Kanal entlang. Auch Burg Vondern liegt an der Strecke. Dort startet übrigens auch eine neuere Tour, markiert mit dem **Osterfelder Schuh**. Die Route wurde von engagierten OsterfelderInnen mit dem Sauerländischen Gebirgsverein ausgearbeitet. Dabei geht's nicht nur durch die Natur, Wanderer erfahren

Der O.-Wanderweg führt einmal rund um die Stadt.

auch einiges über die Geschichte der Stadt. Einen Plan kann man sich auf der Seite www.burg-vondern.de herunterladen. Eine Karte des *O.-Rundwanderweges* mit ergänzenden Texten zu Sehenswürdigkeiten und Landmarken bekommt man an der Tourist-Information direkt am Hauptbahnhof.

Geocaching heißt eine neue Form der Schnitzeljagd. Unterwegs ist man per App oder Plänen, die man sich vorher online herunterladen kann. Neun Routen, die quer durch Oberhausen führen, wurden ausgearbeitet. Je nach Tour müssen unterwegs Fragen beantwortet oder Aufgaben gelöst werden, dann bekommt man Hinweise, wie es weitergeht. Bei einer Variante bewegen sich die Geocacher rund um die Neue Mitte, eine Fahrradtour geht durch den Norden der Stadt, und sogar Bus und Bahn werden mit eingebunden. Nicht nur als Verkehrsmittel, sondern als Teil der Schnitzeljagd, schließlich hat die Entwicklung der Bahntrassen eine große Bedeutung für die Stadtgeschichte. Die passende App »Geoaching

Oberhausen« kann man sich für alle gängigen Handysysteme kostenlos im App-Store herunterladen.

Wer gerne mit dem Rad unterwegs ist, kann mit der Themenroute **Eisen. Straße** Industriekultur und Natur entdecken. Der Startpunkt der 21 Kilometer langen Strecke ist frei wählbar. Praktisch ist ein Beginn an der Zinkfabrik Altenberg. Das heutige soziokulturelle Zentrum liegt direkt hinter dem Hauptbahnhof an der Hansastraße. Wer nicht mit dem eigenen Drahtesel unterwegs ist, kann einen an der Radstation neben dem Hauptbahnhof leihen – eine Vorbestellung ist sinnvoll. Vorbei geht's am Peter-Behrens-Bau Richtung Museum Eisenheim und St. Antony-Hütte. Die Ludwiggalerie im Schloss Oberhausen und der Gasometer liegen ebenfalls auf dem Weg, der mit entsprechenden Schildern gut gekennzeichnet ist. Bei Bedarf werden aber auch geführte Touren angeboten. Infos gibt's unter der Rufnummer 02234/9921555.

Per **E-Scooter** die Sehenswürdigkeiten der Stadt erkunden – eine neue Rollertour macht's möglich. Geboten werden zwei Versionen: Die Fahrt rund um die Neue Mitte startet von April bis Oktober jeweils samstags ab 16 Uhr am Centro. Mit maximal 20 km/h cruisen die TeilnehmerInnen, die mindestens 14 Jahre alt sein müssen, vorbei am Schloss Oberhausen über die Slinky-Brücke zu Burg Vondern und dem Zauberlehrling am Haus Ripshorst. Sonntags gibt's dreistündige Ausflüge in die Nachbarschaft, abwechselnd zum Tetraeder nach Bottrop oder zum Landschaftspark Nord nach Duisburg. Begleitet werden die Rundfahrten von Gästeführern,

Stadterkundung per E-Scooter

Foto-und Selfie-Stopps sind eingeplant. Für Kleingruppen sind individuelle Termine möglich. Wer mitfahren möchte, sollte nicht schwerer als 100 Kilo sein. Die Teilnahme kostet 28 Euro für die Neue-Mitte-Tour (ermäßigt 24 Euro), sonntags 34 Euro (ermäßigt 28 Euro). Helme werden gestellt. Tickets für die Rundfahrten und nähere Infos gibt's an den beiden touristischen Infostellen am Hauptbahnhof und im Centro, an der Scooter-Hotline 0208/824570 oder im Netz: www.oberhausen-tourismus.de.

Ein Spaziergang über den Liricher Westfriedhof an der Emscherstraße bringt einen spannenden Einblick in die Historie Oberhausens: »Auf dem Westfriedhof kann man die Geschichte der Stadt erzählen, er ist viel mehr als eine reine Begräbnisstätte«, erklärt André Wilger, der sich ehrenamtlich bei der **Geschichtswerkstatt Oberhausen** engagiert. Seit 25 Jahren erforschen er und seine MitstreiterInnen die Vergangenheit der Stadt aus dem Blickwinkel der kleinen Leute und ihres Alltags. Der Verein gibt regelmäßig die Zeitung »Schichtwechsel« heraus, hat Fahrradtouren zu ehemaligen Zechen ausgearbeitet oder begibt sich auf die Spuren von Migranten in Oberhausen. Den Rundgang über den Friedhof kann man selbst unternehmen. Ältere Magazine, in denen die Radtouren beschrieben sind, bekommt man im Büro der Geschichtswerkstatt im Zentrum Altenberg. Für Interessierte werden aber auch geführte Exkursionen angeboten – nicht nur an den Gräbern vorbei, sondern auch zu Themen wie »Oberhausen unterm Hakenkreuz« oder »Der lange Weg vom Zink zur Kultur« rund um Altenberg. Kostenpunkt: 80 Euro. Terminvereinbarung und Infos gibt's telefonisch unter 0208/3078350 oder www.geschichtswerkstatt-oberhausen.de.

Mmh: Bei den Oberhausener **Genuss-Touren** ist der Name Programm. Per Bus brechen die Teilnehmer samt Guide zu kreativen Gastronomie-, Handwerks- und Einzelhandelsbetrieben auf. Heinz Wagner, überzeugter Oberhausener und Mit-Veranstalter des Feierabendmarkts, begleitet die Rundfahrten und weiß, wer etwas Besonderes zu bieten hat. Das ist nicht nur für Auswärtige, sondern auch für Einheimische spannend. Gäste erfahren Wissenswertes aus den einzelnen Branchen, Probierhäppchen

Oberhausen entdecken und genießen

inklusive. Abfahrt ist jeweils an Oli's Büdchen (Grillostraße 40). Wer die Stadt kulinarisch entdecken will, muss sich unbedingt ein Ticket im Vorverkauf sichern. Kostenpunkt: 32 Euro. Im Preis enthalten ist auch die direkte An- und Abreise mit dem ÖPNV. Schnell sein lohnt sich. Die Touren sind meist ausgebucht. Einmal pro Jahr wird zudem eine Radrallye unter dem Motto »Handgemacht 0208« angeboten. Wie bei der beliebten Genusstour kann man kleine Restaurants, Geschäfte und alteingesessene Handwerksbetriebe entdecken. Die Route ist allerdings nicht festgelegt, vielmehr erhalten alle Ticketinhaber Gastronomie-, Handwerks- und Einzelhandelsbetrieben ein Booklet, mit dem sie sich ihre Touren selbst zusammenstellen können. Nähere Infos: www.oberhausen-unplugged.de.

Hagen Hoffmann macht Geschichte erlebbar. Er engagiert sich im Förderkreis Burg Vondern, kennt das Gemäuer wie seine Westentasche und bietet sogenannte **»Living History Touren«** an. Für die Führungen schlüpft er in die Rolle des Hagen von Lipperfeld. Historisch gekleidet wandelt er mit den Gästen durch die Burg. »Wir schreiben das Jahr 1806. Napoleons Truppen haben die Burg verlassen und nun sucht man einen neuen Besitzer«, beschreibt er ein Szenario. Bei einem anderen Schwerpunkt geht's »im Schweinsgalopp durch das Mittelalter« – gespickt mit allerlei Anekdoten und garantiert nicht langweilig. Sind kleine BesucherInnen dabei, erfahren die zum Beispiel, wie Kinder früher im Mittelalter gelebt haben. Anmelden kann man sich für die Führungen via Kontaktformular auf der Seite www.burg-vondern.de.

Oberhausener Klassiker

Oberhausen trägt nicht ohne Grund den Beinamen »**Wiege der Industrie«**: Am Elpenbach begann die Industriegeschichte des Ruhrgebiets. 1758 floss in der **St. Antony-Hütte** erstmals Roheisen. Heute können BesucherInnen in einem Industriearchäologischen Park die Fundamente, Mauerreste und Anlagenteile der alten Produktionsstätten besichtigen. Im alten Direktorenhaus informiert eine Ausstellung über die schillernde Geschichte. S. 166

Die St. Antony-Hütte ist heute ein Museum.

In der **Siedlung Eisenheim** wurde mehrfach Geschichte geschrieben. Die Häuser, zwischen 1846 und 1897 gebaut, dienten den Hüttenarbeitern und Bergleuten als Unterkünfte. Damit ist Eisenheim die älteste Arbeitersiedlung des Ruhrgebiets. Berühmt und berüchtigt wurde die Siedlung aber vor allem in den 1970er Jahren, als die Häuser abgerissen werden sollten. Prof. Roland Günter und viele engagierte Bürger sammelten Unterschriften und protestierten, um Eisenheim zu retten. Inzwischen steht die »Kolonie« unter Denkmalschutz. S. 160

Der Gasometer fasziniert aus jeder Perspektive.

Der **Gasometer** ist ein Industriedenkmal der Superlative – der ehemalige Scheibengasbehälter beherbergt die höchste Ausstellungs- und Veranstaltungshalle Europas. In Szene gesetzt wird die Fläche stets mit spektakulären Exponaten. Nicht nur die BesucherInnen sind begeistert, sondern ebenso KünstlerInnen. Christo und Jeanne Claude waren sogar zwei Mal zu Gast, eine Ehre für Oberhausen. Wem das noch nicht genug ist: Bei gutem Wetter reicht die Aussicht vom Gasometerdach übers ganze Ruhrgebiet. S. 142

Oberhausen hat nicht nur Industrie-Historie zu bieten. Die **Burg Vondern**

Die Burg Vondern ist ein historisches Kleinod.

gehört zu den geschichtsträchtigsten Gemäuern der Stadt – und ist dank Ritterspielen und anderen Veranstaltungen ein beliebtes Ausflugsziel im Stadtteil Osterfeld. Die Burg diente einst als adeliger sowie ländlicher Wohnsitz der Herren von Vonderen, deren Geschlecht erstmals 1266 urkundlich erwähnt wurde. Seit den 1980er Jahren kümmern sich engagierte Ehrenamtliche um den Erhalt des Kleinods. S. 166

Die Brücke Slinky Springs to Fame überspannt den Rhein-Herne-Kanal.

Innerhalb kürzester Zeit ist **Slinky Springs to Fame** zu einer der beliebtesten Sehenswürdigkeiten in Oberhausen avanciert. Das in Anlehnung an den Künstler Tobias Rehberger oft auch »Rehberger-Brücke« genannte Bauwerk überspannt den Rhein-Herne-Kanal. 496 Aluminiumbögen reihen sich auf einer Länge von 406 Metern aneinander. Die Brücke verbindet den Kaisergarten mit der Emscherinsel. Abends wird's ebenso kunstvoll wie romantisch, dann leuchtet die Landmarke in bunten Farben. S. 77

Der Stadtteil Neue Mitte mit dem **Centro** und den vielen Freizeiteinrichtungen, die in den vergangenen Jahren rund um das Einkaufsparadies entstanden sind, haben der Entwicklung Oberhausens einen großen Schub gegeben. Nicht nur aus dem Ruhrgebiet, sondern auch aus den Niederlanden kommen regelmäßig tausende BesucherInnen, um durch die Shoppingmall zu bummeln. Der eine oder die andere verbindet den Ausflug auch mit einem Konzertbesuch in der Köpi-Arena, gerät im Aquarienpark Sea Life ins Staunen oder geht im Spaßbad Aquapark baden. S. 126

Blühende Landschaften erwarteten die OberhausenerInnen 1999, als die Landesgartenschau auf dem Gelände der ehemaligen Zeche und Kokerei Osterfeld veranstaltet wurde. 17 Themengärten entstanden, dabei ging es den MacherInnen weniger um Blümchenbeete als vielmehr darum, einen neuen Ort der Naherholung zu schaffen. Das 26 Hektar große **Olga-Gelände** ist nicht unbedingt lieblich – mit seinen Brückenbauwerken, dem Förderturm, Spielplätzen und Trendsport-Möglichkeiten aber dennoch ein beliebtes Ausflugsziel. Bei den Festivals »Olgas Rock« und »Ruhr in Love« bebt der Park. S. 167

Einst, als Jugendlicher, hüpfte Hajo Sommers im **Ebertbad** vom Ein-Meter-Brett. Inzwischen hat er als Bade- und Zeremonienmeister in dem ehemaligen Schwimmbad eine der schönsten Kleinkunstbühnen im Ruhrgebiet geschaffen. Gemeinsam mit seiner ständigen Begleiterin Gerburg Jahnke holt er die Crème de la Crème der Kabarett- und Comedy-Szene nach Oberhausen. Außerdem werden regelmäßig Eigenproduktionen gezeigt. Hingehen, lachen, weitererzählen. S. 115

Die besten Shops

Anne Große-Segerath ist der kreative Kopf hinter Cle-Design.

Mountainbike-Experte Daniel Dellen ist sich sicher: Ein Fahrrad ist genauso einzigartig wie der Charakter seines Besitzers. Bei **WatzUp.Bike** werden Traumräder individuell zusammengebaut. Aber auch so ist die Auswahl riesig. Wer ausprobieren möchte, ob das Modell das richtige ist, kann es testweise Probe fahren. Das Fachgeschäft liegt am Fuße der Halde Haniel. S. 214

Das Fachgeschäft WatzUp.Bike ist weit über die Stadtgrenzen bekannt.

Das »Wasser des Lebens« ist eine Wissenschaft für sich. Im **Whiskyhort** stehen rund 2.300 Sorten zur Auswahl – damit haben sich die Experten weit über Oberhausens Grenzen einen Namen gemacht. Gegen eine kleine Gebühr darf vor Ort auch probiert werden: Der Geschmack variiert von torfig bis süßlich. Außerdem werden Tastings angeboten. S. 116

Gegen eine kleine Gebühr darf im Whiskyhort auch probiert werden.

Farbenfrohe Mode mit einem Hauch Ibiza-Flair, allerdings made in Oberhausen – so könnte man das Konzept der kreativen Designerin Anne Große-Segerath beschreiben. Vor 17 Jahren verkaufte sie unter dem Namen **Cle-Design** ihre ersten Shirts, damals noch auf dem Trödel. Mittlerweile kommen ModeliebhaberInnen auch aus Düsseldorf in ihre außergewöhnliche Boutique, die in einer Osterfelder Halle untergebracht ist. S. 175

Ein Besuch im Feinkostgeschäft **ValDani** ist wie ein Kurzurlaub in Italien. Pasta, Espressobohnen, Wurst, Käse und sogar Waschmittel gibt's hier. Chef Danilo Atzeni hat es extra mit ins Programm aufgenommen, weil einige ItalienliebhaberInnen den Duft so gerne mochten. Vor Ort kann man aber nicht nur einkaufen, sondern auch einen Espresso trinken oder mittags wunderbar speisen. S. 117

Gestatten: Dr. Kobo Melone! Es gibt nicht viele Buchhandlungen, in denen ein promovierter Kater der Liebling der Kunden ist. Bei **Wiebus** ist das anders. Vor Jahren spazierte die Samtpfote in das feine Fachgeschäft und fühlte sich zwischen Regalen voller Schmöker sichtlich wohl. Dafür gibt es nun auch eine größere Literatur-Auswahl, in denen Katzen die Hauptrolle spielen. Dank engagierter Beratung des Teams finden aber auch alle anderen neuen Lesestoff. S. 215

Der Kater Dr. Kobo Melone ist der heimliche Chef von Wiebus.

In mehr als 40 Zimmern werden Sofas, Betten, Lampen und Co. im Möbelgeschäft **Hülskemper** präsentiert. Früher war in dem Haus einmal ein Mädchenheim untergebracht. Heute bekommen KundInnen einen realistischen Eindruck, wie die Möbel bei ihnen zu Hause wirken können. Da es außerdem eine kleine Auswahl exquisiter Mode gibt, finden zweimal im Jahr Modenschauen statt. S. 121

Blumen, Dekoration und schönes Interieur: Die beiden Schwestern Selina Marquardt und Jana Stolz betreiben die **Floristeria** und wissen, wie das Leben noch ein bisschen schöner wird. Alles, was es bei ihnen gibt, inklusive der Möbel, kann man kaufen. Für alle, die selbst kreativ werden wollen, gibt's verschiedenen Workshops – in einem wird etwa gezeigt, wie man Blumenkränze bindet. S. 121

Selina Marquardt und Jana Stolz haben die Floristeria gegründet.

Auf langlebige Klassiker, die sämtlichen Trends trotzen, hat sich Familie **Lausberg** in ihrem gleichnamigen Spielwarenfachgeschäft spezialisiert. Holzklötze, Spielesammlungen und Bastelutensilien findet man ebenso wie Murmeln und Puppen – nur Barbie muss draußen bleiben. Die Auswahl ist riesig und die MitarbeiterInnen wissen ziemlich genau, was Kinder gerne mögen. S. 122

Spielzeug-Klassiker gibt's bei Lausberg.

Tipps für Familien

Stella, Marlene und Viktoria staunen nicht schlecht über die riesigen Lego-Exponate.

Im **Legoland Discovery Center** ist das Ruhrgebiet im Miniatur-Format entstanden: Der Gasometer wurde nachgebaut und der Duisburger Innenhafen. Außerdem stehen hier Stein auf Stein der Sportler Dirk Nowitzki und Superheld Batman. Da hatten die Bauherren ganz schön was zu tun. Aber die kleinen und großen BesucherInnen dürfen auch selbst kreativ werden. In einer Fabrik erleben sie sogar, wie die Klötzchen hergestellt werden – und dürfen ein Exemplar mitnehmen. S. 144

Zuerst rutschen, auf die Hüpfburg oder Airhockey spielen? In der **Tobebox** ist die Auswahl groß. Löwe Tobi steht Pate, wenn sich die Kinder auf dem Indoor-Spielplatz richtig auspowern. Dienstags und donnerstags wird ein Spielecafé für Eltern und ihren Nachwuchs bis fünf Jahre angeboten. Montags haben Oma und Opa freien Eintritt. S. 194

Sportlich wird es im **Hochseilgarten Tree2Tree** am Fuße des Gasometers. Für Jungen und Mädchen, die mindestens 1,10 Meter groß sind, stehen drei verschiedene Parcours in ein bis zwei Metern Höhe zur Auswahl. Natürlich wird man vorher mit einem Seil gesichert. Vor den Ferien gibt es »Schools Out«-Klettern. S. 145

Tree2Tree bietet Parcours für Groß und Klein.

Mehr als 400 Tiere leben im **Kaisergarten**, dazu gehören Uhus, alte Schafrassen, Wollschweine, Ziesel oder Alpakas. Sie freuen sich, wenn sie Besuch bekommen – und die Spaziergänger Futter dabeihaben. Es darf allerdings nur das aus den Automaten verwendet werden. Schulkinder, die noch mehr über die Tiere oder die Arbeit der PflegerInnen erfahren wollen, können sich im Kidsclub anmelden. S. 77

Zu Besuch im Kaisergarten

Geschichte muss gar nicht langweilig sein. Oberhausen ist die Wiege der Industrie – und in der St. Antony-Hütte fing alles an. Bei der **»Familien-Hütten-Tour«** begeben sich Kinder und Erwachsene auf Schatzsuche, müssen einen Geheimcode knacken und erfahren dabei jede Menge über das Leben und die Arbeit von früher. In den Ferien wird etwa das Programm »Nachwuchsarchäologen auf St. Anton« für alle zwischen sieben und zehn Jahren angeboten. S. 166

Die **Ludwiggalerie** lädt Eltern mit Babys ausdrücklich zu einem Museumsbesuch ein. In einer neu konzipierten Führung bekommen die Erwachsenen etwas zu den Kunstwerken erklärt und sollen so einmal wieder auf andere Gedanken kommen. Der Nachwuchs guckt neugierig mit – und wenn die Kleinen doch mal quengeln, ist das gar nicht schlimm. S. 92

Achtung Haifisch: Die jungen Schwarzspitzen-Riffhaie ziehen nur ihre Kreise im Haifisch-Kindergarten des **Sea Life**. Dank einer Kuppel in der Mitte des Aquariums kommt man ganz nah ran. In dem Unterwasser-Freizeitpark taucht man nicht nur durch die Meere, sondern erfährt auch, was im Rhein schwimmt – lehrreich und spannend. S. 143

Im **Theater an der Niebuhrg** werden nicht nur Stücke für Erwachsene gezeigt. Im Programm sind regelmäßig die Geschichten von **Ritter Rost**, zum Beispiel, wie er Besuch von der Hexe Verstexe bekommt. In einem anderen Abenteuerbeschließt der Held, mit dem Burgfräulein Bö und dem Feuerdrachen Koks nach Schottland zu reisen. Bei gutem Wetter werden die Abenteuer im Garten gezeigt. S. 114

Im Sea Life schwimmen die Tiere manchmal sogar über den BesucherInnen.

Oberhausen im Grünen

Als Ersatz für verlorene Natur wurden seit der Industrialisierung im 19. Jahrhundert in den Ruhrgebietsstädten Alleen und Parks angelegt. Hier können Sie die grüne Seite Oberhausens entdecken und genießen.

Die Bahntrasse der ehemaligen Hüttenwerke Oberhausen Aktien Gesellschaft (**Hoag**) verbindet Oberhausen-Sterkrade mit Duisburg-Walsum. Ursprünglich wurde hier mal Kohle transportiert. Heute kann man auf zwölf Kilometern herrlich radeln, ohne von Autos gestört zu werden. Wem das zu kurz ist, der kann in Buschhausen auf dem Grünen Pfad weiter in die Pedale treten und landet wieder in Duisburg, diesmal am Landschaftspark Nord. S. 184

Auf dem Gelände der ehemaligen Zeche Jacobi ist Ende der 1990er Jahre eine besondere Grünfläche entstanden – der **Volksgolfplatz**. Hier können alle das Golfspielen lernen, auch ohne Mitgliedschaft und für kleines Geld. Im Golfplatzlokal geht's bodenständig zu. Kaffee, Currywurst-Pommes oder Schnitzel werden auch BesucherInnen serviert, die nur zuschauen wollen. S. 168

Naturnah, ein bisschen verwunschen und somit nicht mit einem Standard-Gartencenter zu vergleichen ist die **Gärtnerei Gartenwert** von Sabrina Wildi und Dirk Wischmann. Unterteilt ist ihr Paradies im Norden der Stadt in Kräuter- oder Bauerngarten. Es gibt eine »einheimische Ecke« und bienenfreundliche Pflanzen. Sämtliche angebotenen Stauden werden in Oberhausen gezogen und vermehrt. Kompetente und sympathische Beratung. S. 214

Die naturnahe Gärtnerei Gartenwert hebt sich von der Konkurrenz ab.

Manchmal findet man Grün an Stellen in einer Stadt, an denen man es gar nicht vermutet hätte. 2019 wurde das neue **Jobcenter** eröffnet. An der Fassade wurde ein Vertikalgarten angebracht, auf dem Dach wachsen seitdem Kräuter und Erdbeeren. Das Projekt wird wissenschaftlich begleitet. Für Interessierte werden ab und zu Führungen angeboten. Verarbeitet wird die Ernte zum Beispiel vom Gdanska. S. 53

Das Jobcenter mit eigenem Garten fand bundesweit Beachtung.

Die gackernden Mitarbeiterinnen von **Landwirt Christoph Köster** heißen alle Susi. Die 2.700 Hühner leben in drei mobilen Freilandställen, so haben sie viel Platz zum Scharren und Picken. Nach zwei Wochen zieht das Gefährt samt Federvieh auf eine andere Wiese. Sechs Eier legen die Hühner pro Woche, leider hat der Chef ihnen noch nicht beigebracht, dass sie sonntags eine Pause einlegen. Zu kaufen gibt's das ovale Endprodukt unter dem Namen »Wiesenei« im eigenen Hofladen. S. 209

Landwirt Christoph Köster hält 2.700 Hühner in Freilandställen.

Direkt an einem Fahrrad- und Wanderweg, umgeben von Grün und unweit von Läppkes Mühlenbach, liegt das **Gartenhaus zu den 4 Schafen bei den 5 Gänsen**. Der Name dieses lauschigen Plätzchens erklärt sich sofort. Die Gänse schnattern laut und die Schafe lugen neugierig durch den Zaun. Der Kuchen ist selbst gebacken und lecker. Dazu gibt's Kaffee oder erfrischende Limo. Beliebt und empfehlenswert. S. 102

Oberhausen ist eine **Essbare Stadt**: An verschiedenen Stellen sind auf alten Brachflächen »Urban Gardening«-Projekte entstanden. In Hochbeeten

Unter dem Motto »Essbare Stadt« gibt es verschiedene Urban-Gardening-Projekte.

wachsen zum Beispiel Salate, Grünkohl, Radieschen oder Kräuter. Jeder darf mitmachen und ernten – aber nur so viel, dass für die anderen noch etwas übrig bliebt. Eine der Flächen befindet sich neben der St. Antony-Hütte. S. 162

Der alte Gutshof **Haus Ripshorst** ist das Domizil der Biologischen Station Westliches Ruhrgebiet, die sich für regionalen Natur- und Artenschutz einsetzt. Zudem gibt es ein Besucherzentrum des Regionalverbands Ruhr, das über die Entstehung des 450 Quadratkilometer großen Emscher Landschaftsparks informiert. Zum Gelände gehört ebenso ein Gehölzgarten mit über 6.000 Bäumen, und wer eine Runde spazieren geht, entdeckt sogar moderne Kunst. Die geschwungene Strommast-Skulptur »Zauberlehrling« tanzt über eine Wiese. S. 89

Das Haus Ripshorst bietet Wissenswertes rund um die Natur.

Die besten Übernachtungs-Tipps

Diese Unterkünfte bieten ihren Gästen nicht nur ein Bett, sondern punkten mit Charme und Atmosphäre.

Glück Auf: Schacht 34-Vermieter Oliver Grote ist ein überzeugter Lokalpatriot.

Die Zimmer in der schönen Unterkunft **Schacht 34** befinden sich in einem umgebauten Reihenhaus und bieten den Gästen viele Annehmlichkeiten, zum Beispiel genügend Aufladekabel, eine Sauna und einen Whirlpool zum Entspannen sowie jede Menge Hinweise, was man in der Umgebung unternehmen kann – Chef Oliver Grote ist Lokalpatriot. S. 99

Modern und stylisch designt ist das **Arthotel Ana Soul** – es ist der lässigste Neuzugang in der Oberhausener Hotel-Szene. Die Lobby und die Flure auf den oberen Etagen sind riesig – früher befand sich in dem Gebäude einmal eine Kaufhof-Filiale. Im Eingangsbereich sorgen Sitznischen für eine gemütliche Atmosphäre. Wer sich die Zeit vertreiben möchte, leiht sich ein Rennauto für die riesige Carrera-Bahn. S. 97

Das Arthotel Ana Soul ist lässig und modern.

Im **Wellness-Appartement** von Familie Bühler kann man die Seele baumeln lassen. Das Studio ist klein und durchdacht – und bietet den Gästen neben der Schlafgelegenheit eine Sauna, Infrarotkabine sowie eine Regendusche. Was für ein schöner Luxus nach einem Ausflug. S. 198

Das **Parkhotel** gehört zu den Traditionsadressen in Oberhausen. Das komfortable Vier-Sterne-superior-Haus begeistert Profi-Fußballer ebenso wie RadfahrerInnen oder TouristInnen, die Ausflüge in die Region machen wollen. Das Team bietet jede Menge Service, damit sich die Gäste wohlfühlen

– bei einigen Arrangements sind zum Beispiel ein Shuttle zum Centro, in den Movie-Park oder eine Eis-Flatrate für Kinder inklusive. S 168

Mit Liebe und Herzblut wurde das Komfortquartier gestaltet.

Mit Liebe und Herzblut haben Dinah Gesthuisen und ihr Mann Claas das **Komfortquartier** entworfen. Die Ferienwohnungen sind außergewöhnlich und mit Blick für die kleinen Details, die einen Aufenthalt schön machen, ausgestattet. Viele Einrichtungsgegenstände haben die Gastgeber selbst designt. S. 100

Die Unterkunft Ruh(r)bettchen liegt im Grünen, aber dennoch zentral.

Mitten im Grünen und dennoch zentral liegen die Ferienwohnungen namens **Ruh(r)bettchen**. In der Nähe führen Rad- und Wanderwege vorbei. Wer eine längere Tour plant, kann tageweise ein kleines Elektro-Auto leihen. Familie Bunk begrüßt die Gäste mit Snacks und einem Willkommensbier und kennt sich hervorragend in Oberhausen aus. S. 198

Die Räume im **In Hostel Veritas** sind individuell und hübsch eingerichtet, aber dennoch erschwinglich. Christina Antwerpen hat aus dem alten Verwaltungsgebäude der Zeche Oberhausen eine kultige Unterkunft gemacht, in der sich nicht nur junge Rucksackreisende wohlfühlen. Auch einzelne

Das In Hostel Veritas ist eine szenig-individuelle Unterkunft.

Betten sind buchbar. Tolle Adresse für alle, die das szenige Oberhausen entdecken wollen. S. 98

Bettina Kortz und ihr Mann Volker sind selbst viel gereist – und wissen genau, was sich UrlauberInnen oder Geschäftsreisende wünschen, wenn sie unterwegs sind. Die Ferienwohnungen firmieren nicht ohne Grund unter dem Namen **Liebevoll**. BesucherInnen werden von den beiden herzlich begrüßt – und selbst auf der Fußmatte steht's geschrieben: »Schön, dass du da bist.« S. 170

Die Vermieter der Ferienwohnung Liebevoll sind besonders herzlich.

Die besten Gastro-Tipps

Hackbarth's ist das Gourmet-Aushängeschild der Stadt. Im Speckgürtel des Centros tischt Jörg Hackbarth

Hackbarth's bietet feine Küche.

seit vielen Jahren feine Speisen auf und ist dabei doch bodenständig geblieben: »Wir kochen für jedermann, wir sind in Oberhausen.« Die Karte wechselt oft. Beliebt ist das preisgünstige Azubi-Menü, das einmal im Monat von den Nachwuchskräften gekocht und serviert wird. S. 149

Die **Pizzeria Salvatore** gilt als die älteste noch erhaltene Pizzeria im Ruhrgebiet. Eröffnet wurde sie am 15. Oktober 1968. Rosetta Leone besuchte ihren Onkel damals in Deutschland und ist die gute Seele des Restaurants. Anfangs musste die Familie

Rosetta Leone, die gute Seele der Pizzeria Salvatore

Überzeugungsarbeit leisten, denn die meisten Deutschen kannten nur Schnitzel. Inzwischen ist die Pizzeria längst Kult und die reich belegten Fladen sind herausragend gut. S. 109

Angelika Wenzel-Wohlsdorf hat mit **Geli's Café** ein kleines Schmuckstück geschaffen. Jugendstil-Möbel und nostalgisches Porzellan sorgen für Flair in dem ehrwürdigen Haus. Das Frühstück ist beliebt, die Kuchen backt die Chefin selbst. Ein Spiegel annonciert, welche Sorten es gibt. Im

Geli's Café ist ein Schmuckstück.

Sommer legen RadlerInnen in dem verwunschenen Garten gerne eine Pause ein. S. 171

Kulinarische Grüße aus Kalifornien: Als Schüler sind die drei Kumpel Kai Theißen, Michael Matuszak und Thomas Richter in die USA geflogen, um einen Schulfreund zu besuchen. 14 Tage gab's nichts anderen zu essen als Burritos, Tacos und Co. Dort versprachen sie sich, später einmal ein Burrito-Restaurant

Kai von Matus Burritos serviert Köstliches aus Kalifornien.

zu eröffnen. Voilá: Mit **Matus Burritos** bereichern sie nun die kulinarische Szene. S. 109

Mittagstisch mit Ambiente: Die **Fleischerei Surmann** ist ein Familienbetrieb mit Tradition. Seit eini-

Surmann ist ein Familienbetrieb.

gen Jahren gehört zur Metzgerei ein Bistro, das weit von der klassischen Heißen Theke entfernt ist. In hübscher Atmosphäre kann man hier mittags essen oder morgens frühstücken. Der Clou: Abends finden regelmäßig (Jazz-)Konzerte statt und Oberhausener KünstlerInnen zeigen Kunst. S. 172

Geradlinig und modern, aber im wohnlichen Hygge-Stil eingerichtet, präsentiert sich das **Hotelrestaurant Schmachtendorf**. Vor allem bei den BBQ-Rippchen vom Landschwein lecken sich die Gäste die Finger. Die Karte kombiniert regionale Gerichte mit Fine Dining. Jeden zweiten Samstag gibt's zum Essen Piano-Begleitung. S. 203

Wenn der nächste Urlaub mal wieder weit weg ist, tischt das gastfreundliche Team der **Taverna Notos** authentische griechische Köstlichkeiten auf.

Taverna Notos: Kulinarische Grüße aus Griechenland

Die haben nichts mit den üblichen überladenen Grillplatten zu tun, sondern schmecken so, wie man es aus den Ferien kennt. Kalí órexi – guten Appetit! S. 204

Das Bistro **Le Baron** ist der Geheimtipp auf der Marktstraße, wenn man etwas feiner einkehren will. Zwischen Rot- und Weißweinen lässt sich schön speisen. Als Patron Emile Moawad sein Bistro vor ein paar Jahren in der Fußgängerzone eröffnete, brauchte er eine gehörige Portion Mut – und wurde belohnt. Gemeinsam mit dem benachbarten Literaturhaus werden »erlesene Speisen« angeboten. S. 103

Le Baron: ein Geheimtipp auf der Marktstraße

Individuelles mit Lokalkolorit

Edel-Popcorn aus dem Pott

»Die Endstufe« schmeckt nach Butterkaramell, weißer Schokolade und einem Schluck Whiskey. Mario Grube hat sich mit seiner Genusswerkstatt das sonst geschmacklich eher unauffällige Popcorn vorgeknöpft. Bei **Pottkorn** wird der Mais je nach Sorte mit Zimt, Meersalz, Himbeeren oder Gin veredelt. Der sehenswerte Conceptstore alleine lohnt schon den Besuch. S. 210

Hochprozentig wird's mit dem **Alten Osterfelder**. Früher wurde der Kräuterlikör in Osterfelder Gaststätten ausgeschenkt. Beinahe geriet der Schnaps in Vergessenheit, bis die Lokalpatrioten Walter Paßgang und Josef Kortz sich erinnerten. Gemeinsam mit der Oberhausener Brennerei Wollberg entwickelten sie eine Neuauflage. S. 175

Hömma, wat lecker: Bei diesen Zahnrädern, die es im Café Cordes gibt, beißt man nicht auf Metall, sondern auf schmelzende Schokolade, gefüllt mit Nougat und Knusperkrümeln. **Pottpralinen** heißt die Edition, die Angelika Cordes zusammen mit »Oppa Hausen« entwickelt hat. S. 200

Jetzt ist aber Feierabend! »Abendbrot« nennt sich die neueste Biersorte von der **Ruhrpottbrewery**. Tobias Palmer, gelernter Brauer, ist viele Jahre durch die Welt gereist, hat sich inspirieren lassen und dann sein eigenes Bier entwickelt. Mittlerweile gibt's neun Sorten. Fürs »Abendbrot« verarbeitet er die Reste einer Oberhausener Bäckerei. S. 209

Ruhrpottbrew, nicht nur für Männer

»Schnaps ist nicht nur was für alte Männer«, dachte sich Eva Rogge und erfand das **Grubenmädchen**. Mittlerweile gibt's nicht nur Gin oder »Einkörnchen«, sondern auch »Rhabarbera«, benannt nach der Schutzpatronin der Bergleute. Wundertüten

Grubenmädchen: darauf ein Schnäpschen

und anderes »Gedöns« machen das Sortiment komplett. S. 48

Derbe Klamotten und feine Accessoires: Zum Hostel Veritas gehört der kleine Shop **Hostels Gretel**. Christina Antwerpen verkauft hier individuelle Mode wie vom Hamburger Klamot-

Lässig lokal: Hostels Gretel

tenlabel Derbe, den Oberhausener Pottpeople und den Gelsenkirchener Macherinnen von Fisch und Apfelmus – nachhaltige Kleidung im lässigen Stil. S. 120

Eigentlich waren die **POTTpeople**-Hoodies und -Shirts vor allem als Merchandise-Artikel gedacht, als Carsten Wrede und Marcus Kötter einen Namen für ihr Musiklabel suchten. Die beiden trafen einen Nerv, die Klamotten fanden schnell LiebhaberInnen. Inzwischen gibt es eine neue Linie mit »Crrywrst«-Aufschrift. Die ist im Pott nicht nur ein Standardgericht, sondern auch Lebensgefühl. S. 111

Mode made by POTTpeople

Feuersäulen, die dem Lieblingsverein gewidmet sind, stählerne Behälter für Teelichter oder Bilder mit Ruhrpott-Skyline: Alexandra Viefhaus fertigt Heimatliebe **Made of Steel**: Die Deko-Artikel, die das Stahl- und Metallbau-Unternehmen herstellt, kommen gut an – und werden gerne verschenkt. S. 176

Dekorative Heimatliebe: Made of Steel

Die besten Tipps für Regentage

Andaman bietet Wellness auf thailändische Art.

Wenn es draußen grau und ungemütlich ist, kann man sich im **Andaman Day Spa** nach Thailand träumen. Neben klassischen Massagen werden exklusive Wellness-Pakete angeboten, dazu gehören wahlweise Peelings, ein Bad im Whirlpool oder ein Saunabesuch. Schön für einen entspannten Freundinnentag. S. 199

1855 stießen die Bergleute beim Abteufen der Zeche Alstaden auf Sole. Noch Jahrzehnte später wurde diese zum Solbad nach Raffelberg geliefert. Das Bad in Mülheim wurde längst geschlossen, doch die heilsame Wirkung von salzhaltiger Luft ist erwiesen. Zum Glück gibt's in Königshardt und in der Altstadt zwei **Salzgrotten**, in denen sich der Kur(z)-Urlaub in den Alltag integrieren lässt. S. 95 & 196

Durchatmen in der Salzgrotte

Der **Aquapark** ist das einzige Bergbau-Erlebnisbad der Region und bietet jede Menge Action – etwa, wenn's auf einer der vielen Rutschen rasant hinuntergeht. Mit einem Gummiring flutscht man durch den 120 Meter langen Tagesschacht. Wer die Knappenrutsche nimmt, kann sogar gegen seine Freunde oder die Eltern antreten. S. 144

Die zahlreichen Rutschen sind im Aquapark besonders beliebt.

Wem der Sinn nach Bewegung steht, der kann in der Boulderbar **Neoliet** klettern und manche Spitze erklimmen. Die Routen haben verschiedene Schwierigkeitsgrade und bringen Einsteigern und Fortgeschrittenen Spaß. Ein bisschen gelenkig sollte man allerdings schon sein. S. 195

Im **7th Space** tauchen BesucherInnen in virtuelle Welten ab. Mit einer Spezialbrille auf der Nase wird man wahlweise Teil eines Abenteuerspiels, muss etwa im Team einen Weg aus einer Pyramide finden oder Ganoven im Wilden Westen das Handwerk legen. Bildungsbeflissener wird's beim virtuellen Museumsbesuch, wenn man berühmte Kunstwerke begutachtet. S. 143

Heimeliges Wunschcafé

Hübsch und heimelig ist das **Wunschcafé** eingerichtet. In einem ehemaligen Pfarrhaus wird nicht nur selbst gebackener Kuchen serviert, sondern jeder Gast bekommt einen Wunsch mit auf den Weg. Ein Geheimtipp im Norden der Stadt. S. 201

Die **Homebar** ist eine moderne Kaffeebar in der Innenstadt, in der man es sich zu sämtlichen Tageszeiten gutgehen lassen kann. Mittags lockt ein Bagel, nachmittags ein Stück Ku-

Homebar: »Wir lieben Kaffee!«

chen, morgens ein Latte Macchiato samt Frühstück. Motto: »Wir lieben Kaffee, denn gute Tage haben noch nie mit einem Grünkohlsmoothie begonnen.« S. 101

Das **Kino im Walzenlager** ist das kleinste Lichtspielhaus in Oberhausen. Es befindet sich auf dem Gelände des Zentrums Altenberg und zeigt kultige oder anspruchsvolle Filme in intimer Atmosphäre – in den Saal passen nämlich nur 45 ZuschauerInnen. Zur Festivalzeit sind auch die Internationalen Kurzfilmtage zu Gast. S. 114

Klein und fein: Kino Walzenlager

Besondere Museen und Galerien

Die Ludwiggalerie: immer einen Besuch wert

Die **Ludwiggalerie Schloss Oberhausen** schafft den Spagat zwischen anspruchsvollen und populären Ausstellungen mühelos und lockt damit Kunstinteressierte auch von weit her an. Es gibt drei künstlerische Schwerpunkte – die Landmarken-, die Lichtbild- sowie die Populäre Galerie. Räuber Hotzenplotz und Janosch standen ebenso im Mittelpunkt einer Schau wie Fotos von Henri Cartier-Bresson oder Jim Rakete. Seinen Namen verdankt das Museum übrigens dem Sammlerehepaar Ludwig. S. 92

Fans knatternder Zweitakter bekommen glänzende Augen, wenn sie das **Mopedmuseum** in Holten betreten. Die Mitglieder des Mopedclubs Neumühl parken dort gewissermaßen ihre Schätze, darunter Zündapps, Kreidler oder eine Münch. Die Halle ist teilweise wie eine Garage gestaltet, viele Ausstellungsobjekte wären sofort fahrtauglich und zu jedem Gefährt gibt es mindestens eine Anekdote zu erzählen. S. 194

Der Mopedclub Neumühl betreibt ein eigenes Museum.

Manchmal sind es technische Pannen, die Weltsensationen ermöglichen. Weil in Köln die Technik streikte, wurde in Oberhausen der erste Kontoauszugdrucker der Welt in Betrieb genommen. Das **Sparkassen-Archiv** hält jede Menge Informationen zur Wirtschaftsgeschichte der Stadt bereit. Besichtigen kann man aber auch eine Notgeld- und Sparbuchsammlung. Das macht Laune, auch wenn bei einem selbst gerade gähnende Leere auf dem Konto herrscht. S. 167

Im Sparkassen-Archiv erfährt man viel über die Wirtschaftsgeschichte von Oberhausen.

Der **Peter-Behrens-Bau** ist Depot und Museum zugleich. In den langen Regalreihen und Schubladen lagern tausende Objekte, die museumsreif sind. So gibt es eine Kleidersammlung vom Strickjäckchen über Arbeiterjoppe und Petticoats bis hin zu Badehauben – und das ist nur ein Bereich. Außerdem ist hier Nützliches aus Plastik zu finden, darunter Steckdosen, Kehrbleche, Designerstühle oder Bobbycars. Wer einen Blick hinter die Kulissen dieses bunten Sammelsuriums werfen möchte, sollte Zeit mitbringen. S. 142

Bunkermuseum: Beklemmend und informativ

Das **Bunkermuseum** beleuchtet ein dunkles Kapitel der Stadtgeschichte und verdeutlicht den Interessierten, die die Treppen des Hochbunkers hinabsteigen, wie sich die Menschen damals gefühlt haben müssen, als sie Schutz vor Bomben fanden. Zitate von ZeitzeugInnen schildern dies eindrücklich, Das Bunkermuseum ist eine Außenstelle der Gedenkhalle und einzigartig in NRW. S. 93

Im **Historischen Klassenzimmer** fühlen sich auch Erwachsene noch einmal in die Schulzeit versetzt, wenn sie auf den alten Bänken Platz nehmen und die Schriftzeichen auf der Tafel entschlüsseln. Zum Glück wird der Unterricht in diesem Fall

Zurück auf die Schulbank

nur gespielt. Dafür kann man über die Rechenklötzchen, Bio-Exponate oder eine Fibel staunen, mit der den Kindern damals die Verkehrsregeln beigebracht wurden. Ein lehrreicher Besuch. S. 92

Der erste Karnevalsumzug fand in Oberhausen mit einem Pferdewagen statt. Diese und weitere (historische) Begebenheiten erfahren Närrinen und Narren im **Karnevalsmuseum**. Die Exponate, darunter Kostüme, Orden und so manches Programmheft, wurden von engagierten Ehrenamtlichen zusammengetragen. Die Objekte stammen teils aus privaten Sammlungen oder wurden von den

Oberhausen Helau!

zahlreichen Oberhausener Karnevalsgesellschaften zur Verfügung gestellt. S. 94

In der einstigen Klempnerei der Zinkfabrik Altenberg hat der **Verein für aktuelle Kunst** eine feine Galerie eingerichtet. Seit mehr als 40 Jahren fördern die Mitglieder konkrete Kunst und haben sich mit ihrem Engagement weit über Oberhausen hinaus einen Namen gemacht. S. 94

Alt-Oberhausen

Stadtrundgang Alt-Oberhausen
(rund 5 km)

Start & Ziel: Oberhausen Hauptbahnhof

1 Hauptbahnhof
2 Tourist-Information
3 Wasserturm am Hbf
4 Museumsbahnsteig
5 City-Hochhaus
6 Saporoshje-Platz
7 Bert-Brecht-Haus
8 Kunsthaus Mitte
9 Altmarkt
10 Herz Jesu Kirche
11 Christoph-Schlingensief-Straße
12 Jobcenter mit Dachgarten
13 Gdanska
14 K14
15 Lichtburg
16 Galerie KiR
17 Friedensplatz
18 Kunstwerk »Die Schnecke«
19 Luise-Alberts-Halle
20 Grillo-Park
21 Rathaus
22 Skulptur »Adamas«
23 Theater Oberhausen
24 Ebertbad
25 Karnevalsmuseum
26 Villa Concordia
27 LVR-Industriemuseum
28 Zentrum Altenberg
29 Bero-Center
30 Druckluft

Die Tour auf Komoot

Seitdem mit dem Centro in den 1990er Jahren die Neue Mitte Oberhausens geschaffen wurde, fürchtet so mancher, dass die Alte Mitte rund um die Innenstadt bei BesucherInnen abgemeldet ist. Dieser Rundgang zeigt unter anderem, wie sich kreative Köpfe gegen den Niedergang der City stemmen. Die Route führt Sie zu Fuß vorbei an Kultur-Institutionen, schönen Cafés, Klassikern und Szene-Neulingen.

Los geht's am **Hauptbahnhof** ❶. Wenn Sie vor dem Haupteingang stehen und den Bushaltestellen und der gegenüberliegenden **Tourist-Information** ❷ den Rücken zudrehen, richten Sie Ihren Blick nach rechts, auf das Bahnhofsnebengebäude. Etwas nach hinten versetzt befindet sich oberhalb von McDonald's und der Radstation der alte **Wasserturm** ❸. Er ist das Hauptquartier des Vereins **Kultur im Turm (Kitev)**. Das Künstlerkollektiv wurde 2005 gegründet. Die MacherInnen rund um Christoph Stark, Agnieszka Wnuczak und Stefan Schroer verstehen sich als kreative StadtentwicklerInnen. Gemeinsam mit vielen anderen KünstlerInnen wollen sie Impulse geben, damit rund um den Bahnhof und in der Stadt etwas in Bewegung kommt. Die Liste der Projekte, die sie seitdem in Oberhausen realisiert haben, wird immer länger. Dazu zählen etwa der Umbau des Wasserturms, die Restaurierung der Bahnhofsuhren, das selbstverwaltete Stadtteilzentrum Unterhaus sowie die Gründung einer Freien Hochschule in der Nicht-Unistadt.

Das erste Engagement von Stark und Wnuczak war die künstlerische Entwicklung des **Museumsbahnsteigs** ❹, den Sie im Bahnhof auf den Gleisen vier und fünf bewundern können. Die Idee, einen Teil des Bahnhofs künstlerisch zu nutzen, geht auf eine Ausstellung des Rheinischen Industriemuseums zum 150-jährigen Bestehen der Köln-Mindener-Eisenbahn im Jahr 1997 zurück. Mit der Schau »Schienen, Schranken, Übergänge« würdigten die Macher die Bedeutung der Linie. Der Museumsbahnsteig wurde 2006 eröffnet.

Der Museumsbahnsteig erinnert an die Bedeutung der Bahn bei der Entwicklung zur Stadt.

Jahrelang rollten hier Güterzüge über die Schienen. Der ausgestellte historische Industriezug soll die enge Verbindung zwischen der Schwerindustrie und der Stadt verdeutlichen. Ein Torpedowagen, ein Schlackenpfannenwagen und eine Lok wurden zusammengekoppelt und werden nun Abend für Abend dank einer kunstvollen Lichtinstallation in Szene gesetzt. Im Mittelpunkt steht die Industriegeschichte – Fans historischer Bahnen fordern aber immer wieder, dass künftig auch Tafeln aufgestellt werden, die den BesucherInnen Fakten rund um die Technik der Bahn geben sollen. Im Sommer dient der Museumsbahnsteig manchmal als **Open-Air-Kino**. Mittlerweile bräuchten die Ausstellungsstücke mal eine Auffrischung.

Auch für den stark sanierungsbedürftigen Wasserturm des Hauptbahnhofes entwickelten die KünstlerInnen ein neues Konzept. »Der Turm ist eine Landmarke, ein Stück fantastische Architektur und bundesweit einmalig«, erzählt Architekt Christoph Stark ganz begeistert, wenn er Gäste durch diesen Teil des Hauptbahnhofs führt. Im Erdgeschoss ist ein neuer Raum für Kultur und Begegnung entstanden – mit eingebauter Küche und Theke. Der Schriftzug »Ruhrpott« leuchtet rot im Hintergrund und macht deutlich, wo das Herz der Verantwortlichen schlägt. Wer die Treppe emporsteigt, entdeckt moderne Ausstellungsräume, loftähnliche Flächen und die riesigen Wassertanks – einmalig im Revier. Nun können oben im Turm KünstlerInnen übernachten und wortwörtlich ihre Zelte aufschlagen.

Wer in den Genuss kommt, an diesem besonderen Ort zu übernachten, weiß Ungewöhnliches zu schätzen. Tritt man durch eine unscheinbare Feuerschutztür aus dem Nebengebäude heraus, steht man auf einmal mitten in der Bahnhofshalle. Der eine oder die andere soll auch schon mal im Schlafanzug zur benachbarten Bäckerei geschlurft sein …

Nun haben Sie den Startpunkt der Tour ausgiebig in Augenschein genommen. Weiter geht's. Den Hauptbahnhof im Rücken, laufen Sie nach rechts am Taxistand vorbei und sehen schon das nächste Ziel: das 150 Meter entfernte **City-Hochhaus** ❺ an der *Friedrich-Karl-Straße*. Der Wohnklotz ist ein typischer Nachkriegsbau und hat ein eher schlechtes Image. Viele haben sich gewundert, dass ausgerechnet dieses Gebäude 2018 mit einem Preis ausgezeichnet wurde. Die Initiative »Big Beautiful Buildings« würdigt Nachkriegsbauten, die nicht im klassischen Sinne als schön empfunden werden. Zudem hat bereits ein Jahr vor der Auszeichnung der Verein Kultur

TIPP

Wenn Sie abends am Hauptbahnhof sind, richten Sie Ihren Blick einmal auf die leuchtenden Bahnhofsuhren. Bei Einbruch der Dunkelheit werden in den sechs Fenstern Filme gezeigt. Der Wasserturm lässt sich im Rahmen von Ausstellungen und Veranstaltungen besuchen. Nähere Informationen im Netz: www.kitev.de

im Turm ein Projekt initiiert, das das Gebäude und die BewohnerInnen in den Mittelpunkt rückt. Kitev holte niederländische Studenten der Akademie der Bildenden Künste samt ihrem Professor aus Den Haag nach Oberhausen. Die fanden heraus, dass eines der Hauptprobleme das fehlende Miteinander ist – und dass sie in den kleinen Wohnungen kaum Platz haben, um Gäste zu empfangen. In der Folge richtete Kitev im Erdgeschoss das sogenannte »Unterhaus« ein. Entstanden ist ein neuer Treffpunkt samt Kulturcafé. Ein Lesekreis nutzt die Räume, Vereine wie die Seebrücke oder die Falken kommen regelmäßig zusammen, es finden Aktionen und Ausstellungen statt.

Das sogenannte Oberhaus

Zusätzlich haben Christoph Stark und die anderen zwei Schriftzüge auf dem Dach installiert. Abends leuchten »Vielfalt ist unsere Heimat« und »Glück auf«. Auch wenn sie weit oben angebracht sind, fallen die Botschaften ins Auge.

Vor dem City-Hochhaus verläuft die *Paul-Reusch-Straße* und fasst von einer Seite den lang gezogenen **Saporoshje-Platz** ❻ ein. Folgen Sie der Straße und spazieren Sie über den Platz. Die Allee auf dem Platz erinnert an die Ursprungsidee des Stadtbaumeisters Ludwig Freitag, der in den 1920er Jahren Oberhausen zu einer Parkstadt umgestalten wollte. Es wurden Bänke installiert, ein Brunnen in den Boden eingelassen, und auf der glatten Oberfläche kann man sogar Boule-Kugeln rollen lassen.

TIPP

Geradezu mediterran geht es auf dem Platz zu, wenn der **Feierabend-Markt** Station macht. Von April bis Oktober parken jeweils am zweiten und vierten Donnerstag Foodtrucks und Händler hier – und machen den »Sapo« zu einem geselligen Treffpunkt. Zwischen 16 und 20 Uhr können die Besucher bei einem Gläschen Wein, Oberhausener Grubenmädchen-Gin oder einem Kaffee Kleinigkeiten essen und miteinander plaudern. Im Winter bezieht der Markt sein Quartier im Zentrum Altenberg.

Saporoshje ist übrigens die ukrainische Partnerstadt Oberhausens. Beide Städte pflegten seit den 1970er Jahren den Kontakt und praktizierten seitdem die sogenannte »Freundschaftsschmelze«. In der damaligen Sowjetunion war es nach Ende des Zweiten Weltkriegs Tradition, in Freundschaft mit Arbeitern anderer Länder kleine Stahlblöcke zu schmelzen und auszutauschen. Die Idee dahinter: Dieser Stahl wird garantiert nicht mehr zu Waffen geformt. Im Siemens-Martin-Werk von Thyssen Niederrhein fand erstmalig in Deutschland eine Freundschaftsschmelze statt. Daraus entstand 1986 die Städtepartnerschaft zwischen Oberhausen und dem heute ukrainischen Saporoshje. Die wird mit gegenseitigen Besuchen gepflegt. Zudem engagiert sich der Verein »Oberhausen hilft«, indem er zum Beispiel Spielzeug für Waisenkinder in der Partnerstadt sammelt oder auch den Umbau der Waisenhäuser unterstützt.

Blick vom Saporoshje-Platz auf das Bert-Brecht-Haus, nach Entwürfen von Otto Scheib erbaut

Wenn Sie den Platz überquert haben, sehen Sie an der Ecke *Paul-Reusch-Straße/Langemarkstraße* die Bibliothek und die Volkshochschule, die sich im **Bert-Brecht-Haus** ❼ befinden. Das Gebäude wurde 1928 nach Entwürfen des Architekten Otto Scheib gebaut, nach dem Vorbild norddeutscher Backsteinarchitektur. Mit seinen sieben Etagen und fünfgeschossigen Seitenflügeln war es das erste Hochhaus Oberhausens. Weil es in der Straßenecke spitz zuläuft, wird es oft mit dem Chile-Haus in Hamburg verglichen.

Das Gebäude, das zur Route der Industriekultur zählt, wurde vielfältig genutzt. Zunächst diente es als Warenhaus der Leonhard Tietz AG, aus der im Zuge der Arisierung allerdings die Kaufhof AG wurde. Später kannten viele OberhausenerInnen es unter dem Namen **Ruhrwachthaus**, da Redaktion, Verlag und Druckerei der katholischen Zeitung »Ruhrwacht« hier ihren Sitz

TIPP

Die Bibliothek macht viele Angebote für den Nachwuchs. So gibt es das Projekt »Stöpsel«, bei dem viele Bücher für Jungen und Mädchen bis drei Jahre angeschafft wurden. Teenager, denen die Kinderbibliothek zu uncool geworden ist, werden in der »Young Corner« fündig. www.oberhausen.de/stadtbibliothek

hatten. Seit 1983 steht das Haus unter Denkmalschutz, wurde 2010 aufwändig saniert und hat sich seitdem zum Bildungszentrum gemausert. Neben der VHS und der Bücherei werden hier auch Bürgerfunksendungen produziert oder es entsteht »Wir für Euch« – eine Zeitung von älteren für ältere Oberhausener.

Aus dem ehemaligen Kaufhof wurde das Arthotel Ana Soul.

Das Warenhaus Kaufhof an der *Marktstraße* ist inzwischen längst Geschichte. Wenn Sie vor dem Bert-Brecht-Haus stehen, können Sie vielleicht noch erahnen, dass in dem neuen City-Hotel **Arthotel Ana Soul** früher einmal Kleidung, Schuhe oder Kochutensilien verkauft wurden. Für die Innenstadt war es ein schwerer Schlag, als sich der Konzern 2011 aus der City zurückzog. Viele Jahre stand die Fläche leer – andere Modeketten oder Elektronik-Supermärkte sagten als Nachmieter ab, aus ihrer Sicht war die Konkurrenz des Centros zu groß. 2018 gelang es schließlich, einen Investor für das riesige Gebäude zu begeistern. Ein Berliner sah das Potenzial für ein neues Hotel und steckte rund 20 Millionen Euro in den Umbau.

Drei Etagen wurden entkernt, umgebaut und neue Wände eingezogen. Die Flure sind riesig und hallenartig, doch im Erdgeschoss ist es den Innenarchitekten dennoch gelungen, mit einem Lounge-Konzept eine gemütliche Atmosphäre zu zaubern. Neben Zimmern für TouristInnen, die nur ein paar Nächte bleiben, werden auch Appartements für LangzeitmieterInnen angeboten. Eine Familie blieb direkt zehn Wochen, zugegebenermaßen etwas ungeplant. Eigentlich wollte sie auswandern, die Wohnung war bereits gekündigt, doch dann verhinderte Corona den Umzug. Also checkte sie im Ana ein. Auch prominente Fans gibt es. Der Betreiber kooperiert mit dem Theater Ebertbad und auch der eine oder andere Kicker von Rot-Weiß-Oberhausen übernachtet hier.

Sie überqueren nun die *Helmholtzstraße* und laufen die *Paul-Reusch-Straße* am Hotel entlang zur *Marktstraße*. Sie kommen vorbei am alteingesessenen **Frittenspezialisten**. Wer die beste Currywurst bietet, ist im Ruhrgebiet zwar stets eine Glaubensfrage, aber diese gehört zweifelsohne zu den besseren. Auch die Eintöpfe sind beliebt. Sie kreuzen die **Marktstraße**, in der sich Einzelhandel, Gastronomie, Leerstände und Baustellen abwechseln. Offenbar hatte die Eröffnung des Hotels den positiven Effekt, dass sich auch andere Investoren fanden, die nun Geld in Wohnhäuser stecken.

Einmal über die *Marktstraße* hinweg, folgen Sie der *Paul-Reusch-Straße* noch für rund 70 Meter, bis Sie vor der Hausnummer 60 stehen. Ein Schild an der Eingangstür verrät: Hier befindet sich das **Kunsthaus Mitte** ❽. Das Gebäude gehört zur Gemeinde Herz Jesu und dient seit 2019 als »Kunstpraxis für Schauspiel, Musik und Malerei«. Thomas Lehmen und Einar Fehrholz bringen hier KünstlerInnen verschiedener Sparten zusammen, darunter MusikerInnen, Bildende KünstlerInnen, TänzerInnen, MalerInnen. Profis und Laien treffen aufeinander. Choreograf Lehmen hat »Brauchse Jobb, wir machen Kunst« ins Leben gerufen. Arbeitslose entwickeln gemeinsam ein Projekt, getreu dem Motto: »Oberhausen lieben heißt, ich mache alles für meine Stadt, sogar Kunst.« Einen Auftritt hatte das Ensemble beim Schlingensief-Geburtstag 2020.

Das Kunsthaus hat zudem ein Residenzprogramm aufgelegt, bei dem künstlerische Arbeiten rund um Oberhausen entstehen. Marlene Ruther widmete sich unter dem Titel »Es fließt. An den Ufersäumen der A 42« etwa der Emscher, dem Rhein-Herne-Kanal und den vielen Straßen und Autobahnen drumherum. Die Performance-Künstlerin Marie-Luise O'Byrne-Brandl war als amouröse Stadtschreiberin unterwegs. Sie formulierte für die beliebte Spiral-Brücke »Slinky Springs to Fame«, die sich im Kaisergarten befindet, zum Beispiel folgende poetische Zeilen: »Die Zwischenräume Deiner Spiralen sind Nichtmaterielles. Was meine körperliche Hand nicht ertasten kann, ertastet mit Freude mein Geist. Ich liebe jede Sequenz Deines Wesens und Deines Körperbaus.« Geschrieben wurden die Briefe ganz analog mit Tinte auf Papier.

Nun laufen Sie wieder die paar Meter bis zur *Marktstraße* zurück. Wenn Sie die Fußgängerzone erreichen, biegen Sie links ab. Sollten Sie die Route per Rad fahren, achten Sie darauf, dass nicht überall in der Innenstadt das Radeln erlaubt ist. Dann ist Schieben angesagt. Sie laufen an einem kleinen Spielplatz vorbei, sehen rechts an der Ecke das **Café Extrablatt**.

Weiter geht's auf der *Marktstraße* geradeaus. Sie steuern automatisch auf den **Altmarkt** ❾ zu und stehen nun auf einem ziemlich geschichtsträchtigen Platz. Oberhausen, so steht es in den Chroniken, wurde am 1. Februar 1862 gegründet. Das heutige Stadtgebiet war in vorindustrieller Zeit kaum bewohnt. Weil die Böden sandig waren, war eine landwirtschaftliche Nutzung nicht möglich. Nur an den Rändern bildeten sich kleine Bauernsiedlungen. Sie hießen Styrum, Dümpten, Alstaden, Lirich und Lippern. Dass es doch noch zu einer Stadtgründung kam, hat auch etwas mit der strategisch günstigen Lage

TIPP

Falls Sie Kaffeedurst verspüren: Zwei Läden weiter befindet sich an der Goebenstraße das gut sortierte italienische Feinkostgeschäft Valdani. Dort kann man nicht nur diverse Zutaten für italienische Gerichte kaufen, sondern bekommt mittags vor Ort auch Espresso, Cappuccino, Panini oder leckere Pasta.

an den Gleisen der Köln-Mindener Eisenbahn zu tun. Schriftsteller Levin Schücking schrieb 1855 von seiner Reise mit der Eisenbahn: »Mit amerikanischer Geschwindigkeit« werde hier eine Stadt entstehen. Das war damals noch Zukunftsmusik. Zwar legte die Eröffnung des Bahnhofs in der Lirich-Lipperner Heide die Grundlage, doch zur Gemeindegründung sollte es dann noch bis 1862 dauern.

Das Grundstück für den 1859 eröffneten Altmarkt wurde der Gemeinde Styrum vom **Landwirt Wilhelm Stöckmann** geschenkt. Der Platz entwickelte sich mit den Jahren zum »Mittelpunkt der werdenden Stadt«. Mittlerweile bieten in der Woche nur noch recht wenige Marktstände ihre Waren feil. Im Winter findet ein Weihnachtsmarkt statt.

Schauen Sie sich nun die Gebäude, die den Altmarkt umgeben, näher an. Auf der rechten Seite vor Ihnen ragt die **Herz Jesu Kirche** ⑩ auf. Das Gotteshaus ist ein Beispiel neugotischer Kirchenarchitektur zu Zeiten der Hochindustrialisierung. Der **Kirchenbaumeister Hermann Wielers** schuf das dreischiffige Gebäude. Als im Zuge der Industrialisierung immer mehr Katholiken in die Stadt kamen, gaben die Pfarrer aus Styrum ihren Widerstand gegen eine neue Kirche auf.

TIPP

Die Kirche kann im Rahmen der Öffnungszeiten besichtigt werden: Mo–Sa von 8.30–12.30 Uhr sowie Mo–Mi & Fr 16–18 Uhr. Donnerstags ist zusätzlich von 17.30–19 Uhr geöffnet, sonntags zu den Gottesdiensten um 11.30 Uhr und 18.30 Uhr.

Das Hauptportal ist nicht symmetrisch auf die Mitte des Altmarkts ausgerichtet – dazu war der Bauplatz zwischen *Stöckmann-* und der heutigen **Christoph-Schlingensief-Straße** ⑪ zu schmal. Während des Zweiten Weltkriegs wurden das Langhaus und der Turm erheblich beschädigt. Beim Wiederaufbau von 1948 bis 1957 setzten die Architekten Dominikus Böhm und sein Sohn Gottfried auch moderne Akzente. Seit 1986 steht das Gotteshaus unter Denkmalschutz.

Die Kirche ist weit über die Grenzen Oberhausens bekannt – das liegt an **Christoph Schlingensief**, der als Jugendlicher Messdiener in der Gemeinde war. Für das Bühnenbild »Kirche der Angst vor dem Fremden in mir«, das im deutschen Pavillon zur Kunstbiennale im Jahr 2008 in Venedig zu sehen war, bekam er den »Goldenen Löwen« verliehen. Vorbild war das Innenleben der Kirche Herz Jesu. In dem gleichnamigen Stück hatte der an Lungenkrebs erkrankte und 2010 verstorbene Schlingensief seine eigene Trauerfeier vorweggenommen.

Der Filmemacher und Theaterregisseur, der als Zehnjähriger zum ersten Mal mit einer Kamera experimentierte und das Ergebnis bei den Kurzfilmtagen einreichte, wurde bundesweit gefeiert. Sein Wirken war aber auch umstritten. Viele Oberhausener fremdelten mit ihm – das zeigte sich nach seinem Tod, als es darum ging, einen Ort des Gedenkens für ihn zu schaffen. Dazu sollte eine Straße umbenannt werden, allerdings gab es von Anliegern Proteste. Sie wollten ihre Ausweise nicht ändern lassen, Firmen nicht ihre Briefköpfe. Auch in der katholischen Kirchengemeinde gab es kritische Stimmen, als schließlich doch die *Pacellistraße*, die neben Herz Jesu verlief, umgewidmet wurde. **Eugenio Pacelli** war der bürgerliche Name von Papst Pius XII. Als Kompromiss heißt nun der Platz vor der Kirche *Pacelliplatz*. An der Fassade des Elternhauses von Christoph Schlingensief an der *Stöckmannstraße* 92 erinnert eine schlichte Bronzetafel an ihn.

Von der Kirche laufen Sie nun zum modernsten Gebäude des Platzes, zum **Jobcenter** ⓬. Der Neubau, der 2018 eröffnet wurde, fand in der Architekturszene bundesweit Beachtung. Entstanden sind nicht nur klassische Büros, sondern auch ein **Dachgarten**, in dem nicht weniger als die Zukunft der Lebensmittelversorgung in Städten untersucht werden soll.

Auf dem Dach des neu gebauten Jobcenters wird gegärtnert.

Auf rund 1.000 Quadratmetern wachsen in zahlreichen Töpfen Salate, Kräuter, aber auch Erdbeeren. Das System ist komplett geschlossen und in vier Klimazonen unterteilt. Geheizt wird mit der Abwärme des Gebäudes, gesammelter Regen sorgt für die Bewässerung. Nützlinge wie Bienen wurden angesiedelt, um die Pflanzen zu bestäuben. Begleitet wird das Projekt vom Oberhausener Forschungsinstitut **Fraunhofer Umsicht**.

TIPP

Interessierte, die dem Jobcenter einmal aufs Dach steigen möchten, können regelmäßig an öffentlichen Führungen teilnehmen. Termine werden auf der Internetseite www.altmarktgarten-oberhausen.de bekanntgegeben.

Und wie schmeckt's? Gut! Mehr als 100 Kilo Erdbeeren sind in der ersten Saison geerntet worden. Der Salat wird beispielsweise im benachbarten Gdanska auf die Speisekarte gesetzt.

In der Mitte des Altmarkts erblicken Sie eine Säule. Sie wurde 1876 aufgestellt, sechs Jahre nach dem Sieg der deutschen über die französischen Truppen, und soll an die in den Einigungskriegen gefallenen Oberhausener erinnern. Mittlerweile haben die Oberhausener die Nike zu einem **Friedensengel** umgedeutet – das passt besser in die heutige Zeit.

Wer genau hinschaut, entdeckt auf dem Altmarkt, im Eingangsbereich der ebenso beliebten wie kultigen Gaststätte **Gdanska** ⓭, noch eine weitere Statue: Neptun, eine Replik des Originals vom berühmten Brunnen in Danzig. In Oberhausen ist er mit einer Regenbogenflagge behangen. Vor mehr als 20 Jahren haben Czeslaw Golebiewski und seine Frau Maria die Kulturkneipe im ehemaligen Café Klatsch eröffnet und längst einen Ort geschaffen, der für Vielfalt steht. Seit 2002 vergeben die beiden zudem die **Neptun-Statuette** – einen deutsch-polnischen Freundschaftspreis.

Czeslaw und Maria Golebiewski sind die Macher der Kultkneipe Gdanska.

Natürlich kann man im Gdanska hervorragend Pierogi, Zurek oder andere deftige Spezialitäten probieren. Zusätzlich zum Speisenangebot locken die umtriebigen Gastronomen und Szenekenner immer wieder Kunst- und MusikliebhaberInnen in ihre Räume. Im hinteren Bereich gibt es ein Theater sowie einen Konzertsaal. Im Biergarten steht ein altes, leicht verstimmtes, Klavier, auf dem jeder klimpern kann, der mag. Unter den Gästen sind übrigens nicht nur OberhausenerInnen und TouristInnen, sondern auch der eine oder andere Promi. So kehrte 2008 die Band von Neil Young im Gdanska ein – sie hatten einen Auftritt in der Nähe. Die Musiker überredeten den Chef, mit ihnen polnisch essen zu gehen. Der Funke sprang über, die Gerichte schmeckten und die Musiker bedankten sich mit einem Spontan-Konzert.

Im Gdanska kann man schön versacken. Doch Sie machen sich wieder auf den Weg zum nächsten Stopp. Vom *Altmarkt* aus laufen Sie rechts zur *Gutenbergstraße* und folgen dieser 100 Meter, bis Sie die *Hermann-Albertz-Straße* erreichen. Hier biegen Sie links ab. Sie folgen der viel befahrenen *Hermann-Albertz-Straße* für rund 250 Meter und biegen anschließend rechts in die *Lothringer Straße* ab.

Nach 100 Metern taucht auf der linken Seite die Fabrik K14 auf. Der Verein zur Förderung politischer Bildung wurde im Mai 1969 gegründet – das **K14** ⓮ ist damit das älteste noch existierende soziokulturelle Zentrum Deutschlands. Der Name war eine Provokation, weil sich das Kriminalkommissariat Nummer 14 mit politischen Straftaten befasste und 1968ern ob möglicher Missetaten nachstellte. Im K14 wollten Oberhausener KünstlerInnen, der Pfarrer **Will Adam**, der auch das Friedensdorf gründete, sowie junge PolitikerInnen Heimat finden. Das K14 avancierte schnell zum intellektuellen Treffpunkt. Zu den Stammgästen zählten **Hilmar Hoffmann**, Gründer der Kurzfilmtage, oder der Gewerkschafter und Politiker **Heinz Schleußer**. Auch heute wird noch politisch debattiert. Viele der BesucherInnen sind mindestens so alt wie das K14 selbst. Jazz- und Blues-Konzerte finden nach wie vor statt. Bei den Lesungen »Mord am Montag« gibt's zur Literatur stets eine Currywurst.

Das K14 ist das älteste noch existierende soziokulturelle Zentrum in Deutschland.

Gegenüber vom K14 befindet sich auf der anderen Seite der *Lothringer Straße* das **Hallenbad**. Die FrühschwimmerInnen ziehen in dem Sportbad schon morgens ab 6.30 Uhr ihre Bahnen.

Für Sie geht es wieder die *Lothringer Straße* zurück. Diesmal überqueren Sie die *Hermann-Albertz-Straße* und laufen Richtung Fußgängerzone. Auf der linken Seite befindet sich mit der **Homebar** von Phillip Kirchstein eine schöne Kaffeebar mit Wohnzimmeratmosphäre. Latte Macchiato, Cupcakes und Bagels locken Jüngere und Junggebliebene. Wer lieber abends vorbeischaut, bekommt auch Bier. Ab und zu gibt's Veranstaltungen.

Ein paar Schritte weiter erreichen Sie wieder die *Marktstraße*. Diese überqueren Sie und folgen schräg versetzt der *Elsässer Straße*. In der Seitenstraße der Fußgängerzone finden sich einige inhabergeführte Schätzchen wie das Feinkostgeschäft **van Knokke** oder der Traditions-Uhrmacher **Schmiemann**. Der Spezialist für edle Chronometer lockt Kundschaft aus ganz NRW nach Oberhausen und ist offizieller Rolex-Fachhändler. Folgen Sie der *Elsässer Straße* für rund 100 Meter, überqueren dann die *Helmholtzstraße* und spazieren auf der *Elsässer Straße* weiter. Rechts empfängt Sie das lauschige **Café Lux**. Es ist genauso ein Gastronomie-Klassiker wie das modernisierte, aber dennoch nostalgisch anmutende **Transatlantik**. Generationen haben hier schon Drinks und Kaffee geschlürft. Man erzählt sich sogar, dass die Bar einmal im Playboy stand, weil es so gute Cocktails gab. Wer draußen sitzt, kann schön Leute gucken. Das macht vor allem Spaß, wenn im gegenüberliegenden Kino **Lichtburg** ⓯ die **Internationalen Kurzfilmtage** stattfinden. Dann durchweht die Straßen ein kreativ-großstädtisches Flair, fast so wie in Berlin.

Ein Besuch in der Lichtburg lohnt nicht nur zu den Internationalen Kurzfilmtagen.

Das Interesse der OberhausenerInnen an dem ältesten, größten und renommiertesten Kurzfilmfest der Welt könnte freilich größer sein. Gegründet wurden die Kurzfilmtage 1954 vom Leiter der Oberhausener Volkshochschule Hilmar Hoffmann, damals in Zusammenarbeit mit dem Filmclub Oberhausen unter dem Namen »Westdeutsche Kulturfilmtage«, 1959 umbenannt in »Westdeutsche Kurzfilmtage«. Die Veranstaltung sollte einen bildungspolitischen Auftrag erfüllen, »Kulturfilm – Weg zur Bildung« lautete das Motto des ersten Festivals, bei dem 45 Streifen aus Deutschland, Frankreich und den USA gezeigt wurden, später auch Beiträge aus der Deutschen Demokratischen Republik und anderen »Ostblock«-Ländern.

Einer, den das Festival beeindruckt und geprägt hat, ist übrigens **Wim Wenders**. Anders als in seinen Biografien angegeben, wurde Wenders zwar in Düsseldorf geboren, wuchs allerdings in Oberhausen auf. In einem Interview schwärmte er einmal in Gedanken von den alten Zeiten: »Hier habe ich meine erste Zigarette geraucht. Hier habe ich bei den Westdeutschen Kurzfilmtagen jahrelang jeden Film gesehen, mich alljährlich gefreut auf diese Tage in Oberhausen.«

Mittlerweile sichten die Kurzfilmtage-OrganisatorInnen rund um Festival-Chef Lars Henrik Gass jedes Jahr tausende Filme. Die Streifen dürfen im internationalen Wettbewerb nicht länger als 35 Minuten sein. Ins Programm schaffen es dann rund 500 Beiträge. Natürlich ist die Oberhausener Lichtburg, die der gleichen Eigentümerfamilie wie die Essener Lichtburg gehört, nicht nur zu den Kurzfilmtagen einen Besuch wert. Lichtspielhaus-Leiterin Petra Rockenfeller engagiert sich in der Gilde deutscher Filmkunsttheater und prägt das Kino-Geschehen in Oberhausen seit mehr als 20 Jahren. Auf die Leinwand kommen nicht nur Blockbuster, sondern auch Arthouse-Streifen, Originale mit und ohne Untertitel oder Filmklassiker.

TIPP

Berührungsängste muss man keine haben. Jedes Jahr veröffentlicht das Organisatorenteam Empfehlungen für Einsteiger mit eingängigen Stoffen. Das Festival findet immer im Mai statt.

Bei der achten Auflage der Kurzfilmtage 1962 formulierten junge FilmemacherInnen das sogenannte Oberhausener Manifest. Streng genommen müsste es eigentlich Schwabinger Manifest heißen, denn die, die es unterzeichneten, kamen alle aus dieser Region Deutschlands. Doch seitdem sind die filmpolitischen Positionen, die damals den Tod von »Papas Kino« forderten, eng mit Oberhausen verbunden. Die jungen Filmemacher wollten die Abkehr von Wohlfühl-Stoffen mit Happy-End, die den Menschen nach dem Krieg eine Flucht vom Alltag bieten sollten. Stattdessen sollten sich die KinobesucherInnen mit relevanten gesellschaftlichen Themen auseinandersetzen. Das Manifest löste nach dessen Verkündigung heftige Diskussionen und Reaktionen aus – die Branche fühlte sich angegriffen, es folgte ein Presseecho voller Häme. Nichtsdestotrotz veränderte sich in den nachfolgenden Jahren das Kino. Immer mehr Autorenfilme mit anspruchsvollen Sujets entstanden.

Sie lassen die Lichtburg rechts liegen. Auf der anderen Seite wächst ein weißer Seitenflügel des **Europahauses** in den Himmel. Seit 1955 prägt die Immobilie das Stadtbild zwischen *Elsässer Straße*, *Langemarkstraße* und *Friedensplatz*. Der Düsseldorfer Architekt Hans Schwippert, Erbauer des Bonner Bundestags-Plenarsaals, ließ das Haus mit Erich Schöllgen zwischen 1955 und 1957 im Stile der klassischen Moderne errichten. Es beherbergt rund 170 Wohnungen,

Büro- und Geschäftsräume. Der multifunktionale Stahlbetonbau sollte neuer Anziehungspunkt in der Innenstadt werden. Anfangs funktionierte das auch gut. Außerdem befand sich hier bis 1985 das legendäre Europa-Palast-Filmtheater im Europahaus. In den vergangenen Jahren hat sich das einstige Vorzeigegebäude allerdings stark verändert. Seit 2008 steht der typische 1950er-Jahre-Bau unter Denkmalschutz und eine Mieterinitiative versucht zusammen mit dem Besitzer, für bessere Zustände zu sorgen.

Im Erdgeschoss des Hochhauses hat die »Kunstinitiative Ruhr e. V.« (KiR) vor einigen Jahren eines der Ladenlokale in eine Galerie umgewandelt und zeigt regelmäßig Ausstellungen ihrer Mitglieder und Gäste. **KiR** ⑯ ist aus der Kulturszene nicht mehr wegzudenken. Das Besondere an dem Konzept: Alle, die hier ausstellen, beteiligen sich an der Miete. Dafür bekommt jeder die Möglichkeit, seine Exponate zu zeigen. Neben Einzelschauen gibt es auch Gruppenausstellungen zu bestimmten Themen – etwa »Was immer in Bewegung ist«, aber auch Gastkünstler aus anderen Städten oder Ländern sind willkommen. Wenn am Mittwoch oder Freitag geöffnet ist, darf jeder hineinspazieren. Neben Vernissagen finden manchmal andere Veranstaltungen, etwa Lesungen, statt.

Die Mitglieder von KiR betreiben eine Galerie in einem Ladenlokal.

Wenn Sie der *Elsässer Straße* folgen, gelangen Sie zum parkähnlich gestalteten **Friedensplatz** ⑰ – gewissermaßen hat hier ein erster Strukturwandel Anfang des 20. Jahrhunderts stattgefunden. Kaum vorstellbar: Bis 1902 befand sich auf dem heute schönen Platz das Betriebsgelände der Styrumer Eisenindustrie AG. Nach dem Abriss beschloss die Stadt, an dieser repräsentativen Stelle keine Industrie mehr zuzulassen. Das rund 180 Meter lange und 50 Meter breite Areal wird eingefasst von vier markanten Gebäuden. An den beiden Längsseiten entstanden nach Entwürfen des Dezernenten

Blick vom Friedensplatz auf das Amtsgericht, das 1907 eingeweiht wurde

Eduard Jüngerich und des Stadtbaumeisters **Ludwig Freitag** Bauten im Stil des Backsteinexpressionismus. Sowohl Freitag und seine Idee der Parkstadt Oberhausen als auch der Backsteinexpressionismus sind Ihnen schon einmal begegnet, wenn Sie sich an das Bert-Brecht-Haus erinnern.

Auf der einen Seite zogen eine Filiale der Reichsbank sowie das städtische Finanz- und Katasteramt ein. Beides ist mittlerweile Geschichte. Auf der rechten Seite befindet sich das Polizeipräsidium. Die ehemalige Polizeipräsidentin **Heide Flachskampf-Hagemann** schwärmte einmal, dass der Bau und der Platz zu den schönsten im ganzen Land gehören. Um das geschichtsträchtige Gebäude zu sanieren, sind Leitstelle, Verkehrsdirektion und die Kriminalwache zum ehemaligen Babcock-Gelände an der *Duisburger Straße* gezogen.

Der »Schwan« ist ein »Wasservogel«.

Die Sichtachse des Platzes, entlang des Wasserlaufs, ist geradezu postkartenverdächtig hübsch. Im Vordergrund befindet sich die Bronzeplastik von **Szoltan Szekessy**. Offiziell heißt das Tier zwar **Wasservogel**, aber die Bezeichnung »Schwan« hat sich durchgesetzt. Im Hintergrund steht das **Amtsgericht**, das im Stil der Neorenaissance erbaut wurde. Bei der Einweihung im Jahr 1907 sparte die Presse nicht mit Lob und sprach von einem »modernen« Gerichtsgebäude oder sogar von einem »Justizpalast«. Ursprünglich dienten die Räume zehn RichterInnen und ihrem Personal. Doch da die Aufgabengebiete des Gerichts immer wieder erweitert wurden, musste irgendwann angebaut werden.

Im Sommer ist es auf dem *Friedensplatz* besonders schön – dann grünt und blüht es. Außerdem kann man es sich in der Traditionsgaststätte **Uerige** bei einem Bierchen oder gutbürgerlichem Essen gutgehen lassen. Wenn Winzer- oder Matjesfest stattfinden, ist der Platz zudem ein beliebter Treffpunkt.

Vom Schwan geht's zur Schnecke. Sie überqueren den *Friedensplatz* und schließlich an der Ampel die *Poststraße*, um weiter die *Gerichtsstraße* entlangzuschlendern. Nach 150 Metern gelangen Sie zu einer weiteren Kreuzung. Hier geht's nach rechts in die *Schwartzstraße*. Rechts von Ihnen sehen Sie nun einen kleinen, nach unten spitz zulaufenden Park. Dort kriecht **Die Schnecke** ⓲ von **Horst Wolfframm**. Schauspielerin **Lia Bugna** ließ sich bei einem Rundgang von dem Kunstwerk zu dem Titel für ihr Theaterstück »Die Schnecke von Oberhausen« inspirieren. Dahinter liegt die **Luise-Albertz-Halle** ⓳. In den Sälen fanden schon viele Feste und Auftritte statt. Die Narren schunkeln hier regelmäßig; Schlagersternchen, die es eine Nummer kleiner als am Centro mögen, gaben Konzerte. Bis zu 2.500 ZuschauerInnen passen in die Halle, die sich in zwölf Räume teilen lässt.

Die Stadthalle wurde zum 100. Gründungsjubiläum von Oberhausen im Jahr 1962 eingeweiht. Später erhielt sie den Namen Luise-Albertz-Halle, in Erinnerung an die bekannteste SPD-Politikerin nach dem Krieg. Nachdem die Sozialdemokraten bei der ersten Kommunalwahl im Oktober 1946 die absolute Mehrheit errangen, wurde **Luise Albertz**, die eine Lehre bei der Stadtverwaltung absolvierte und unter anderem auch als Sekretärin des Oberbürgermeisters gearbeitet hatte, im November 1946 einstimmig zur Oberbürgermeisterin gewählt. Als erste Frau in Westdeutschland stand sie an der Spitze einer Großstadt. Den Menschen blieb sie als »Mutter Courage des Ruhrgebiets« in Erinnerung, deren Fürsorge und Engagement immer den Benachteiligten galt.

Auf der linken Seite der *Schwartzstraße*, gegenüber der Schnecke, entdecken Sie eine weitere großzügige Parkanlage, den **Grillo-Park** ⓴. Gemeinsam mit dem schmucken **Rathaus** ㉑ dahinter erkennen Sie die architektonische Handschrift des technischen Beigeordneten Eduard Jüngerich und des Stadtbaumeisters Ludwig Freitag wieder. Das Rathaus steht auf einem Hügel, der übrigens im Volksmund »Galgenberg« heißt, weil dort früher Gericht gehalten wurde und ein Galgen stand. Es war eines der bedeutendsten im Deutschland der 1920er Jahre. Stadtplaner Freitag ist es zu verdanken, dass die damals noch junge Großstadt eine entsprechende Kontur bekam. Heute arbeiten rund 300 Beschäftigte in dem Bau. Im Herbst 2019 wurde das Rathaus übrigens zum Schauplatz für Theaterszenen. Die Gruppe »Mythen der Moderne« hatte auf dem Feierabendmarkt ein mobiles Tonstudio postiert und Geschichten von OberhauserInnen gesammelt. Daraus entstand das Stück »Stimmen der Stadt«. Diese wurden dann nicht auf der Bühne, sondern im Ratssaal inszeniert. MusikerInnen gaben, hinauf- und hinabfahrend, ein Konzert im Paternoster.

Sie folgen der *Schwartzstraße*, laufen am Seiteneingang des Rathauses vorbei

Das Rathaus war eines der bedeutendsten im Deutschland der 1920er Jahre.

und entdecken dahinter die Skulptur **Adamas** ㉒. Der in Oberhausen geborene Künstler **Günter A. Steinmann** hat das Kunstwerk seiner Heimatstadt gestiftet – als Dank dafür, dass hier seine künstlerische Laufbahn begann. Der Volksmund nennt die Plastik »Kerzenständer«.

Um unserem Rundweg zu folgen, biegen Sie links in die *Elsa-Brändström-Straße* ab. Wenn Sie allerdings Hunger auf Currywurst haben sollten, können Sie einen kurzen Abstecher ein paar Meter geradeaus zum **Rathaus-Grill** machen. Im Schaufenster wird Grönemeyers legendärer Song zitiert: »Wat schöneres gibbet nich als Currywurst.«

Weiter geht's aber auf der *Elsa-Brändström-Straße*. 300 Meter spazieren Sie die Straße entlang, kreuzen die *Freiherr-vom-Stein-Straße* und biegen dann links in die *Ebertstraße* ab. Auf der rechten Seite sehen Sie die Theater-Gastronomie **Zum wilden Kaiser**. Siegi Tiefenbrunner tischt beliebte Schmankerl auf. Wenn's nur eine Kleinigkeit samt Cappuccino sein soll, empfiehlt sich die Espressobar **Zsa Zsa** gegenüber.

Das Banner über der *Ebertstraße* kündigt bereits das nächste Stück des **Theater Oberhausen** ㉓ an. Die Bühne existiert seit mehr als 100 Jahren – eröffnet wurde sie am 15. September 1920 mit dem Stück »Sappho« von Grillparzer. Doch schon viel früher gastierten Wander-Schauspieltruppen in den Gaststätten und unterhielten die Bevölkerung. Gegründet als reines Sprechtheater, wurde dem Theater Oberhausen kurze Zeit später ein Opern- und Operetten-Ensemble angegliedert. Während des Zweiten Weltkriegs wurde das Gebäude stark beschädigt, die SchauspielerInnen traten allerdings weiterhin in Ausweichspielstätten auf. Nach dem Krieg konnte das Haus als erstes Theater im Ruhrgebiet wieder eröffnet werden – und zeigte zusätzlich auch Ballett. Als allerdings in den 1960er Jahren der wirtschaftliche Strukturwandel in Oberhausen begann und somit Einnahmen zur Finanzierung der unterschiedlichen

Sparten wegbrachen, wurde 1965 zunächst das Ballett abgeschafft, zwei Jahre später die Oper und 1973 sogar das eigene Schauspiel. Übrig blieben Operetten und das Kinder- und Jugendtheater »Theater im Pott«.

1991 stand erneut eine Umstrukturierung des Theaters an. Der Rat entschied sich für die Schließung des Musiktheaters und den Aufbau eines neuen Schauspielensembles. Das neue Team erarbeitete sich rasch einen auch überregional guten Ruf und feierte Erfolge: Mit Herbert Fritschs Inszenierung »Nora oder Ein Puppenhaus« aus dem Jahr 2010 heimste Oberhausen eine Einladung zum Berliner Theatertreffen 2011 ein – ein Ritterschlag. Jüngst glückte ein weiterer Coup: Viele Theater rissen sich darum, den Roman »Herkunft« des Deutschen-Buchpreis-Trägers Saša Stanišić für die Bühne inszenieren zu dürfen – Oberhausen erhielt den Zuschlag. Wer den hochgelobten Abend erleben möchte, sollte gutes Sitzfleisch haben. Zweidreiviertel Stunden ohne Pause dauert das Schauspiel.

Neben dem Theater befindet sich der **Ebertplatz** samt Ebertbad. Hier sollte um den damaligen Neumarkt herum das erste repräsentative Zentrum der Stadt entstehen. Oberhausen war 1862 zur Gemeinde erklärt worden. Es folgte ein Bauboom, angetrieben von der raschen Industrialisierung. Ein Unglück verhinderte allerdings, dass wirklich ein Marktplatz entstand: Da bereits auf der Zeche Concordia in Nähe des Bahnhofs Kohle abgebaut wurde, senkte sich im Grilloviertel die Erde. Das Grundwasser stieg, überschwemmte die Straßen und es entstand ein riesiger See, der Concordiasee. Zehn Hektar war die Fläche groß und bot Jugendlichen genügend Platz zum Rudern. Was die Kinder freute, bereitete den Stadtplanern Kopfzerbrechen. 1877 errichtete die Concordia AG deshalb eine Pumpstation, außerdem wurde ein Entwässerungskanal bis zur Ruhr gebaut, die Straßenzüge wurden an die Kanalisation angeschlossen.

Im **Ebertbad** ㉔, 1895 gebaut, war das Baden indes planmäßig vorgesehen. Der wirtschaftliche Aufschwung spülte der Stadt Geld in die Kasse. Gleichzeitig waren viele Wohnungen noch nicht mit Badezimmern ausgestattet. Anfangs wurde die Volksbadeanstalt von den BürgerInnen also vorwiegend besucht, um sich zu waschen. Später gründeten sich Schwimmvereine. Zahlreiche Kinder lernten hier schwimmen und **Hajo Sommers**, inzwischen Mieter und Zeremonienmeister der Kult(ur)-Einrichtung Ebertbad, sprang einst vom Ein-Meter-Brett.

Im Ebertbad wurde früher geschwommen, heute wird hier gelacht.

PROMI TIPP

Hajo Sommers

Hajo Sommers hat in der Oberhausener Kulturszene schon viel bewegt. Er engagierte sich im Altenberg und mischte im Druckluft mit, bevor er dann Ende der 1990er Jahre das Ebertbad übernahm. Seitdem stehen alle, die in der deutschen Kabarettszene Rang und Namen haben, gerne auf der Bühne in dem ehemaligen Schwimmbad. Einer nicht ganz unbedeutenden Nebenbeschäftigung geht Hajo Sommers übrigens auch noch nach: Er ist Präsident des Fußballvereins Rot-Weiß Oberhausen.

Was in Oberhausen schön ist?
Hier ist nix schön! Okay, eventuell der Kaisergarten, aber eigentlich ist »schön« der falsche Begriff.

Der Gasometer?
Ist auch nicht die Berliner Museumsinsel.

Der Rhein-Herne-Kanal?
Eben nicht der Rhein, sondern mehr Herne.

Die Menschen?
Hier trifft, wie im Pott überall, das Wort »schön« auch nicht den richtigen Punkt.

Die vielen kleinen Parks?
Sind auch nicht der englische Garten.

Ebertbad, Druckluft, Altenberg, Gdanska, Turbinenhalle, Kulttempel, K14, Kleinstädter Bühne, Niehbuhrg, Bolleke, etc.?
Schön, dass es sie gibt, die »freien Veranstalter« und das in einer Stadt, die bei ihrer freien Kultur sehr sparsam ist.

Das Stadttheater?
Siehe oben, ohne sparsam.

Der Fußball?
Hier geht's nicht um schön, sondern um Gras fressen.

Das Schloss mit seinen Ausstellungen?
Als Gebäude kein Neuschwanstein, aber fast schön.

Oberhausen und schön?
Hier muss es nicht schön sein. Schön ist da, wohin wir in Urlaub fahren, also woanders. Und da halte ich es mit Herrn Goosen: »Woanders is' auch Scheiße.«
Oberhausen muss man wollen – und dann ist Oberhausen auch schön, irgendwie!

Seit 1999 betreibt Sommers eine der schönsten Kleinkunstbühnen des Ruhrgebiets. An den Originalzustand erinnern noch alte Fliesen im Eingangsbereich. In den ersten Jahren holte Hajo Sommers gemeinsam mit Susanne Fünderich zahlreiche KünstlerInnen nach Oberhausen. Das Ziel, eine private Kleinkunstbühne ohne staatliche Zuschüsse, war ein ambitioniertes Unterfangen. Anfangs wollte niemand kommen. Erkundigte man sich bei Taxifahrern nach dem Ebertbad, wussten sie nicht so recht, wo die Leute abgesetzt werden sollen. Doch irgendwann waren die KünstlerInnen begeistert von der Location, fragten sogar selbst an, ob sie auftreten dürfen, als der Betrieb zwischendurch in schwere finanzielle Seenot geriet. Im Corona-Sommer zogen die Veranstaltungen kurzerhand ins Niederrhein-Stadion um. »Schwimmhilfe« nannte Hajo Sommers die Unterstützung. Die Bande zwischen Fußball und Kleinkunstbühne sind eng, Sommers ist gleichzeitig auch Präsident des klassenhöchsten Oberhausener Fußballvereins RWO.

Schon seit vielen Jahren gehören nicht nur Gastspiele zum Programm, sondern auch Eigenproduktionen, oft geschrieben und inszeniert von Gerburg Jahnke. Die Kabarettistin ist die Dauer-Verlobte von Hajo Sommers und lässt sich die dollsten Geschichten für die Bühne einfallen.

Gelacht und gefeiert wurde übrigens schon lange, bevor das Bad zur Kleinkunstbühne wurde. Auf dem Neumarkt hat der erste Karnevalsumzug stattgefunden, damals noch mit Pferdewagen. Wer noch mehr Geschichte(n) über das närrische Brauchtum erfahren möchte, sollte dem **Karnevalsmuseum** ㉕ einen Besuch abstatten. Dazu überqueren Sie einmal die *Ebertstraße*. Wenn Sie an der Ecke *Ebertstraße/Sedanstraße* stehen, fällt Ihr Blick auf einen großen Bunker mit einem hübschen Wandbild. Im Keller des Bunkers ist das Museum untergebracht, das von engagierten Jecken betrieben wird. Jüngst haben die Ehrenamtlichen die Ausstellung sogar erweitert.

Das Gemälde an der Außenmauer, ein Kunstwerk von **Aaron Stratmann** und **Katja Bot**, ist noch recht neu. Darüber steht der Satz: »So wie es ist, wird es nicht bleiben!« Stratmann ist Oberhausener, Bot ist in der Bretagne geboren. Das Gestaltungsprojekt **Weltbaustelle**, das die 17 Ziele für nachhaltige Entwicklung der Vereinten Nationen sichtbar machen will, führte beide zusammen. Unterstützung bekamen die Künstler vom »Eine Welt Netz«, das seit einigen Jahren graue Stadtfassaden durch Streetart und Wandmalerei in bunte Hingucker umwandelt.

Wandbild der »Weltbaustelle«

Um den Rundgang fortzusetzen, folgen Sie der *Sedanstraße* etwa 150 Meter – und erreichen dann rechts die Concordia-Villa. Hier befand sich früher der Concordiasee. Doch nachdem das Gebiet trockengelegt worden war, entwickelte sich der Bereich zur bevorzugten Wohnlage. Die **Villa Concordia** ㉖ wurde 1897 für den Bergwerksdirektor der Zeche Concordia **Wilhelm Liebrich** erbaut. Bewohnt wurde sie bis 1952. Der **Königshütter Park**, der die Villa umgibt und heute wegen seiner Bahnhofsnähe etwas verrufen ist, war früher der private Garten der Bewohner. In den 1980er Jahren wurde das Haus modernisiert, bekam seinen »tonnenartigen« Dachaufbau aus Stahl und wurde Sitz der Internationalen Kurzfilmtage.

Sie umrunden die Villa und biegen hinter dem Haus in die *Grillostraße* ein. Diese laufen Sie wieder 150 Meter zur *Ebertstraße* zurück. Dort überqueren Sie die Straße und stehen vor **Oli's Büdchen**. Wo Oli draufsteht, steckt nun Yesim seinen Kopf durch das Fenster und bedient seine Gäste. Hier startet Veranstalter Heinz Wagner gerne seine Genuss-Touren. Verkostet wird zum Auftakt, so viel sei verraten, der Schnaps »Artilleriefeuer« aus der Oberhausener Spirituosenfabrik Wollberg. Der Hochprozentige wurde vor mehr als hundert Jahren erfunden und schmeckt süß-säuerlich nach Kirsche: Wohl bekommt's!

Von »Oli's Büdchen« geht's, frisch gestärkt, weiter. Sie folgen der *Ebertstraße*, bis sie nach 200 Metern, kurz vor der Unterführung, zur *Buschhausener Straße* wird. Dieser folgen Sie weitere 200 Meter und biegen hinter dem Tunnel links in die *Hansastraße* ein. Sie laufen nun parallel zu den Schienen, bis Sie nach 350 Metern auf der rechten Seite das **LVR-Industriemuseum** ㉗ sehen. Das Haus ist einer von vier Oberhausener Museumsstandorten des Landschaftsverbands Rheinland (LVR). Neben der alten Zinkfabrik gehören auch die St. Antony-Hütte, der Peter-Behrens-Bau und die Siedlung Eisenheim dazu. Verbunden sind die Standorte, und noch einige Sehenswürdigkeiten mehr, über den Radweg **Eisen.Straße**.

1997 war das Industriemuseum eröffnet worden. Die Dauerausstellung »Schwerindustrie« zeigte anhand von großen Exponaten wie einem neun Meter hohen Schmiedehammer oder einer langen Lok, wie die Menschen in den Fabriken gearbeitet haben. Voraussichtlich 2023 soll das Haus mit einer komplett neuen Ausstellung wieder öffnen. Das Themenspektrum, so die Idee, soll künftig deutlich erweitert und auch andere Aspekte des Industriezeitalters sollen beleuchtet werden.

Das Museum ist Teil des Geländes der ehemaligen Zinkfabrik **Altenberg** ㉘, das heute als soziokulturelles Zentrum genutzt wird, Platz für zahlreiche Vereine bietet und die Kulturszene in Oberhausen bereichert. Die Geschichte von Altenberg reicht bis ins Jahr 1853 zurück. Damals kaufte die belgische »Société Anonyme des Mines et Fonderies de Zinc de la Vieille-Montagne«

(Aktiengesellschaft für Bergbau und Zinkhütten vom Alten Berg) aus Lüttich das Grundstück, um dort ein Zinkwalzwerk zu errichten. Die Lage war gut, nah an der Köln-Mindener Eisenbahn und der Zeche Concordia. Um die deutsche Wirtschaft zu schützen, waren zuvor Zölle eingeführt worden. Der Import von Produkten aus Belgien oder anderen Ländern lohnte sich nicht mehr. Da die »Société« allerdings auch Standorte in Mülheim-Eppinghofen und Essen-Borbeck errichtete, galten die Belgier als einheimisches Unternehmen. 1857 waren die Anlagen aufgebaut, der Betrieb konnte beginnen. Der Start verlief allerdings schleppend, kaum jemand wollte den Knochenjob machen. Um Anreize zu schaffen, wurden Sozialleistungen eingeführt: Eine betriebliche Krankenkasse, eine Invaliden- und Pensionskasse sowie der Bau von Häusern. Die ehemaligen Arbeiterwohnhäuser stehen heute noch an der *Gustavstraße*.

So sah die Zinkfabrik früher aus. Derzeit wird das Museum umgebaut.

Viele Arbeiter konnten den Job nicht lange machen, die Belastung durch die Schwermetalle machten viele krank. 1928 wurde dann das Rösten aufgegeben. Erst Jahrzehnte später, in den 1980ern, zeigte sich, wie schädlich die Produktion auch für die Umwelt gewesen ist.

Als 1978 klar wurde, dass die Zinkfabrik geschlossen werden sollte, prüfte die Stadt, ob die Gebäude als soziokulturelles Zentrum genutzt werden könnten. Schon 1979 gründete sich der **Initiativkreis Altenberg (IKA)**. TheatermacherInnen, KünstlerInnen, Mitglieder von Terre des Hommes, eine Demokratische Lesben- und Schwuleninitiative und sogar einige junge Leute, die Briefmarken

TIPP

Die Geschichtswerkstatt, die es sich zur Aufgabe gemacht hat, die Lokal- und Regionalgeschichte aus Sicht der kleinen Leute aufzuarbeiten, bietet Rundgänge über das Gelände Altenberg an. Besichtigt wird nicht nur das Werksgelände, sondern auch die Arbeitersiedlung Gustavstraße. Nähere Infos gibt's unter der Telefonnummer 0208/3078350.

sammelten, fanden sich zusammen, um nach der Maloche eine neue Heimat für Kultur aufzubauen. 1981 zog »Filimontang«, wie die Belgier im Volksmund genannt wurden, aus. 1984 beschloss der Landschaftsverband, die Zentrale seiner Industriemuseen in Oberhausen einzurichten. Drei Jahre später war es allerdings schon wieder vorbei mit der Aufbruchstimmung. Ein Jahr zuvor buddelte ein Künstler ein bisschen Boden aus, um aus der Erde eine Skulptur zu formen. Dabei stellte sich heraus, dass alles verseucht war. Bei genaueren Untersuchungen fanden Fachleute Blei, Quecksilber, Zink, Cadmium und Öl. Die Gruppen mussten prompt wieder ausziehen. Als Glück erwiesen sich allerdings die Pläne des LVR. So machte das Land NRW 7,5 Millionen Mark für die Sanierung des Geländes locker. Die belgische Firma konnte nicht mehr belangt werden.

Das Altenberg erwachte zu neuem Leben. Die Leute strömten zu den Partys. Viele Künstler experimentierten hier, bevor sie größere Hallen eroberten. Guildo Horn und Stefan Stoppok gehörten genauso dazu wie die »Missfits«.

Aus dem Walzenlager wurde das **Kino im Walzenlager.** Aus der alten Klempnerei ist die Ausstellungshalle des Vereins für aktuelle Kunst geworden. Der Verein »Rocko e.V.«, der etwa hinter dem beliebten Festival »Olga rockt« steckt, hat seinen Sitz hier und die Geschichtswerkstatt Oberhausen ebenfalls.

Der Turm steht auf dem Gelände des Zentrums Altenberg.

Sie verlassen das Gelände der ehemaligen Zinkfabrik durch den Hinterausgang, der neben den **Ausstellungsräumen des Vereins für aktuelle Kunst** liegt. Sie befinden sich nun auf der *Altenberger Straße*. Vor ihnen liegt eine Grünfläche und dahinter die Arbeitersiedlung *Gustavstraße*. Möchten Sie einen Abstecher machen, folgen Sie den Trampelpfaden durch den Park. Unser Rundgang wird indes nach links fortgesetzt. Nach 200 Metern laufen Sie direkt auf das **Bero-Center** ㉙ zu. Die Shoppingmall setzt ihren Schwerpunkt auf Nahversorgung und existiert schon wesentlich länger als das Centro. 1971 wurde das Center auf dem Gelände der ehemaligen Zeche Concordia eröffnet. 44.000 Quadratmeter misst das »Bero« nun. Regelmäßig finden in den Gängen Ausstellungen statt.

Das Bero-Center setzt seinen Schwerpunkt auf Nahversorgung.

Vor dem Bero-Center befinden Sie sich nun auf dem ehemaligen Firmengelände der Zeche Concordia. Deren Geschichte geht zurück auf das Jahr 1850. Kurze Zeit später wurde in der Nähe des Hauptbahnhofs mit dem Abteufen des Schachts 1 begonnen. 1854 wurde dort Kohle gefördert. Insgesamt gehörten zur Zeche Concordia sechs Schächte. Die Wirtschaft florierte, das Geschäft lief und Concordia gehörte zu den produktivsten Zechen. Umso überraschter waren alle, als 1967 die Besitzer, die Schering AG, planten, sich aus der Kohleförderung zurückzuziehen. Die Bundesregierung hatte ein Förderprogramm aufgelegt, um unproduktive Zechen stillzulegen. Stattdessen sollte die Kohle günstig im Ausland eingekauft werden. Womit die Politiker nicht gerechnet hatten: Schering witterte seine Chance, die Prämie abzukassieren. Die Entscheidung war eine Katastrophe für die 4.400 Beschäftigten. Die protestierten zu Tausenden auf dem Altmarkt, und auch die SPD-/FDP-Landesregierung kündigte Widerstand an. Geholfen hat es nichts. Der erste Strukturwandel dieser Art wurde eingeleitet. In den 1970er und 80er Jahren wiederholte sich die Geschichte schließlich mit der Gutehoffnungshütte. Die Stadt nutzte die Gelegenheit, um im Dezember 1968 Flächen des Eisen- und Stahlstandortes von über 328.000 Quadratmetern anzukaufen.

Vom Bero-Center folgen Sie der *Concordiastraße* etwa 200 Meter bis zum Kreisverkehr. Die Straße, die nach rechts abgeht, heißt *Am Förderturm*. Dort ist das dritte soziokulturelle Zentrum beheimatet. Vom Kreisverkehr können Sie das **Druckluft** 30 sehen, es ist ein Mekka für GraffitikünstlerInnen. Gegründet wurde es 1979. Ein Jahr später übertrug man den Aktiven das Gelände, das bis dahin von der Firma Babcock genutzt wurde. Aus einem ehemaligen Freiraum für Jugendliche ist eine feste Adresse im Veranstaltungskalender geworden, die seit mehr als 40 Jahren existiert. Seit jeher gibt's hier Szenekonzerte weit ab vom Mainstream.

Es ist schon einige Jahre her, dass der Oberhausener Künstler **Jörg Mazur** seine Arbeitsräume im Druckluft hatte. Er wohnt in der ehemaligen Arbeitersiedlung an der *Gustavstraße*. Bei der Fahrt zu seinem jetzigen Atelier wurde er 2013 zu einer besonderen Skulptur inspiriert. Ausgehend vom Zechennamen »Concordia« schuf er eine gleichnamige Plastik. Die üppige Dame mit wehenden Haaren wirft ihren Körper schwungvoll nach vorne – »voller Zuversicht, mit Herz und Mut«, wie Jörg Mazur erklärt. Er hatte sich auch schon ein Plätzchen dafür ausgeguckt: den Kreisverkehr, vor dem Sie gerade stehen. Doch einige PolitikerInnen sowie die Frauenbeauftragte regten sich auf, sie wollten »keine Nackte« auf dem Kreisverkehr installiert sehen.

Jörg Mazur schuf eine Concordia-Plastik.

Mittlerweile sind viele Jahre ins Land gegangen. Jörg Mazur hat zahlreiche kleine Concordia-Varianten gefertigt. Als Tänzerin Numero vier wurde die Dame etwa für einen guten Zweck verkauft, um das Ebertbad durch schwere Zeiten zu retten.

Sie umrunden den Kreisverkehr und biegen in die *Hansastraße* ab. Nach rund 150 Metern erreichen Sie wieder den Hauptbahnhof, diesmal auf der Rückseite. Rechts hinunter durchqueren Sie den Bahnhof und sind kurze Zeit später wieder auf dem Bahnhofsvorplatz. Wenn es schon dämmert, werfen Sie noch einmal einen Blick auf das »Oberhaus«: Glückauf!

ZIEL

Radtour Alt-Oberhausen

(rund 30 km)

Start & Ziel: Centro, Platz der Guten Hoffnung

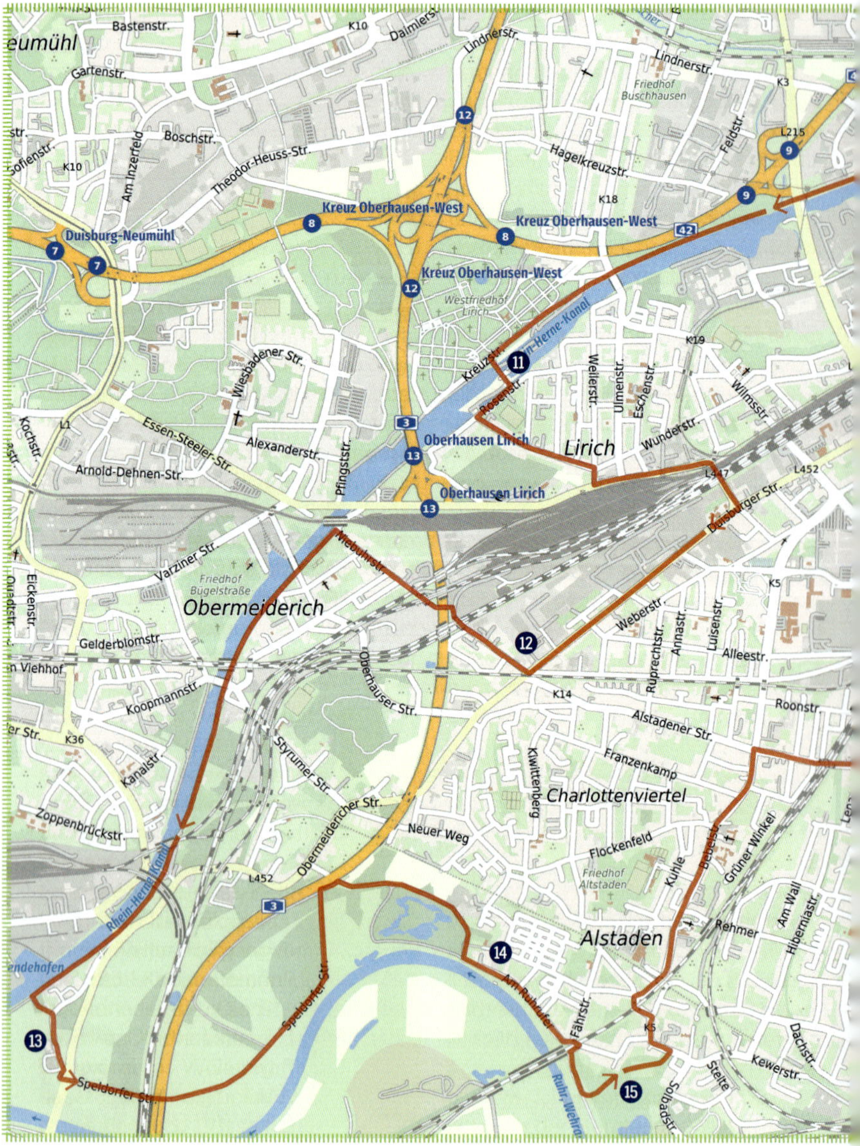

Die Tour auf Komoot

1 Platz der Guten Hoffnung
2 König-Pilsener-Arena
3 HS »Neue Mitte«
4 Gasometer
5 Siedlung Grafenbusch
6 Schloss Oberhausen
7 Gedenkhalle
8 Kaisergarten
9 Rehberger-Brücke
10 Niederrhein-Stadion
11 Schleuse Oberhausen
12 Theater an der Niebuhrg
13 Tauchzenter Nullzeit
14 Panorama-Pausenplätzchen
15 Ruhrpark
16 Phönix-Brunnen
17 Bergmannsampel
18 Bunkermuseum
19 Knappenhalde
20 Metronom-Theater
21 Haus Ripshorst
22 Zauberlehrling
23 Marina
24 Aquapark
25 Sea Life
26 Trampolinpark Tiger Jump
27 Seventh Space
28 Lego Discovery Center
29 Cinestar

Die Fahrradtour, die am Centro startet, führt durch verschiedene Stadtteile von Alt-Oberhausen – zu sehen gibt es Grün und Grau. Sie bekommen einen Eindruck, wie sich Oberhausen in den vergangenen Jahren entwickelt hat. Vorbei geht's an Sehenswürdigkeiten, entlang des Rhein-Herne-Kanals und sogar ein Stück auf dem Ruhrtal-Radweg. Idylle, Industrie und urbanes Leben liegen auf rund 30 Kilometern eng beieinander.

Start ist auf dem **Platz der Guten Hoffnung** ❶. Der Name erinnert an die Zeit der Gutehoffnungshütte, die am industriellen Fortschritt und Wohlstand Oberhausens einen großen Anteil hatte. Der ehemalige Hütten- und Bergbau-Betrieb, dessen Wurzeln in der 1758 gegründeten St. Antony-Hütte liegen, wandelte sich im 20. Jahrhundert zum größten Anlagen- und Maschinenbauer Europas. Die Bezeichnung »Actienverein Gutehoffnungshütte« (GHH) stammt aus dem Jahr 1873. Genau genommen war dies die Geburtsstunde des ersten, in drei Teile gegliederten Konzerns. Zechen und Kokereien im gesamten Wirtschaftsraum der GHH lieferten Brennstoff für die Eisenhütten und Stahlwerke in Oberhausen, deren Produkte wiederum in die Weiterverarbeitung nach Oberhausen-Sterkrade geliefert wurden. Dort entstanden etwa Brücken für Auftraggeber aus der ganzen Welt. Es gab Zeiten, da stammte jede zehnte in Deutschland produzierte Tonne Eisen und Stahl aus Oberhausen. Deshalb wurde die Stadt auch besonders hart von der Kohlekrise und der Verlagerung der Produktion in günstigere Schwellenländer getroffen. Als 1983 die Hauptversammlung beschloss, die Konzernzentrale nach München zu verlegen, wurden nicht nur hunderte Personen arbeitslos – die Hallen und Industrieanlagen wurden fortan nicht mehr gebraucht.

Neue Pläne für das 143 Hektar große Gelände mussten her. Stadtplaner dachten erstmals an eine »Neue Mitte«, die die drei Stadtbezirke Alt-Oberhausen, Sterkrade und Osterfeld miteinander verbinden sollte und in der im großen Stil neue Freizeit- und Einkaufsmöglichkeiten entstehen sollten. Gegen die ersten Pläne, die beispielsweise eine gigantische Shopping-Mall mit 800 Geschäften vorsahen, gab es allerdings erhebliche Widerstände aus den Nachbarstädten. Aber auch Kaufleute, die in Alt-Oberhausen einen Laden betrieben, fürchteten den Niedergang ihrer Innenstadt. Erst 1991 legte eine britische Investorengruppe Pläne für eine kleinere Shoppingcenter-Variante samt städtebaulichem Konzept und Ideen für Freizeitanlagen vor. 1996 wurde das **Centro** eröffnet und ist seitdem ein Publikumsmagnet. 2012 wurde angebaut und die Shoppingfläche um 20 weitere Geschäfte erweitert. 20 Millionen Besucher zählt das Center nach eigenen Angaben jedes Jahr und ist damit **der** Besuchermagnet in Oberhausen.

Bevor es gleich nach rechts Richtung Gasometer geht, lassen Sie noch einmal den Blick schweifen. Vor Ihnen liegt die **König-Pilsener-Arena** ❷. Die Mehrzweckhalle, in der regelmäßig internationale Stars auftreten, aber auch Sport- oder andere Großveranstaltungen stattfinden, wurde 1996 eröffnet. Der Bau kostete

45 Millionen Euro. Beim Eröffnungskonzert rockte die Gruppe Status Quo und weihte die Halle würdig ein. Bis zu 12.000 Zuschauer passen in die Arena, wenn sich Stars wie der Tenor Andrea Bocelli oder die Soul-Diva Beyoncé ansagen. Wer in eine der 22 Suiten eingeladen wird, muss sich um Drinks, Snacks und eine gute Sicht keine Sorgen machen – ein VIP-Bändchen macht's möglich.

Bis zu 12.000 Besucher passen in die König-Pilsener-Arena.

Auf der linken Seite entdecken Sie die **Bus- und Bahnhaltestelle »Neue Mitte«** ❸ mit ihrem ziemlich ungewöhnlichen und schmucken Dach. Entworfen wurde der Haltepunkt vom Architekten **Christoph Parade**. Er wollte mit der Konstruktion aus Gitterelementen und Röhren mehr schaffen als nur eine funktionale Haltestelle. Stattdessen sollen die Verstrebungen an die zerstörten Fabrikanlagen erinnern und so einen Bezug zur Geschichte des Ortes herstellen. Parade wurde für diese Gestaltung mehrfach ausgezeichnet.

Nun geht's los. Sie überqueren den Platz nach rechts, fahren über eine kleine Brücke, vorbei am ökumenischen Kirchenzentrum. Um den Ort der Begegnung zu erhalten, tüfteln die Kirchen aktuell an einem neuen Konzept. Nach wenigen Metern folgen Sie links den Pfeilen zum **Gasometer** ❹, der nun unmittelbar neben Ihnen aufragt. Der Gasometer wurde zwischen 1927 und 1929 als Speicher für Gichtgas gebaut, das als Abfallprodukt der umliegenden Hochöfen anfiel. Die Kosten in Höhe von 1,74 Millionen Reichsmark waren beträchtlich, haben sich für die Gutehoffnungshütte allerdings innerhalb eines Jahres bezahlt gemacht. Das anfallende Gichtgas musste nicht mehr abgefackelt werden, sondern konnte die Koksöfen beheizen. Das wertvollere Koksgas ging zur Ruhrchemie. Während des Zweiten Weltkriegs wurde der 117,5 Meter hohe Bau mehrmals von Bomben getroffen und musste 1945 stillgelegt werden. Nach dem Krieg geriet er bei Reparaturarbeiten in Brand und wurde bis auf das Fundament abgetragen. Der Wiederaufbau dauerte bis 1949, das Dach konnte immerhin wiederverwendet werden. In Betrieb war der Gasometer schließlich bis 1988. Nach der Stilllegung wurde zunächst überlegt, die »Tonne« abzureißen, doch die Kosten dafür hätten 1,5 Millionen D-Mark betragen. Währenddessen überlegte der in Essen ansässige Coca-Cola-Konzern, ob er aus dem Gebäude eine riesige Werbefläche machen sollte – der Gasometer als Blechdose, das schien damals denkbar. Auch eine Indoor-Golf-Anlage war im Gespräch, doch alle Ideen wurden verworfen. Denkmalschützer setzten sich vehement für den Erhalt ein und der Leiter der Internationalen Bauausstellung Emscherpark drohte gar mit Rücktritt, falls der markante Turm doch dem Erdboden gleichgemacht werden sollte. 1992 entschieden Oberhausener PolitikerInnen also, den Gasometer zu kaufen, in eine Landmarke umzuwandeln und in die Planungen für die Neue Mitte zu integrieren. Die Entscheidung fiel denkbar knapp aus – aber das will heute angesichts des Erfolgs niemand mehr wissen. Die Gasometer GmbH finanziert sich seitdem übrigens komplett selbst.

Der Gasometer ist Europas höchste Ausstellungshalle.

Zwischen 1993 und 1994 wurde der Rundling für 16 Millionen D-Mark zu Europas höchster Ausstellungshalle umgebaut. Die einstige Gasdruckscheibe wurde in 4,20 Metern Höhe fixiert und teilt den Raum in zwei Ebenen. Unten ergibt sich ein 3.000 Quadratmeter großer Raum, in dem seitdem regelmäßig spektakuläre Ausstellungsobjekte installiert werden. In der Ausstellung »Das Auge des Himmels« zeigten die Gasometer Oberhausen GmbH und das Deutsche Zentrum für Luft- und Raumfahrt etwa spektakuläre Satellitenbilder der Erde im Großformat. Der Künstler **Christo** war so fasziniert von dem Ausstellungsort, dass er ausnahmsweise zweimal dieselbe Stadt für eines seiner Kunstprojekte auswählte: Oberhausen. 1999 errichteten er und seine Frau **Jeanne-Claude** aus 13.000 Ölfässern die Installation »The Wall«, eine 26 Meter hohe Mauer, die das Industriedenkmal komplett durchzog. 2013 sorgte Christo dann mit der damals weltweit größten Innenraumskulptur für Furore.

»The Wall«, ein Kunstwerk von Christo

Er entwarf sein »Big Air Package«. Das Exponat wurde aus 20.350 Quadratmetern lichtdurchlässigem Gewebe und 4.500 Metern Seil gefertigt. Mit einem Durchmesser von 50 Metern reichte es fast von Wand zu Wand – die BesucherInnen konnten es allerdings umrunden und von allen Seiten betrachten. Die Ausstellung war eine Weltsensation und andere renommierte Kunststädte guckten neidisch nach Oberhausen. Doch an dem Bauwerk nagte der Zahn der Zeit – eine Renovierung war überfällig. Von Ende 2019 bis Sommer 2021 wurde die Tonne einer Frischzellenkur unterzogen. Der Gasometer war eine Baustelle der Superlative. Rund um das Wahrzeichen stand ein 30.000 Quadratmeter umfassendes Gerüst. Allein der Aufbau dauerte rund fünf Monate. Die Kosten für die Arbeiten, rund 14,5 Millionen Euro, teilten sich Bund, Land, Regionalverband Ruhr und die Gasometer GmbH. Zu erkennen ist von dem »Lifting« allerdings nichts. Der Turm sieht aus wie eh und je.

Die Ausstellungen sind stets spektakulär.

Die Landmarke lockt seit ihrer Einweihung Jahr für Jahr nicht nur Millionen Besucher an, sondern hat auch prominente Fans. **Arnold Schwarzenegger** staunte bei einer Stippvisite in Oberhausen nicht schlecht über die »gigantische Blechtonne«, 2009 wurden hier Szenen für den Kölner Tatort gedreht und die Liedzeilen des früheren, bundesweit bekannten Frauen-Kabarett-Duos **Missfits** »Stehste auffem Gasometer im Sturmesbrausen und alles, watte siehst, is Oberhausen« sind längst legendär.

Rechts von Ihnen liegt der Eingang des Gasometers, aber Sie setzen die Tour nach links fort, vorbei am **Klettergarten Tree2Tree**. So gelangen Sie durch eine Unterführung zur **Siedlung Grafenbusch** ❺. Bei der erstmöglichen Gelegenheit biegen Sie rechts in die Straße *Am Grafenbusch* ab und bekommen einen Eindruck von »Schöner Wohnen« anno 1910 bis 1923. Geplant als »Beamten-Kolonie«, zogen leitende Ingenieure der Gutehoffnungshütte in die Villen und großzügigen Reihenhäuser. Damals war es üblich, dass die Führungskräfte möglichst nah am Werk wohnten. Inzwischen stehen die von **Bruno Möhring** entworfenen Häuser unter Denkmalschutz und sind eine beliebte Wohngegend. Nur am Verkehrslärm sollte man sich nicht stören. Sie fahren links herum einen Bogen durch die Siedlung und biegen anschließend wieder rechts auf die Straße *Am Grafenbusch* und direkt danach auf die *Konrad-Adenauer-Allee*. Auf der gegenüberliegenden Seite sehen Sie bereits das **Schloss Oberhausen** ❻ und den danebenliegenden **Kaisergarten**. Sie fahren bis zur nächsten Ampel und kreuzen die große Hauptstraße.

Wenn Sie auf der anderen Straßenseite am Schloss vorbeifahren, entdecken Sie daneben die **Gedenkhalle ❼**. Diese wurde 1962 als erste westdeutsche Gedenkstätte als Ort des Erinnerns an den Nationalsozialismus gegründet. Die Initiative ging von der damaligen Oberbürgermeisterin **Luise Albertz** aus, deren Vater **Hermann Albertz** von den Nationalsozialisten politisch verfolgt wurde und unter ungeklärten Umständen 1945 ums Leben kam. Wenn Sie zwischen Gedenkhalle und Schloss entlangradeln, gelangen Sie in den Innenhof des klassizistischen, von 1804 bis 1818 erbauten Gebäude-Ensembles. Das Schloss Oberhausen geht auf den befestigten Rittersitz »Oberhaus« zurück, der wahrscheinlich im späteren 12. oder frühen 13. Jahrhundert gegründet wurde und der Stadt ihren Namen gab. Die erste urkundliche Erwähnung ist datiert in der Mitte des 15. Jahrhunderts. 1896 kaufte die Stadt Oberhausen den Schlosspark. Die junge Industriestadt wollte für ihre Bürger »durch die Anlage eines Volksgartens einen angenehmen, erfrischenden Aufenthalt in freier Natur schaffen«, so heißt es. Das Schloss ist seit 1911 Eigentum der Stadt. Im Zweiten Weltkrieg wurden Teile des Haupthauses sowie das Dach des Wirtschaftsgebäudes, Kleines Schloss genannt, zerstört. 1947 wurde das Schloss dann erstmals als Galerie eröffnet. Gezeigt wurden etwa die impressionistischen Landschaften von **Max Liebermann**, **Max Slevogt** und **Lovis Corinth**. Einen Schwerpunkt bildete damals auch die Sammlung internationaler Grafik des 19. und 20. Jahrhunderts mit Drucken von **Pablo Picasso**, **Odilon Redon** oder **Maurice Denis**.

TIPP

Wer Kunst einmal in heimischer Umgebung betrachten möchte, kann sich in der Artothek Exponate ausleihen. Unter dem Motto »Bilder leihen wie Bücher« wird eine Auswahl an Werken angeboten. Die Gebühr beträgt elf Euro für drei Monate, 22 Euro für sechs Monate. Die Artothek-Ausleihe findet jeweils am 1. Donnerstag im Monat statt.

Das Hauptgebäude ist übrigens gar nicht so alt wie es aussieht: Als das Kleine Schloss 1952 repariert war, musste das Haupthaus 1953 wegen Baufälligkeit geschlossen werden. Mit Unterstützung der Gutehoffnungshütte wurde es wieder aufgebaut – die Innenräume atmen den Charme der 1950er Jahre. Private Sammler schenkten dem jungen Museum europäische Kunst vom Mittelalter bis zur Neuzeit. Das Sammlerehepaar **Peter und Irene Ludwig** gründete 1983 das **Ludwig-Institut für Kunst der DDR in Oberhausen** – hier wurden erstmals im Westen Positionen Ostdeutscher Kunst ausgestellt. Mit dem Fall der Mauer entfiel diese Notwendigkeit, das Institut wurde 1991 aufgelöst. Inzwischen gibt es drei künstlerische Schwerpunkte – die Landmarken-, Lichtbild- sowie die Populäre Galerie. So werden immer wieder Ausstellungen gezeigt, die sich in der Vergangenheit mit **Ralf König**, **Walt Disney** oder **Janosch** auseinandersetzen.

Sehenswerte Fotografien von namhaften Ikonen wie Henry **Cartier-Bresson**, **Jim Rakete**, **Linda McCartney** oder **Herlinde Koebl** runden das Programm ab.

Der Kaisergarten ist ein beliebtes Ausflugsziel für Familien.

Weiter geht's. Sie verlassen geradeaus den Innenhof des Schlosses und radeln links Richtung **Kaisergarten** ❽. Wer mal zur Toilette muss, findet hier eine Möglichkeit. Das Schild »Pipi + AA« weist den Weg zu den Örtchen. Gemalt wurde das Schild von den humorvollen Betreibern der Schloss-Gastronomie. Der 29 Hektar große Park ist vor allem für Familien ein beliebter Anlaufpunkt. In einem Teil des Kaisergartens gibt es ein Tiergehege, in dem zum Beispiel Alpakas, Zwergotter oder Hirsche leben. Die Bewohner können das ganze Jahr besucht werden – das Beste dabei: Der Eintritt ist frei. Viele Tiere dürfen gestreichelt und gefüttert werden, allerdings muss dazu das Futter aus den Automaten genutzt werden. Schulkinder, die etwas über die tierischen Bewohner erfahren möchten, können an den Ferienaktionen der **NaturErlebnisSchule** teilnehmen oder für ein Jahr Mitglied im Kidsclub werden. Ein anderer Teil des Parks lädt zum Spaziergehen oder Picknicken ein. Jugendliche und Junggebliebene, die das zu langweilig finden, sausen auf Rollen und Rädern durch die **Open Airea**. Die Trendsportanlage liegt am Rand des Kaisergartens und bietet Skatern und Bikern Fläche zum Trainieren. Außerdem gibt's einen Bereich für Fuß-, Hand- und Basketballer. Damit alles ordentlich bleibt, passen Mitarbeiter vom Zentrum für Ausbildung und Qualifikation auf.

Kanal-Romantik an der Brücke Slinky Springs to Fame

Mit dem Rad sind Sie sportlich genug unterwegs, lassen den Kaisergarten links liegen und überqueren (schiebend) den Kanal über die **Rehberger-Brücke** ❾, benannt nach dem Künstler **Tobias Rehberger**. 2011, und damit ein Jahr später als eigentlich vorgesehen, wurde **Slinky Springs to Fame** fertiggestellt. Die Brücke verbindet beide Seiten des Kanals miteinander. Rehberger entwarf ein Bauwerk, das mit seiner spiralförmigen Anmutung an die springende Feder erinnert, die als Spielzeug weltweit beliebt ist. 496 Aluminiumbögen verteilen sich auf insgesamt 406 Metern Länge. Der Boden besteht aus einem Material, das auch auf Tartanbahnen zum Einsatz kommt. Passend zum Namen schwingt es ganz schön, wenn man die kunstvolle Wegeverbindung schnell überquert. »Slinky« ist eine der beliebtesten Sehenswürdigkeiten im ganzen Ruhrgebiet. Abends, ab Einbruch der Dunkelheit, wird die Brücke beleuchtet und taucht auch die Umgebung in ein schönes Licht.

Das Stadion Niederrhein ist die Heimspielstätte von RWO.

Auf der anderen Seite des Kanals befinden Sie sich nun auf der **Emscherhalbinsel**, einem Teil des Emscherradwegs. Sie halten sich rechts und können schon das **Niederrhein-Stadion** ⑩ sehen, das Heimspielstätte von **Rot-Weiß Oberhausen** ist. Der Sportclub wurde 1904 als Oberhausener Spielverein gegründet, das Kleeblatt ist sein Markenzeichen. 1969 kickte RWO in der Bundesliga. So kommt es, dass HSV-Legende Uwe Seeler ebenso im Stadion am Niederrhein zu Gast war wie manch anderer Alt-Star. Seeler wird an die Begegnung allerdings nicht gerne erinnert, damals kassierte der HSV gegen die Oberhausener eine 8:1-Klatsche. Aktuell fasst das Stadion, das 1926 eingeweiht wurde, rund 17.000 Zuschauer. Den absoluten Besucherrekord – die Angaben schwanken zwischen 44.000 und 48.000 Zuschauern – erlebte das ehrwürdige Stadion im Juni 1950 beim Spiel um den Einzug ins Finale der Deutschen Meisterschaft.

Im Corona-Sommer 2020 wurde das Zuhause der Kleeblätter übrigens kurzerhand zur Bühne für das beliebte **Theater Ebertbad** umfunktioniert. Hajo Sommers, seines Zeichens Präsident bei den Rot-Weißen, betreibt auch das Ebertbad. Er ist immer für eine Aktion gut: mal stellt er RWO-Kalender zu und klingelt bei den Anhängern persönlich zu Hause, mal taucht er als Überraschungsgast bei einer Fan-Hochzeit auf …

Der Radweg beschreibt eine Rechtskurve, die Schilder führen Sie am Haupteingang vorbei und dann nach links auf die *Lindnerstraße*. Dort geht's dann links wieder Richtung **Kanal**. Die Wege entlang der »Kumpel-Riviera« sind gut ausgebaut und von Joggern, Spaziergängern oder Radlern gerne frequentiert. Der Kanal fließt auf 7,7 Kilometern durch Oberhausen. Wenn Sie Richtung Wasserrinne schauen, kommt immer mal wieder ein Binnenschiff vorbeigeschippert. So idyllisch wie

TIPP

Wer sich genauer für die Technik und die Arbeit der GMVA interessiert, kann an einer Führung durch das Werk teilnehmen. Nichts für feine Nasen, aber sehr aufschlussreich. Nähere Infos gibt's im Netz: www.gmva.de/anlagentechnik/fuehrungen oder unter der Rufnummer 0208/8594111.

PROMI TIPP

Frau Jahnke

20 Jahre lang, von 1985 bis 2005, war Gerburg Jahnke eine Hälfte der Missfits. Als Kabarettduo mit Stefanie Überall trat sie auf Kleinkunstbühnen in ganz Deutschland auf und sang ihrer Heimat ein Lied – Credo: »Stehse auf'm Gasometer im Sturmesbrausen, und alles watte siehs, is Oberhausen.« Die Missfits sind mittlerweile Geschichte, doch ihrer Heimat hält Gerburg Jahnke noch immer die Treue – und auch mal die Fahne hoch, wenn die Kritik laut wird. Im Ebertbad inszeniert sie eigene Stücke. Gerburg Jahnke gehört zweifelsohne zu den bekanntesten Oberhausenerinnen. Wir haben sie am Fuße des Gasometers getroffen.

Wie ist es, die bekannteste Oberhausenerin zu sein?

Ist das so? Es macht keinen großen Unterschied, außer dass mich manchmal Menschen sehr freundlich und zugewandt ansprechen. Was ja ein persönliches Lob für unsere Arbeit bedeutet. Und auch die Bestätigung, dass unser Engagement im Ebertbad vielen in dieser Stadt viel bedeutet. Was ich natürlich sehr schätze.

Würden Sie Ihr Oberhausen-Lied auch heute noch so texten oder hat sich aus Ihrer Sicht etwas verändert?

Vielleicht würden wir ein paar Aktualisierungen vornehmen? Dass die Emscher renaturiert wird. Dass es nur noch zwei Schweine im Kaisergarten gibt. Der Rest ist so geblieben wie es schon immer war.

Was mögen Sie an Oberhausen?

Es ist eine kleine Stadt mit überschaubaren Strukturen. Man kennt sich, fast dörflich. Und es ist Ruhrgebiet, mit einer mir sehr vertrauten Mentalität: Wir haben alles außer Kohle. Also muss man kreativ werden. Wir sagen, was wir denken. Und schön geht anders. Alles in allem: Heimat.

am Kaisergarten ist es nicht überall auf der anderen Kanalseite. Sie passieren einige Industrieanlagen und sehen schließlich die Schornsteine der **Gemeinschaftsverbrennungsanlage (GMVA) Niederrhein**. Rund 700.000 Tonnen Abfall werden jährlich verwertet. Der Müll stammt nicht nur aus Oberhausen, sondern auch aus umliegenden Großstädten. Die Abwärme liefert Energie und Strom für 100.000 Haushalte.

Auf der gegenüberliegenden Seite radeln Sie etwa drei Kilometer weiter und nähern sich langsam der **Schleuse Oberhausen** ⓫. Sie fahren jetzt ein Stück parallel zum Westfriedhof. Wem es nun eng wird ums Herz – der Besuch des Friedhofs lohnt sich. Die Anlage gleicht einem riesigen Park, und anhand der Gedenksteine lässt sich die Begräbniskultur vergangener Jahrzehnte ablesen. Die Geschichtswerkstatt hat sich mit dem Areal ausführlich beschäftigt und einen Rundgang ausgearbeitet. Oberbürgermeisterin **Luise Albertz** fand hier ihre letzte Ruhestätte. Außerdem gibt es internationale Gräber und Gedenksteine für die Märzgefallenen, die Opfer von Grubenunglücken »auf Concordia« oder Felder, auf denen Zwangsarbeiter begraben wurden.

Das Schild »Geduld« stammt noch von der Aktion »Emscherkunst«.

Sie bleiben auf Kurs entlang des **Rhein-Herne-Kanals**. Rechts taucht zudem ein großes Schild mit der Aufschrift »Geduld« auf. Das ist kein offizielles Verkehrsschild, sondern es stammt noch von der Ausstellung »Bilder am Kanal«, die im Rahmen der Aktion »Emscherkunst« im Kulturhauptstadtjahr 2010 aufgestellt wurden. Normalerweise, versichert indes das zuständige Wasser- und Schifffahrtsamt, komme es hier nur selten zum Stau. Rund 50 Schiffe passieren pro Tag die Schleuse, um einen Höhenunterschied von 4,10 Metern zu überwinden. Zu 90 Prozent sind es Berufsschiffe, gefolgt von Freizeitschiffen. Fahrgastschiffe kommen nur selten vorbei.

Auf der anderen Seite, kurz vor den Schleusenkammern, können Sie ein paar Boote im Hafen Lirich sehen. Bevor die Marina am Centro eingerichtet wurde, hatten sich ein paar maritime Oberhausener aus dem Dunstkreis des Soziokulturellen Zentrums K14 überlegt, dass die Stadt unbedingt eine Anlegestelle braucht. Ein Verein wurde gegründet und inzwischen wieder aufgelöst, doch der Hafen ist geblieben. Betrieben wird er nun von Hans-Jürgen Eckner. Hobby-Kapitäne, die auf dem Kanal unterwegs sind und in Lirich ankern wollen, können sich bei ihm anmelden. Wer in Lirich anlegt, mag den persönlichen Service. Den Nachbarn ist egal, ob man mit einer Yacht oder einem etwas rostigen Pott unterwegs ist. Wer will, kann ohne Probleme von Oberhausen nach Berlin schippern oder eine kürzere Kaffeefahrt nach Gelsenkirchen unternehmen.

SpaziergängerInnen, Angler oder Pärchen, die den Schiffen hinterherschauen: Die Wege entlang des Kanals sind belebt und beliebt.

Sie umrunden die Schleuse mit dem Rad, indem sie rechts ein kleines Stück auf die *Emscherstraße* ausweichen und kurz danach wieder links Richtung Schleuse abbiegen. Vielleicht haben Sie Glück und es ist gerade ein Schiff in eine der beiden Kammern gefahren. Sie fahren über den Kanal auf die andere Seite, überqueren selbst einen Seitenarm der Schleuse und gelangen rechts auf die *Rosenstraße*. Bei nächster Gelegenheit, nach etwa 30 Metern, biegen Sie links in die *Wilhelmshavener Straße* ein. »Lirich, klein und schmierig« hieß es früher im Volksmund etwas abfällig über diesen Stadtteil. Tatsächlich klagen viele BewohnerInnen über ihr Umfeld. Doch wer genau hinschaut, entdeckt zwischen ehemaligem Industriegelände, Müllverbrennungsanlage und Kanal doch ein paar ruhrpott-romantische Ecken.

Von der *Wilhelmshavener Straße* biegen Sie nach 600 Metern rechts in die *Weilerstraße* ab und kreuzen dann, vorsichtig, die viel befahrene *Ruhrorter Straße*. Schön ist woanders, deshalb geht's schnell nach links weiter. Nach 550 Metern beschreibt die Straße eine Kurve nach rechts. Sie folgen der *Ruhrorter Straße* durch einen Tunnel, dann biegen Sie nach rechts auf die *Duisburger Straße* ab. 300 Meter weiter, dort, wo heute in großen Lettern **Quartier 231** an der Häuserwand steht, hatte bis 2002 der Maschinen- und Anlagenbauer **Babcock Borsig** seinen Sitz. Seitdem steht das etwa 100.000 Quadratmeter große Gelände für ein weiteres bitteres Kapitel Oberhausener Industriegeschichte. Eigentlich stammte das Unternehmen aus den USA, doch schon bald machte es sich auch in Europa einen Namen mit der Herstellung explosionssicherer Kessel. Schon 1908 lieferte das Unternehmen ein Drittel aller in Deutschland hergestellten Wasserrohrkessel. So richtig setzte der Aufschwung mit der Währungsreform 1948 ein. In Lirich entstand eine Kesselschmiede, Laboratorien wurden eingerichtet. Das Direktionsgebäude und die kaufmännischen Büros wurden hochgezogen – mit 16 Etagen und 61 Metern Höhe entstand das damals höchste Gebäude der Stadt. In den 1960er und -70er Jahren wandelte sich das

Unternehmen schließlich vom Kesselwerk zum Technologiekonzern. 13.600 Menschen arbeiteten für Babcock. Das gestiegene Umweltbewusstsein, strengere Abgasvorschriften und Anlagen mit höheren Wirkungsgraden bescherten dem Konzern in den 1980er Jahren volle Auftragsbücher. Doch in den 90ern begann der Abstieg. Das Unternehmen konnte nur dank eines 300-Millionen-Zuschusses der Banken gerettet werden. Der Konzern schrumpfte sich gesund, reduzierte Geschäftsfelder – und schlitterte dennoch 2002 in die Insolvenz.

Vor ein paar Jahren machten sich ehemalige MitarbeiterInnen und HeimatforscherInnen daran, die Geschichte des Konzerns aufzuarbeiten. Dabei ging es ihnen nicht nur um wirtschaftliche Zusammenhänge, sondern zum Beispiel auch um den Arbeitsalltag und um einen Italienischkurs, den die Arbeiter belegten, um die ersten italienischen Gastarbeiter besser zu verstehen … Viele von ihnen denken noch wehmütig an die guten Jahre zurück, auch wenn es recht beschwerliche Arbeit war. 2016 wurde schließlich das Hochhaus abgerissen. Dort, wo früher schweres Eisen geschmiedet wurde, werden noch immer Gewichte bewegt. In eine der denkmalgeschützten Hallen ist das **Fitnessstudio B1** eingezogen. In den anderen Gebäuden sind beispielsweise Callcenter, Startups oder auch die Polizei untergebracht. Als Businesspark »Quartier 231« wird das Areal vermarktet, und die Stadt will einmal mehr beweisen, dass der Strukturwandel auch an dieser geschichtsträchtigen Adresse gelingen kann.

Dieser Geselle begrüßt alle im Parkbanktheater an der Niebuhrg.

Weiter geht's zum nächsten Ort des Strukturwandels, zum **Theater an der Niebuhrg** ⓬. Dazu rollen Sie die *Duisburger Straße* weitere 850 Meter entlang. Falls Sie kurz vor dem Bahnübergang Obermeiderich eine Stärkung brauchen, sei Ihnen **Matus Burritos** empfohlen. Die coolen Betreiber bieten authentisches US-Streetfood an.

Zwischen dem Imbiss und dem Bahnübergang biegen Sie rechts in die *Niebuhrstraße* ab. Sie radeln jetzt direkt an der Oberhausener und Duisburger Stadtgrenze entlang, die verläuft nämlich genau auf dieser Straße. **Holger Hagemeyer**, Chef des Theaters an der Niebuhrg, das nach ein paar Metern auf der rechten Seite auftaucht, findet sowieso, dass das Ruhrgebiet eine Großstadt ist und es nur unterschiedliche Stadtteile gebe. Einer heißt demnach Oberhausen, der andere Duisburg. Hagemeyer hat die halb verfallenen Gebäude der ehemaligen Zeche Concordia wachgeküsst und mit einer Gruppe Engagierter wieder aufgebaut. Seit 2006 wird das ehemalige Fördermaschinenhaus als Theater genutzt. Bis zu 185 BesucherInnen können lachen, mitfiebern und staunen, wenn hier Verwechslungskomödien, Musicals oder Kindertheaterstücke gezeigt werden. Viele Stücke entwickelt und schreibt Theaterleiter Hagemeyer selbst. Die Bühne hat sich weit über Oberhausens Grenzen hinaus einen Namen gemacht. Die historische Anlage ist zudem immer wieder Schauplatz für andere Veranstaltungen wie Märkte oder Gastspiele. Auch der weitläufige Park wird bespielt. Wer die Kulturarbeit, die sich komplett selbst finanziert, unterstützen möchte, kann im Ticketshop vor Ort Marmelade kaufen, die aus den Früchten des Theatergartens hergestellt wird.

Die Radtour wird auf der *Niebuhrstraße* fortgesetzt. Der Weg mutet zwar etwas abenteuerlich an, aber lassen Sie sich nicht beirren. Wenn die Straße einen Bogen nach links macht, fahren Sie weiter geradeaus und nehmen unter der Brücke den linken Weg leicht bergauf. Dieser führt Sie über die Autobahn A3. Auf der anderen Seite geht's hinab und weiter entlang der *Niebuhrstraße*. Nun befinden Sie sich ganz sicher in Duisburg. Sie fahren 550 Meter weiter geradeaus, bis Sie wieder auf den **Kanal** stoßen und biegen links hinunter zum Ufer ab.

Jetzt wird es wieder ein bisschen idyllischer. Der Weg verläuft etwa drei Kilometer parallel zur Wasserstraße und führt Sie unter Brücken hindurch. Sie kommen am Vereinsheim des **Meidericher Kanuclubs** vorbei und zweigen hinter der nächsten Brücke links auf die *Emmericher Straße* ab. Rechts befindet sich, in einem umgebauten Wasserspeicher, das **Tauchcenter Nullzeit** ⓭. Begeisterte SportlerInnen haben hier eine künstliche Unterwasserlandschaft samt Piratenschiff und Trabi geschaffen. Kurz hinter dem Tauchcenter entdecken Sie einen Fahrradwegweiser, der Sie rechts hinab zu den **Ruhrwiesen** führt. Dort orientieren Sie sich nicht etwa Richtung Alt-Oberhausen, sondern zum Wassermuseum Aquarius nach Mülheim. Sie befinden sich nun im Städtedreieck Duisburg, Mülheim, Oberhausen. Die *Speldorfer Straße* führt Sie etwa zwei Kilometer durch Felder. Nun begleitet Sie nicht mehr der Kanal, sondern die Ruhr. Der Weg macht einige Schlenker. Wenn Sie die Allee mit Kopfweiden passiert haben, biegen Sie rechts in die Straße *Am Ruhrufer* ab und folgen den Radweg-Zeichen leicht nach links. Ehe Sie sich versehen, begrüßt Sie auch schon ein Schild wieder in Oberhausen. Dieses Teilstück gehört zum beliebten **Ruhrtalradweg**. Auf dem Stadtplan können Sie sich orientieren und bekommen einen Eindruck von einigen Sehenswürdigkeiten – die Sie teilweise noch entdecken werden.

Der Weg führt Sie zu einem schönen **Panorama-Pausenplätzchen** ⓮. Sie haben die Ruhr im Blick und können einen Moment verschnaufen – etwa die Hälfte der Strecke haben Sie nun geschafft. Wenn Sie die Halbzeit lieber bei einem warmen oder kühlen Getränk genießen wollen, sollten Sie noch ein paar Meter zurücklegen. Sie fahren 650 Meter auf dem Deich weiter, bis Ihnen eine Eisenbahnbrücke den Weg versperrt. Der Wegweiser leitet Sie auf die *Fährstraße* nach links hinab, danach halten Sie sich kurz rechts und dann geht's wieder nach rechts – der Weg ist gut markiert. Dort radeln Sie aber nicht wieder zum Deich hinauf, sondern folgen dem parallel verlaufenden Trampelpfad, der mit einem *O.* gekennzeichnet ist. Das schräge O markiert einen schönen Wanderweg rund um Oberhausen. Den können Sie ja beim nächsten Mal erkunden.

Achten Sie auf die Spaziergänger und schieben lieber ein kleines Stück, bis der Weg wieder asphaltiert wird. An dieser Stelle biegen Sie links in den **Ruhrpark** ⓯ ab. Während des Zweiten Weltkriegs wurde die Fläche als Gemüse- und Kartoffelacker genutzt. Nun ist der rund 15 Hektar große Park in Oberhausen-Alstaden beliebt bei Joggern und Familien. Gegenüber des Spielplatzes befindet sich übrigens ein besonderer Baum: Kinder, die keine Nuckis mehr benutzen wollen, können sich von ihren Gummisaugern verabschieden, indem sie sie in die Zweige des **Schnullerbaums** hängen. Künftig soll das grüne Naherholungsgebiet im Städtedreieck noch ein bisschen hübscher werden – mit neuen Sitzbänken und Spielgeräten. 2027 findet zudem die Internationale Gartenausstellung im Ruhrgebiet statt. Neben großen Zukunftsgärten in Gelsenkirchen, Dortmund und Duisburg wird es viele kleinere Gartenprojekte geben. Die Modernisierung wäre auch ein schönes Geburtstagsgeschenk – 2028 wird der Ruhrpark nämlich 100 Jahre alt.

Im Ruhrpark gibt's einen Schnullerbaum.

Im Park halten Sie sich links und kommen am Biergarten des **Restaurants im Ruhrpark** vorbei. Sind Sie mit dem E-Bike unterwegs und ist Ihnen der Saft ausgegangen, können Sie hier den Akku aufladen, während Sie bei einem Getränk verschnaufen. Im Sommer lässt es sich gut auf der Terrasse aushalten.

Wenn Sie weiterfahren, biegen Sie hinter der Terrasse nach links ab. Rechts sehen Sie das **Kriegerdenkmal**, das an Gefallene beider Weltkriege aus Alstaden erinnert. An der *Kewerstraße* angekommen, überqueren Sie diese und radeln nach links. Im weiteren Verlauf führt die Straße unter einer Brücke hindurch. Nach 350 Metern geht es rechts um die Kurve. Die Straße heißt nun *Bebelstraße* und Sie befinden sich in Alstaden – dem einzigen Oberhausener Stadtteil, der an der Ruhr liegt.

Die Namen *Püttstraße* oder *Im Streb* erinnern an die Bergbaugeschichte – von 1859 bis 1972 war die Zeche Alstaden in Betrieb. Die Abteufarbeiten gestalteten sich allerdings sehr aufwändig, da Wassereinbrüche immer wieder für Unterbrechungen sorgten. Aber immerhin wurde Alstaden auf diese Weise zum Kurort. Bereits im Jahr 1855 wurden nämlich unterirdische, salzhaltige Wasserläufe entdeckt. Die Bergleute erkannten die wohltuende und heilende Wirkung des Wassers und richteten ein provisorisches Solbad ein. Kinder der Bergleute durften darin planschen. 1889 wurde dann das Kindersolbad offiziell eröffnet. Der Nachwuchs wurde in die Kur nach Oberhausen geschickt und mehrere Wochen behandelt – wer hätte das im Ruhrgebiet für möglich gehalten?! 1908 wurden 567 junge PatientInnen gezählt. Doch wegen der beengten Lage entschloss man sich, das Solbad 1909 ins benachbarte Speldorf-Raffelberg zu verlagern. Bis 1973 wurde fortan Sole ins heutige Mülheim geleitet. Danach wurde das salzige Gut per Tanklastwagen transportiert, bis das Bad in den 1990er Jahren seine Pforten schloss. Das heute noch erhaltene Maschinenhaus sowie der Salon der Zeche Alstaden können an der *Solbadstraße* im Rahmen von Veranstaltungen besucht werden. Außerdem kann man die Räume für Feiern mieten. Im Sommer betreibt das Restaurant **La Conchiglia** einen schönen Biergarten samt Genussmobil.

Die *Bebelstraße* führt Sie weiter Richtung Innenstadt. Sie radeln etwa 900 Meter die Hauptstraße entlang, entdecken auf der linken Seite (*Ecke Flockenfeld*) das russisch-italienische **Lokal Luikov** und biegen nach 400 Metern nach rechts in die *Alstadener Straße* ab. Fahren Sie vorsichtig, die Autos düsen hier an einem vorbei. Zudem ist es nicht die feinste Gegend, in die Sie jetzt gelangen, das erkennen Sie an Wettbüros und etwas zwielichtigen Geschäften. Nach 600 Metern kommen Sie an der berühmt-berüchtigten **Flaßhoffstraße** vorbei. 16 Bordelle befinden sich in dem Rotlichtbezirk, der auf die 1910er Jahre zurückgeht. Mit Toren schützen sich die Frauen und Freier vor neugierigen Blicken. AnwohnerInnen und PolitikerInnen ist das Gebiet ohnehin seit vielen Jahren ein Dorn im Auge. Geht es nach den Plänen von Oberbürgermeister Daniel Schranz, sollen die Laufhäuser in ein Gewerbegebiet verlagert werden. Allerdings sind an möglichen neuen Standorten die dortigen Anlieger alles andere als begeistert – und die *Flaßhoffstraße* ist städtebaurechtlich nach wie vor als Rotlichtbezirk genehmigt.

Weiter geht's über die *Grenzstraße*, vorbei an Pubs, Shisha-Bars und einem Spielplatz. Nach 600 Metern biegen Sie links in die *Wörthstraße* ab. Sie fahren 350 Meter, überqueren die *Hermann-Albertz-Straße* und sehen dann das auffällige grüne **Sparkassen-Gebäude**. Der Bau, entworfen vom Berliner Architektenbüro Sauerbruch/Hutton, kommt gänzlich ohne Ecken aus und wirkt, als sei ein Raumschiff in der Innenstadt gelandet. Die Fassade der

Der Sparkassen-Bau kommt ganz ohne Ecken aus.

2008 eröffneten Zentrale misst 3.500 Quadratmeter Glas. Die Gestaltung in Grün soll daran erinnern, dass Oberhausen eine Stadt voller Parks ist. Entsprechend wachsen Buchsbaumheckchen, Hortensien, Weiß- und Feuerdornsträucher um das Gebäude. Im Inneren arbeiten rund 200 Personen, verteilt auf 4.000 Quadratmeter – die einzelnen Büros sind mit zwölf Quadratmetern allerdings relativ klein. Für die Sparkasse war der Neubau damals nicht nur eine notwendige Investition, sondern sollte auch als Statement für die City verstanden werden. Die »Alte Mitte« hat in den vergangenen Jahren ordentlich unter der »Neuen Mitte« gelitten, wobei stets darüber diskutiert wird, ob es allein am Centro liegt oder ob sich auch die Gewohnheiten und das Einkaufsverhalten der Oberhausener geändert haben.

100 Meter weiter biegen Sie nach rechts auf die **Marktstraße** ab. Hier ist das Radfahren nicht durchgängig erlaubt, deshalb schieben Sie besser. Wie Sie im Vorbeigehen sehen, gibt es den einen oder anderen Leerstand. Um das Image der City wieder aufzupolieren und der Straße zu neuem Glanz zu verhelfen, wurde das 40-Millionen-Programm »Brückenschlag« ins Leben gerufen. Die Gelder sollen in der Innenstadt, aber auch im angrenzenden Lirich investiert werden. Mittlerweile hat sich allerdings der erste Frust breitgemacht, weil das Multi-Millionen-Programm stockt.

TIPP

Wer sich der Marktstraße einmal literarisch nähern möchte, dem sei der Essay-Band »Marktstraße« von Ralph Hammerthaler empfohlen. Die Macher des Literaturhauses holten den Autor 2017 als Straßenschreiber nach Oberhausen. Entstanden sind Porträts und lesenswerte Betrachtungen über die Einkaufsstraße, die aus Shopping-Sicht schon bessere Tage gesehen hat, aber dank vieler, die sich für ihre Heimat engagieren, doch noch lebt.

Wer Lust auf eine Tasse Kaffee hat, kann im **Café Bauer** einkehren. Die Traditionskonditorei ist nicht nur bei Kaffeekränzchen beliebt, sondern bietet auch eine schöne Frühstücksauswahl, herzhaften Mittagstisch – und natürlich gibt's auch Kännchen …

Aber die Oberhausener schieben selbst die Entwicklung in der Innenstadt an. Das **Literaturhaus Oberhausen** an der *Marktstraße 146* ist ein gutes Beispiel dafür. Gewissermaßen ist es Manuel Hessling zu verdanken, dass es die Einrichtung gibt. Der Mann veranstaltete literarische Salons und brachte anderen die Literatur näher. Nach dessen Tod übernahm sein Freund und Weggefährte Hakki Toker die Sammlung, um sie zu erhalten. 6.000 Bücher, wohin damit? Da traf es sich gut, dass sich der Journalist **Hartmut Kowsky-Kawelke** und der Palliativmediziner **Michael Huhn-Gathmann** ohnehin regelmäßig im kleinen, feinen **Weinlokal Le Baron** trafen. Sie überzeugten den Le Baron-Chef Emile Moawad und am Ende auch alle, die unkten: »In Oberhausen können mehr als drei Leute lesen?!«

Jawoll. Regelmäßig findet hier das Format »erlesene Speisen« statt. Zudem gibt es an anderen Orten Lesungen mit namhaften AutorInnen. Mit Programm für Kinder, etwa einem Harry-Potter-Hogwarts-Turnier, leisten die engagierten EhrenamtlerInnen literarische Basisarbeit.

Michael Huhn-Gathmann und Hartmut Kowsky-Kawelke engagieren sich für das Literaturhaus.

Ein Haus weiter belebt eine Außenstelle der **Hochschule Ruhr-West** ein ehemals leer stehendes Ladenlokal. In dem neuen Schülerlabor **Lab4u** sollen Jugendliche experimentieren und neue Technik näher kennenlernen. Dafür stehen unter anderem programmierbare Roboter, 3D-Drucker und Virtual-Reality-Brillen bereit.

Auf der anderen Seite der *Marktstraße*, schräg gegenüber dem Schülerlabor, befindet sich übrigens das spanische **Restaurant Jamón Jamón.** Die Tapas schmecken gut und authentisch. Nebenan führt Stephan **Hülskemper** ein traditionsreiches Möbelhaus in dritter Generation. Früher befand sich in dem Stadthaus ein Heim für »gescheiterte Mädchen«, wie es damals hieß. Nun dienen die mehr als 40 Räume als Präsentationszimmer. Jedes ist anders eingerichtet und die KundInnen können erahnen, wie die Markenmöbel bei ihnen zu Hause wirken.

Bevor Sie die *Mülheimer Straße* erreichen und überqueren, werfen Sie noch einen Blick auf den **Phönix-Brunnen von Otto Wesendonck** ⓰. Werke des in Schmachtendorf aufgewachsenen Künstlers begegnen einem an verschiedenen Stellen Oberhausens. Die Skulptur wurde 1999 eingeweiht und sollte den Auftakt bieten für frischen Wind auf der *Marktstraße*. »Ich nenne meinen Entwurf ›Phönix im Wind‹ in Anspielung auf den altägyptischen Feuervogel, der sich in bestimmten Zeitabständen selbst verbrennt und aus der Asche verjüngt hervortritt«, heißt es denn auch auf einer Tafel. Die Erstellung und der Aufbau der zwölf Meter hohen Skulptur aus Bronze und Edelstahl erwiesen sich als schwierig. Große Teile sind in der Babcock-Gießerei gefertigt worden – Sie erinnern sich, da befindet sich heute das Quartier 231. Sie passieren die viel befahrene Mülheimer Straße an der Ampel und biegen dann links ab. Nach 600 Metern, an der Virchowstraße, geht's nach rechts, und vor dem **Evangelischen Krankenhaus** in die Arndtstraße nach links. Das Hospital gibt es schon seit 1883. Es verfügt über 521 Betten und versorgt jedes Jahr rund 20.000 stationäre und 50.000 ambulante PatientInnen.

Hinter der Klinik biegen Sie nach rechts in die *Falkensteinstraße* ab. Nach einem Kilometer geht's über die Ampel nach links in die *Knappenstraße*. An dieser Stelle macht es Spaß, die **Ampel** ⓱ zu benutzen – hier wurde nämlich eine von sechs Bergmannsampeln Oberhausens installiert. Die Verwaltung hatte zunächst Bedenken, weil die Bergmänner keine offiziellen Verkehrszeichen sind. Doch schließlich entschied man, dass eindeutig zu unterscheiden sei, wann ein Bergmann steht (Rot) und wann er geht (Grün).

Sechs sogenannte Bergmannsampeln gibt es in Oberhausen.

Also weiter. Mit viel Tradition und Geschichte konfrontiert Sie das **Knappenviertel**. Rund um die **Alte Heid**, die ihren Namen der Heidelandschaft verdankt, die es hier bis weit ins 19. Jahrhundert hinein gab, stehen die alten Arbeiterwohnungen, erbaut für die Angestellten von Zeche und Gutehoffnungshütte. Jahrelang galt der Bereich als sozialer Brennpunkt, dann wurde er auf die Liste der Stadtteile mit »besonderem Erneuerungsbedarf« gesetzt. Fassaden wurden gestrichen, Gelder investiert. Zum Beispiel in das Bürgerzentrum, das Sie erreichen, wenn Sie von der *Knappenstraße* in die Straße *Alte Heid* abbiegen. Oben, neben dem Bunker, befinden sich ein kleines Bistro sowie Räume, in denen sich Gruppen treffen können. Es gibt zum Beispiel eine Seniorentheatergruppe namens »Klatschmohn« und ein Shantychor probt hier auch. Unten im Bunker hat sich seit Jahrzehnten nichts verändert und das soll auch so sein. 2001 wurde das **Bunkermuseum** ⓲ eingerichtet, das an den Luftkrieg im Ruhrgebiet erinnert. 2.300 Menschen fanden hier Schutz in den Bombennächten. So wie die Menschen damals von blauem Licht beschienen die Treppe hinabstiegen, tun es die BesucherInnen heute noch. Der Hintergrund: Die Bomberpiloten orientierten sich an den Lichtern – und der blaue Schein war nicht so weit sichtbar. An den Wänden hängen Zitate von Menschen, die hier unten saßen und hofften, in Sicherheit zu sein. Die lehrreiche Ausstellung ist Teil der Arbeit der Gedenkhalle Oberhausen.

Vom Bunkermuseum geht es wieder zurück zur *Knappenstraße*, dort biegen Sie rechts ab. Sie folgen der Straße für 600 Meter. Zunächst geht es mit einem Schlenker nach links und dann nach rechts. Auf der rechten Seite befindet sich auf dem Gelände der ehemaligen **Zeche Oberhausen** hinter der Mauer ein Industriegebiet. Links sehen Sie ein Wäldchen. Von unten nur schwer erkennbar: Sie radeln gerade an dem höchsten Berg der Stadt vorbei – Monte Schlacko im Volksmund genannt. Die rund 100 Meter hohe **Knappenhalde** ⓳ entstand, als nach und nach der Abraum der Zeche und später auch Schlacken dort abgekippt wurden. Übrigens: In den Jahren 1943/44 wurden Stollen in den Hügel gegraben. Sie dienten als Luftschutzbunker. Vier Zugänge gab es. Nach dem Zweiten Weltkrieg wurden Trümmer hierher gebracht. In den 1950ern wurde die Halde begrünt und seit den 1980ern können Naherholungssuchende auf ihr spazieren gehen. Kleinere Kunstwerke stehen am Wegesrand. Oben befindet sich ein 15 Meter hoher, etwas verwahrloster, Aussichtsturm. Von hier hat man einen guten Überblick über das Centro-Gelände. Bei gutem Wetter kann man sogar bis Duisburg oder Bottrop schauen. Von der *Knappenstraße* gibt es einen Zugang zur Halde. Sportliche wählen den steilen Weg, für alle anderen gibt es auch eine gemäßigtere Variante.

Sie fahren die *Knappenstraße* weiter geradeaus und gelangen nach 300 Metern zur *Essener Straße*. Wenn Sie an der Ampel warten, werfen Sie einen Blick nach rechts. Im ehemaligen Verwaltungsgebäude der Zeche Oberhausen befindet sich heute das beliebte **In Hostel Veritas**. Zur stylisch-industriellen Unterkunft gehören ein kleiner Modeladen namens **Hostels Gretel** und ein Biergarten, der einen Zwischenstopp lohnt.

Im Biergarten des In Hostel Veritas kann man ein schönes Päuschen einlegen.

An der *Essener Straße* biegen Sie links ab, überqueren eine Brücke und fahren auf das Centro-Gelände zu. Nach 450 Metern, an der Ampel, geht's nach rechts auf die *Osterfelder Straße*. In zweiter Reihe zur Einkaufsmeile sehen Sie, dass sich auf dem ehemaligen Industriegelände nicht nur Geschäfte, sondern auch zahlreiche Unternehmen mit ihren Bürogebäuden und Freizeiteinrichtungen angesiedelt haben. Mehr als 10.000 Arbeitsplätze sind in den vergangenen Jahren auf der ehemaligen Brache entstanden. Sie folgen der *Osterfelder Straße*. Nach 650 Metern liegt links das **Metronom-Theater** ⑳. Nachdem sich Stage Entertainment, das die Halle viele Jahre mit Musical-Shows wie »Tanz der Vampire«, »Die Schöne und das Biest« oder »Das Phantom der Oper« bespielt und Fans von weit her angelockt hatte, zurückgezogen hat, steht das Haus aktuell leer. Eröffnet wurde es 1999 mit dem Stück »Tabaluga & Lilli« von Peter Maffay. Derzeit ist unklar, ob bald wieder Tanz und Gesang auf der Bühne zu sehen sein werden. Andere Musical-Anbieter haben jedenfalls Interesse bekundet.

Nach 400 Metern biegen Sie rechts in die *Ripshorster Straße* ein. Ein paar Mal in die Pedale getreten, schon tauchen auf der linken Seite Parkplätze auf. Dahinter befindet sich das beliebte Ausflugsziel **Haus Ripshorst** ㉑. Zwei Kilometer schlängelt sich ein Gehölzgarten am Haus Ripshorst entlang – und direkt wird es wieder etwas grüner. 6.000 Bäume kann man bei einem Spaziergang entdecken und einen Streifzug durch die Vegetation von 60 Millionen Jahren unternehmen. Von West nach Ost werden die Stadien des Tertiärs, der Wiederbewaldung und der Kulturnutzung durch Anpflanzung und Züchtung durch den Menschen gezeigt. Entweder durchstreift man das 40 Hektar große Gelände auf eigene Faust oder nimmt an einer Exkursionen teil. Der ehemalige historische Gutshof wird heute als Informationszentrum genutzt. Die Biologische

Das Informationszentrum Haus Ripshorst war früher ein Gutshof.

Station Westliches Ruhrgebiet und die Schutzgemeinschaft Deutscher Wald haben hier ihren Sitz. Im Bauerngarten sowie im Lehrbienenstand des Bienenzuchtvereins Oberhausen gibt's zusätzliche Informationen rund um die Natur und ihren Schutz. Zudem finden rund um das Haus Ripshorst regelmäßig Veranstaltungen statt. Pflanzen- und Genussmärkte sind beliebte Termine im Jahr. Sie durchqueren das sattgrüne Gelände und fahren an den historischen Gebäuden vorbei Richtung Kanal. Rechts sehen Sie eine weitere architektonisch interessante Brücke. Sie wurde vom Architekturbüro Schlaich entworfen und besteht aus einem dreidimensionalen Stahlbogen.

TIPP

Am Haus Ripshorst befindet sich eine Station von Revierrad. Hier kann man Räder leihen – oder bekommt Hilfe bei einer kleineren Panne.

Doch Sie lassen die Brücke rechts liegen und folgen dem Weg geradeaus. Linker Hand entdecken Sie einen tanzenden Strommast auf einer Wiese. Voilá: Das ist der **Zauberlehrling von Oberhausen** ㉒. Das Berliner Künstlerkollektiv **Inges Idee** entwickelte das Kunstwerk im Jahr 2013 für Oberhausen – und ließ sich dabei von den umliegenden Strommasten inspirieren. Allerdings hatte die 35 Meter hohe Skulptur schon fünf Jahre später gewissermaßen »Rücken«: Wegen statischer Bedenken musste der Zauberlehrling ab- und ein Jahr später wieder aufgebaut werden. Das Kunstwerk ist ein beliebter Selfie-Spot.

»Zauberlehrling« heißt der tanzende Strommast.

Wenn Sie dem Weg weiter folgen, radeln Sie unter einer Brücke hindurch. Wenn links wieder eine Straße auftaucht und Sie die **Marina** ㉓ sehen, etwa nach 850 Metern, wechseln Sie auf Asphalt. Dank der Lage am Kanal ist Oberhausen

Die Marina ist ein beliebtes Ausflugsziel.

auch eine Hafenstadt. In der **Heinz-Schleußer-Marina** legen immer mehr Skipper an, um einen Urlaubstag im Ruhrgebiet zu verbringen. Wohnmobilisten finden ebenfalls einen Stellplatz.

> **TIPP**
>
> Rund um die Marina findet einmal im Jahr das beliebte Hafenfest statt.

Natürlich ist das maritime Ambiente nicht mit anderen Hafenstädten zu vergleichen. Aber wer hier anlegt, landet inmitten einer vielfältigen Freizeit- und Shoppinglandschaft. Gegenüber vom Hafenbecken befindet sich der **Aquapark** ㉔ – ein Spaßbad mit vielen Rutschen und ordentlich Lokalkolorit, das an die Bergbau-Ära erinnert. Wer lieber Meeresbewohner anschauen möchte, kann das **Sea Life Aquarium** ㉕ besuchen. Der **Trampolinpark Tiger Jump** ㉖ lockt HobbysportlerInnen, und mit einer Brille auf der Nase kann man im **Seventh Space** ㉗ in virtuelle Welten abtauchen. Das **Lego Discovery Center** ㉘ das **Multiplex-Kino Cinestar** ㉙ sowie eine **Ausstellung rund um Schlümpfe** machen das vielfältige Angebot für Familien auf den nächsten paar Metern komplett.

Sie nähern sich nun wieder von der anderen Seite dem Centro und seiner Promenade. Hier reiht sich ein Restaurant ans nächste. Mittags machen viele Lokale besondere Angebote. Wer einen Platz auf den Terrassen ergattert, kann bei einer Tasse Kaffee oder einem kühlen Getränk Leute gucken und die Rundfahrt Revue passieren lassen.

Am Ende der **Promenade** sehen Sie schon den Gasometer und die König-Pilsener-Arena. Nun befinden Sie sich wieder am **Ausgangspunkt**.

ZIEL

Museen & Galerien

In der klassizistischen Schlossanlage geht es dank der **Ludwiggalerie** modern und abwechslungsreich zu. Der Comicszene wird ebenso viel Aufmerksamkeit gewidmet wie dem Schuh in der Kunst. Zu sehen sind Exponate der Sammlung Ludwig. Außerdem gibt es die Landmarken-, Lichtbild- sowie die Populäre Galerie. Im sogenannten Kleinen Schloss werden regelmäßig sehenswerte kleinere Schauen organisiert, zu denen der Eintritt frei ist. Nach dem Rundgang durchs Museum lohnt der Shop einen Besuch. Zu den unterschiedlichen Ausstellungen werden regelmäßig Führungen angeboten – auch solche, die die Geschichte des Hauses in den Mittelpunkt rücken. Der Eintritt in die Ausstellungen kostet acht Euro, ermäßigt vier, Familienkarten (zwei Erwachsene, zwei Kinder) zwölf Euro. Kombitickets mit dem Gasometer sind ebenfalls erhältlich.

Konrad-Adenauer-Allee 46 (Alt-OB),
Di–So 11–18 Uhr, H Schloss Oberhausen,
0208/4124928 (Besucherservice),
www.ludwiggalerie.de

Wenn Olga Cahoj-Roosen als Fräulein Grimmig im **Historischen Klassenzimmer** vor ihren »SchülerInnen« steht, fällt einigen vor lauter Aufregung die Antwort auf einfachste Matheaufgaben nicht mehr ein. In dem Raum, der zum Stadtarchiv gehört, lebt die Schulzeit vergangener Jahrzehnte auf. Das kann durchaus zwiespältige Gefühle hervorrufen … Im Rollenspiel lernen die BesucherInnen, wie es vor vielen Jahrzehnten in der Schule zuging. Regelmäßig nehmen Grundschulkinder, aber

Reif fürs Museum: das historische Klassenzimmer

auch Erwachsene Platz auf den alten Bänken. Alte Mikroskope vermitteln einen Eindruck davon, wie Bio gelernt wurde. Auch die Holzklötzchen, mit denen man rechnen übte, sind erhalten. Geöffnet ist das Klassenzimmer an jedem ersten Donnerstag im Monat, jeweils von 15 bis 18 Uhr. Am ersten Sonntag im Monat gibt es manchmal Veranstaltungen. Interessierte können auch Termine vereinbaren. Eintritt frei.

Eschenstraße 60 (Lirich), H Wunderstraße,
1. Do im Monat 15–18 Uhr,
www.oberhausen.de/stadtarchiv

Die **Gedenkhalle** im Schloss Oberhausen war die erste ihrer Art in Westdeutschland. 1962 wurde der Ort für Erinnerungskultur geschaffen, initiiert von der damaligen Oberbürgermeisterin Luise Albertz, deren Vater Hermann von den Nazis verfolgt wurde und 1945 ums Leben kam. Die informative Dauerausstellung widmet sich der Stadtgeschichte zwischen

1933 und 1945. So wird thematisiert, welche Rolle Zwangsarbeiterlager in Oberhausen spielten – zu Kriegszeiten wurden von den wirtschaftlich bedeutsamen Unternehmen wie der Gutehoffnungshütte, Babcock oder Ruhrchemie zehntausende von »FremdarbeiterInnen« als SklavInnen eingesetzt. Anhand biografischer Dokumente wird deren Leben nachgezeichnet. Ein umfassendes Bildungsangebot sowie regelmäßige Wechselausstellungen runden das Programm ab. Eintritt frei.

Konrad-Adenauer-Allee 46 (Alt-OB),
Di–So 11–18 Uhr, H Schloss Oberhausen,
0208/60705310, www.gedenkhalle-oberhausen.de

Wo fanden die OberhausenerInnen während des Krieges Unterschlupf, wenn die Flieger das Ruhrgebiet bombardierten? Im **Bunkermuseum** bekommen BesucherInnen einen beklemmenden Eindruck von der Situation. Wer die Treppe hinabsteigt, muss sich in dem bläulichen Licht erst orientieren. Dies war nicht weit sichtbar und deshalb sicherer, denn die Bomberpiloten orientierten sich bei ihren Flügen an erkennbaren Lichtpunkten am Boden. An den 1,10 Meter dicken Wänden hängen Zitate von ZeitzeugInnen. Erhalten sind auch die Waschgelegenheiten und einzelne Kammern. 2.300 Menschen fanden hier Schutz in den Bombennächten. Das Museum, eine Außenstelle der Gedenkhalle, ist einzigartig in NRW. Für Schulklassen werden Workshops angeboten, außerdem gibt es regelmäßig Führungen. Empfohlen wird ein Mindestalter von 16 Jahren. Eintritt frei.

Alte Heid 13 (Knappenviertel), H Alte Heid,
Mi & So 11–18 Uhr, 0208/60705310,
www.bunkermuseum-oberhausen.de

Die Abkürzung **KiR** steht für »Kunstinitiative Ruhr« und die gleichnamige Galerie ist ein fester Bestandteil der Oberhausener Kunstszene. Künstlervereine anderer Städte wären froh, wenn sie so eine große und repräsentative Ausstellungsfläche bespielen könnten. In dem Verein versammeln sich bildende KünstlerInnen, MalerInnen, FotografInnen oder auch solche, die mit Textilien arbeiten. Gemeinsam

Die Kunstinitiative Ruhr (KiR) ist ein fester Bestandteil der Oberhausener Kunstszene.

haben sie ein ehemaliges Ladenlokal in der Fußgängerzone angemietet, nutzen es als Ausstellungsraum und bereichern damit die Innenstadt.

Elsässer Straße 21 (Innenstadt),
Mi & Fr 17–19.30, So 16–19 Uhr,
H Hauptbahnhof, www.galerie-kir.jimdofree.com

Karneval hat in Oberhausen eine lange Tradition. Im **Karnevalsmuseum**, untergebracht in einem Bunker an der Sedanstraße, wird die Geschichte der Närrinnen und Narren und ihrer Vereine umfassend beleuchtet. In zahlreichen Vitrinen bekommen BesucherInnen nicht nur Schätzchen wie Uniformen, Zepter und die alten Kappen zu sehen, sondern erfahren auch etwas über die Stadtgeschichte. Das Museum soll Jahreszahlen und Fakten vermitteln und gleichzeitig die KarnevalistInnen und ihre Leistungen würdigen. Auch sehenswert für Personen, die sonst nicht so viel mit jeckem Treiben zu tun haben. Die Ehrenamtlichen geben auf Wunsch gerne Führungen und öffnen auch nach Terminvereinbarung. Nähere Infos via Mail: karnevalsmuseum@karneval-in-oberhausen.com.

Sedanstraße/Ecke Ebertstraße,
Mi 16–18 Uhr & So 11–13 Uhr, 0152/54072435,
H Theater, www.karneval-in-oberhausen.de

Die Ehrengalerie der Oberhausener Narren im Karnevalsmuseum

Das **Kunsthaus Mitte** ist ein Neuzugang in der Kulturszene. Thomas Lehmen und Einar Fehrholz bringen im ehemaligen Gemeindehaus von Herz Jesu KünstlerInnen verschiedener Sparten zusammen, darunter MusikerInnen, TänzerInnen, MalerInnen. Profis und Laien treffen aufeinander. Regelmäßig werden Residenzprogramme ausgeschrieben, bei denen Arbeiten rund um Oberhausen entstehen. Bei Diskussionsrunden oder der Aktion »Kunst und Kochen« können OberhausenerInnen an der Arbeit teilnehmen. Jeden Freitag wird von 16 bis 20 Uhr geschnibbelt und ab 18 Uhr gemeinsam gegessen.

Paul-Reusch-Straße 60 (Innenstadt),
H Paul-Reusch-Straße, www.kunsthausmitte.de

Seit 40 Jahren fördert der **Verein für aktuelle Kunst** zeitgenössische Positionen in der ehemaligen Klempnerei der Zinkfabrik Altenberg. Besonders der Farbmalerei haben sich die Mitglieder verschrieben. Da die rund 1.000 Quadratmeter große Halle viel Raum bietet, werden meist drei KünstlerInnen in einer Schau präsentiert. So können BesucherInnen mal Plastiken, mal Malereien oder experimentelle Fotografien entdecken. KünstlerInnen und Gäste sind von dem Ort, den man sonst vielleicht in großen Metropolen vermuten würde, begeistert. Ausstellungen finden von Frühjahr bis Herbst statt. Im Winter wird eine Lichtinstallation gezeigt. Der Eintritt ist frei. Gruppen, die außerhalb der regulären Öffnungszeiten Interesse an einem Besuch haben, können sich unter info@vfakr-oberhausen.de anmelden.

Hansastraße 20 (Lirich), H Hauptbahnhof,
Fr 15–17 Uhr, Sa 14–17 Uhr, So 11–14 Uhr,
www.vfakr.de

Sport & Freizeit

Sie möchten sich eine frische Brise und etwas Wellness gönnen? Dann ist die **Salzgrotte Oberhausen** eine gute Adresse. In zwei Räumen kann man tief ein- und aufatmen. Die Wände der Grotte sind mit Salz aus dem Himalaya ausgekleidet, auf dem Boden liegen kleine Kristalle aus anderen Regionen. 45 Minuten macht man es sich in einem Liegestuhl gemütlich. Die salzhaltige Luft soll befreiend wirken, weiß Chefin Kathrin Schröder. Bis zu zehn Personen haben Platz in der Grotte. Den zweiten, kleineren Raum bevorzugen erkältete KundInnen oder auch chronisch Kranke. Eine Sitzung in der Grotte kostet 11,50 Euro, in der Sole-Oase 9,50 Euro. Wer mehr Sitzungen bucht, bekommt Rabatt. Im angeschlossenen Shop kann man sich kiloweise mit Salz in unterschiedlichen Körnungen eindecken oder andere Gewürze kaufen.

Die Wände der Grotte sind mit Himalaya-Salz ausgekleidet.

Langemarkstraße 13 (Innenstadt), Mo–Fr 10–18 Uhr, Sa 10–16 Uhr, H Paul-Reusch-Straße, 0208/6947166, www.salzgrotte-oberhausen.de

Auf den Bahnen von **Jumbo Kart** hat schon ein echter Formel-1-Pilot seine Runden gedreht. Insgesamt 980 Meter messen die beiden Rennbahnen, die in verschiedenen Varianten befahren werden können. Die computergesteuerte Zeitmessung ist an der Alleestraße genauso präzise wie bei den Rennen der Königsklasse – bis auf die Tausendstelsekunde. Elf Minuten Zeitfahrt kosten für alle FahrerInnen unter 18 Jahren zehn Euro, Erwachsene zahlen 13 Euro. Fünfer-Tickets ab 45 Euro. Helmverleih: zwei Euro. Gruppen ab sechs Personen können Bahnen reservieren.

Alleestraße 1 (Lirich), H Alleestraße, Mo–Fr 16–22.30 Uhr, Sa 11–22.30 Uhr, So 11–22 Uhr, 0208/29 03 51, www.jumbokart.de

Früher hat Jens Knippschild weit oben in der Tennis-Weltrangliste gestanden, nun betreibt er **Knippis Bowling-Palace**. Es gibt zahlreiche Aktionen, die das Kugelschieben noch unterhaltsamer machen. An jedem ersten Montag im Monat wird After-Work-Bowling mit Livemusik angeboten, bei der »Palace Night« wird im Schwarzlicht und mit Lasershow gespielt. Sonntags gibt's Frühstück, ansonsten kann man die Spiele auch mit Pizza, Schnitzel und Co. kombinieren. Die Preise variieren nach Tag und Uhrzeit. Es empfiehlt sich, online zu reservieren. Schuhe kosten zwei Euro extra.

Max-Planck-Ring 12 (Lirich), H Mercure Hotel, Mo, Mi & Do 15–23 Uhr, Di 11.30–23 Uhr, Fr 11.30–24 Uhr, Sa 10–1.30 Uhr, So 10–23 Uhr, 0208/3021515, www.bowlingpalace.de

In der Frühlingszeit startet die **Minigolf**-Saison **im Kaisergarten**: Auf 18 kleinen, originell gestalteten Bahnen geht es darum, mit wenigen Schlägen den Ball im Loch zu versenken. Bei Regen bleibt die Anlage geschlossen. Die Runde kostet für Erwachsene drei Euro, für Kinder zwei Euro. Die Familienkarte gibt's für 20 Euro, sie gilt für je fünf Erwachsene und fünf Kinder.
Am Kaisergarten 84 (Lirich),
Mo–Fr 11–19 Uhr, Sa 11–20 Uhr, So 10–20 Uhr,
H Schloss Oberhausen, 01523/8093261,
www.minigolf-kaisergarten.de

Der Trendsportpark **Open Airea** ist ein Magnet für Sportbegeisterte, die sich gerne auf Rollen und Rädern bewegen. Highlight ist die sogenannte Bowl – eine Schüssel mit Bodenwellen, in der man ordentlich Fahrt aufnimmt. Im Freestyle-Bereich geht's

Die Open Airea ist ein Magnet für Sportbegeisterte.

über Mauervorsprünge und Treppenstufen. »Einfach Hammer« finden jugendliche Adrenalinjunkies die Einrichtung. Die Anlage bietet sich je nach Schwierigkeitsgrad für viele Altersklassen vom Kleinkind- (mit Rollerrad) bis zum Erwachsenenalter an. Und das Beste: Der Eintritt ist frei.
Am Kaisergarten 28 (Lirich), H TZU,
Jan., Feb. & Dez. 10–16 Uhr, März 1–18 Uhr,
April & Oktober 10–19 Uhr,
Mai & Sep. 10–20 Uhr, Juni–August 10–21 Uhr

Kultur im Turm (Kitev) prägt das Quartier rund um den Bahnhof. Der Verein versammelt KünstlerInnen und Ehrenamtliche, die kreativ die Stadt entwickeln wollen. Zu den wichtigsten Projekten gehörte etwa der Umbau des alten Wasserturms neben dem Bahnhof. Gegenüber im Hochhaus, dem sogenannten Oberhaus, ist im Erdgeschoss ein weiterer Ort der Begegnung entstanden. NachbarInnen, KünstlerInnen und alle, die sich engagieren wollen, können sich hier treffen und mitwirken. Dazu haben die Kitev-MacherInnen Oberhausen zur Hochschulstadt ausgerufen und die »Freie Universität« gegründet. Die Fakultäten heißen etwa »Heimat Vielfalt«, »Einfach mal machen« oder »Sport und Bier«. Improvisationstheater und Urban Gardening werden ebenso geboten wie Hatha Yoga und »Schwimmen und Rutschen«.
Willy-Brandt-Platz 1 (Innenstadt),
H Hauptbahnhof, www.kitev.de

Das **Hallenbad Oberhausen** ist modern, sauber und zweckmäßig. HobbysportlerInnen können hier ihre Bahnen ziehen. Eltern mit Kindern plantschen, außerdem sind ein Einer und ein Dreier vorhanden. Zahlreiche Kurse, darunter kostenlose Wassergymnastik, runden das Angebot ab. Der Eintritt kostet für Erwachsene vier Euro, Kinder zahlen 2,50 Euro. Wer eine Zehnerkarte kauft, kann sparen.
Lothringer Straße 75 (Innenstadt),
Mo, Mi & Fr 6.30–17 Uhr, Di 6.30–16.30 Uhr,
Do 6.30–22 Uhr, Sa 8–15 Uhr,
2. & 4. So im Monat 8–15 Uhr,
H Anne-Frank-Realschule,
0208/8822720, www.sbo.oberhausen.de

Übernachten

HOTELS

Das Hotel Residenz überzeugt Reisende mit hervorragendem Service.

Eine Woche Urlaub in Oberhausen? Kein Problem: Das **Hotel Residenz** ist ein inhabergeführtes Stadthotel der Drei-Sterne-plus-Kategorie. Ein engagiertes Team und viele persönliche Details sorgen für einen schönen Aufenthalt. So zieren die modernen Zimmer (ab 65 Euro) nicht nur Schwarz-Weiß-Porträts von Promis, sondern auch Bilder der hübschen Tochter und des Sohnes der Hotelchefin. Die Unterkunft ist bei Geschäftsleuten wie Familien gleichermaßen beliebt. Wer hier übernachtet, kann das gegenüberliegende Hallenbad kostenfrei mitbenutzen. Im Keller stehen nicht nur Waschmaschinen, sondern auch ein Spielzimmer zur Verfügung. Kicker, Tischtennisplatte, Scrabble und Co. sorgen für Zeitvertreib. Zentral in der Innenstadt gelegen. Für einen längeren Aufenthalt bieten sich die Appartements mit kleiner Küche an. Das Frühstück ist günstig (4,80 Euro) und reichhaltig.

Hermann-Albertz-Straße 69 (Innenstadt),
H Anne-Frank-Realschule, 0208/82080,
www.residenz-oberhausen.de

Das schick-lässige Arthotel **Ana** bietet seinen Gästen spielerische Abwechslung nach Feierabend. In der Hotellobby steht zum Beispiel eine Carrera-Bahn. Ana ist kein Frauenname – die Abkürzung steht für »Art needs Atmosphere«, Kunst braucht Atmosphäre. In der Lobby wird die hallenartige Fläche durch gemütlich-stylische Sitznischen, Spielecken, Lounge- und Frühstücksbereich aufgebrochen. Es gibt 135 Zimmer und 65 Appartements für längere Aufenthalte. Wer lieber gemeinsam kocht, nutzt die »Social Kitchen«. Waschmaschine vorhanden. Der Preis für die Appartements variiert nach Mietdauer und gewünschtem Service. Die Einzelzimmer (Standard & Deluxe) und Suiten sind modern und funktional. Familien können Zimmer mit Verbindungstür buchen. Zimmer ab 54 Euro, Dreibett-Zimmer ab 74 Euro, Suite ab 94 Euro. Frühstück gibt's für 14,50 Euro. Besonderer Service: Zur Stadterkundung kann kostenfrei ein Rad geliehen werden. Unterstellmöglichkeiten für eigene Räder sind vorhanden, ein Parkhaus gehört zum Hotel. Der Hauptbahnhof ist nur ein paar Gehminuten entfernt.

Paul-Reusch-Straße 38 (Innenstadt),
H Paul-Reusch-Straße, 0208/8279950,
www.ana-hotels.com/soul-oberhausen

In der Lobby des Hotel Ana steht eine Carrera-Bahn.

Das **Haus Union** ist eine Traditionsadresse in Oberhausen. Bis zu 600 Gäste können in den Sälen parallel schunkeln, Hochzeiten oder Geburtstage feiern. Seit den 1980er Jahren sind zur Gastronomie 65 Zimmer und Appartements hinzugekommen. Das Hotel zählt drei Sterne. Viele Gäste wissen die familiäre Atmosphäre und den herzlichen Service zu schätzen. Die MitarbeiterInnen erfüllen gerne Gästewünsche: Wer früh arbeitet, bekommt auch um 5 Uhr den Kaffee serviert. Auf den Fluren stehen, passend zum Haus, antike Möbel. Die Zimmer sind gemütlich, die Bäder sauber und funktional, entsprechen aber nicht mehr ganz dem aktuellen Design. EZ ab 50 Euro, DZ ab 68 Euro, Frühstück inklusive. Zudem gibt es ein paar günstigere Zimmer mit Toilette auf dem Gang. Am Abend lockt das Restaurant mit frischer, guter Küche.
Schenkendorfstraße 13 (Marienviertel), H Feuerwache, 0208/8808088, www.hotel-hausunion.de

Hotelik ist die polnische Verniedlichungsform für Hotel. Ursprünglich haben die herzlichen Besitzer Maria und Czeslaw Golebiewski ihr Hotelchen eröffnet, um den MusikerInnen, die in ihrem legendären Kneipenrestaurant **Gdanska** auftreten, eine Übernachtungsmöglichkeit zu bieten. Längst sind die Zimmer aber auch bei anderen TouristInnen und Geschäftsleuten beliebt. Die Räume atmen Geschichte. Die Möbel sind Vintage und zu jedem Einzelstück können die Inhaber etwas erzählen. Die Bäder entsprechen modernem Standard, doch die Zimmertelefone, Schränke und Schreibtische stammen aus verschiedenen Jahrzehnten. Frühstück und hervorragend-deftige polnische Speisen werden im Erdgeschoss serviert. Zimmer ab 55 Euro, Frühstück sechs Euro. TierliebhaberInnen dürfen kleine Hunde (bis 40 Zentimeter Schulterhöhe) mitbringen.
Altmarkt 3 (Innenstadt), H Friedrich-Karl-Straße, 0208/6201375, www.gdanska.de/hotel

Das gemütliche Hotelik

Wer im **In Hostel Veritas** übernachtet, wird standesgemäß mit dem Steigerlied begrüßt. Der Text hängt im Eingangsbereich. Ein paar Meter weiter sind alte Fotos und Dokumente ausgestellt und über dem Zimmer »Ruhrpott« hocken aufgemalte Tauben: Willkommen in Oberhausen! Christina Antwerpen hat die günstige und kultige Unterkunft in Centro-Nähe eröffnet, als kaum jemand an die touristische Zukunft des Ruhrgebiets glaubte. Mittlerweile gibt es sogar eine Version 2.0. Wer hier eincheckt, genießt den Komfort eines eigenen Badezimmers. Ein Bett im Mehrbettzimmer kostet ab 15 Euro plus 3 Euro für Bettwäsche. 45 Euro kostet das Zimmer 2.0, bei Nutzung zu zweit werden 30 Euro pro Person fällig – Handtücher und Bettwäsche sind im Preis enthalten, ebenso ein Frühstückskaffee im Verpflegungsraum. Abends kann man im dazugehörigen Biergarten in lässiger Atmosphäre Currywurst oder eine Deluxe-Stulle futtern. Empfehlung für alle, die die Stadt individuell entdecken wollen.

Im In Hostel Veritas kann man auch Doppelzimmer buchen.

Essener Straße 259 (Knappenviertel), H Zeche Oberhausen, 0208/8690884, www.in-hostel-veritas.de

FERIENWOHNUNGEN

Neu, modern und mit Liebe zum Detail eingerichtet sind die Zimmer und Appartements im **Schacht 34**. Gastgeber Oliver Grote ist Lokalpatriot, selbst viel gereist und weiß, worüber sich Gäste freuen. Zum Beispiel über genügend Aufladekabel, eine Sauna

Neu und modern: die Wohnung »Schacht 34«

und Whirlpool zum Entspannen und jede Menge Tipps, was man in der Umgebung unternehmen kann. Auf Wunsch gibt's morgens ein Frühstück oder abends einen Cocktail. Zimmer kosten ab 69 Euro für zwei Personen, die geräumigeren Appartements ab 89 Euro. Jede weitere Person wird mit 25 Euro berechnet. Am Wochenende teurer. Die schöne Unterkunft im Einfamilienhaus bietet weitere Extras wie Bügelservice, eine beheizte Sonnenterrasse und einen kostenlosen Parkplatz. RadlerInnen können ihre E-Bikes laden und die Drahtesel in einer Garage abstellen. Auch für E-Autos gibt's Lade-Möglichkeiten. Ruhig und dennoch zentral gelegen.

Grevenstraße 34 (Styrum), H Josefstraße, 0208/30497777, www.schacht34.de

Lirich und **Kerstin** heißen die beiden Ferienwohnungen der Familie Kinscher, die das Ehepaar vor einigen Jahren eingerichtet hat. »Lirich« punktet mit einem geräumigen Ess- und Küchenbereich samt angrenzender Terrasse. Zwei Schlafzimmer, Hochstuhl und Kinderbett machen diese Wohnung beliebt bei Familien – außerdem bietet sich der nahe gelegene Kaisergarten für einen Spaziergang an. Auch zum Centro ist es nicht weit. »Kerstin« ist etwas kleiner, liegt unter dem Dach und wird gerne für Langzeitaufenthalte gebucht. Zu dieser Wohnung gehört eine Waschmaschine. Mindestbuchung: zwei Nächte. Einzelpersonen zahlen ab 50 Euro, zwei Erwachsene 75 Euro, jeder weitere Gast kostet zehn Euro. Zum Preis kommt die Endreinigung (45–50 Euro) hinzu. Abstellmöglichkeiten für Räder vorhanden.

Katharinenstraße 34 (Lirich), H Zum Eisenhammer, 0208/800311, www.fewo-lirich.de

Die Zwei-Zimmer-Ferienwohnung **Ludwig 6** ist neu, modern, geräumig und gemütlich. Bett und Schlafcouch bieten Platz für bis zu drei Personen. Die Bleibe liegt zentral, aber ruhig. Radwege für Ausflüge ins Grüne verlaufen in der Nähe. Zum Centro fährt die Straßenbahn, die ein paar Meter weiter hält. Die Küche ist komplett ausgestattet und die sympathischen Vermieter halten für ihre Gäste stets eine Notfallration Nudeln und Pesto bereit, falls abends der kleine Hunger kommt. Im Sommer kann man schön draußen sitzen. Parkmöglichkeiten für Räder und Autos vorhanden. Kosten pro Nacht für zwei Personen: 60 Euro, 20–30 Euro Zuschlag für die dritte Person. Mindestaufenthalt: zwei Nächte.
Ludwigstraße 6a (Styrum), H Landwehr, 0208/866332

Dinah und Claas Gesthuisen sind viel gereist, bevor sie sich entschieden, in ihrem Haus drei Ferienwohnungen einzurichten. Unterwegs haben sie Ideen gesammelt und das **Komfortquartier** so gestaltet, wie sie selbst gerne untergebracht wären. Im Erdgeschoss sind die Wände grün, und dank der außergewöhnlichen Tapete wähnen sich BesucherInnen im Dschungel. Der Tigerkopf, sämtliche Lampen und Möbel wurden selbst entworfen. In der gut ausgestatteten Küche kann man sich etwas zu essen zubereiten und ein paar Tipps, was man in der Nähe erkunden kann, haben die Gastgeber auch parat. Die Nacht kostet für zwei Personen 79 Euro, ein drittes Bett kann hinzugebucht werden. Für die Endreinigung werden 30 Euro berechnet. Wer länger bleiben möchte, bekommt Rabatt.
Vennepoth 22 (Dümpten), H Wehrstraße, 0208/8284712, www.komfortquartier.de

Das Komfortquartier punktet mit Stil und Style.

Früher hieß es zwar »Lirich, klein und schmierig«, doch die **Ferienwohnungen** von Familie **Dehorn** können sich sehen lassen. Ruhig, aber zentral liegen die Unterkünfte, die nach den Kriterien des Deutschen Tourismusverbandes mit drei Sternen zertifiziert wurden. Die Bleibe im Erdgeschoss ist geräumig und gemütlich, verfügt über zwei Schlafzimmer mit je zwei Betten. Zudem lässt sich die Couch in einen weiteren Schlafplatz umfunktionieren. Kinderbett vorhanden. Geboten werden Annehmlichkeiten wie Bügelbrett und -eisen, Badewanne, Waschmaschine, eine komplett ausgestattete Küche, Parkplatz für Auto oder Fahrrad und jede Menge Tipps. Entlang des Kanals lässt sich mit dem Rad gut die Umgebung entdecken, in die Innenstadt oder zum Centro ist es nicht weit. Sehr gutes Preis-Leistungs-Verhältnis. Mindestaufenthalt: drei Nächte. Für zwei Personen kostet die große Wohnung pro Nacht 55 Euro, jede weitere Person 15 Euro extra. Übernachtung in der kleinen Wohnung: 45 Euro. Endreinigung inklusive.
Rosenstraße 24 (Lirich), H Wickstraße, 0208/808143, www.ferienwohnung-oberhausen.org

FÜR CAMPER

Direkt am Theater an der Niebuhrg befindet sich der **Wohnmobilstellplatz Ruhrstadt West** – inklusive Industriekultur-Charme. Das Ensemble bespielt schließlich die Räume der alten Zeche Concordia. Der Platz ist gut angebunden. Eine Autobahnabfahrt ist in der Nähe und auch eine Bahnhaltestelle liegt fast vor der Haustür: Entdeckungen in der Stadt steht also nichts im Wege. Geöffnet ist das ganze Jahr; Hunde dürfen mitgebracht werden. Die Übernachtung kostet fünf Euro, Strom zwei Euro. Für Theatergäste ist die Benutzung kostenlos. Anmeldung unter info@niebuhrg.de

Niebuhrstraße 61 (Lirich), H Duisburg-Obermeiderich Bf, 0208/860072, www.niebuhrg.de

Ruhig und dennoch zentral liegt der **Wohnmobilstellplatz Kaisergarten**, der Platz für 68 Wohnmobile bietet. Wenn Sie hier übernachten, erreichen Sie das Centro und sämtliche Freizeiteinrichtungen in nur 20 Minuten. Das Schloss Oberhausen und der Rhein-Herne-Kanal liegen sogar noch näher. Allerdings braucht man eine grüne Plakette, um den Bereich zu befahren. Nur wer von der A2, A3, A42 oder A516 kommt, darf ohne Umweltplakette anreisen. Die Nacht kostet sieben Euro, Wasser wird pauschal mit einem Euro pro 100 Liter abgerechnet. Die Abwassergebühr ist bereits in der Übernachtung enthalten. Nähere Infos: womo@ogm.de.

Am Kaisergarten 28 (Lirich), H TZU, 0208/5947174, www.sbo.oberhausen.de

Gastronomie

CAFÉS UND FRÜHSTÜCK

Die Homebar ist ein Ort zum Wohlfühlen.

Phillip Kirschstein liebt Kaffee, »denn gute Tage haben noch nie mit einem Grünkohl-Smoothie begonnen«, heißt es an der Wand seiner **Homebar**. Mit seinem individuellen Café, komplett eingerichtet mit Vintage-Möbeln, hat er einen Ort für sämtliche Generationen geschaffen. Jüngere mögen den Lounge-Stil der Kaffeebar, Ältere treffen sich gerne zum Frühstücken oder auf ein Stück Kuchen. Zudem gibt's Bagel, Salate oder fruchtige Drinks. Wer mag, kann sich mit Homebar-Merchandising ausstatten. Ab und zu finden Veranstaltungen statt.

Lothringer Straße 5–7 (Alt-OB), H Marktstraße, Di–So 10–22 Uhr, 0208/20584122, www.homebar.de

Kaffee in Kännchen, ein Stück Buttercremetorte, edle Pralinen oder Eintopf zur Mittagszeit. Das **Café Bauer** ist seit Jahrzehnten *die* Adresse für ein gepflegtes Kaffeekränzchen in der Innenstadt. Jochem Bauer führt die Konditorei, die es seit mehr als 90 Jahren gibt, in dritter Generation. In der gut bestückten Kuchentheke warten fruchtige und sahnige Klassiker. Auch wer das Herzhafte liebt, kommt nicht zu kurz. Beliebt bei Älteren, aber auch die Latte-Macchiato-Fraktion wird fündig. Gute Frühstücksauswahl (bis 13 Uhr).

Marktstraße 124 (Alt-OB), H Marktstraße,
Mo–Fr 9–18 Uhr, Sa 9–17 Uhr, So 11–18 Uhr,
0208/23014,
www.facebook.com/CafeBauerOberhausen

Das **Haus Union** ist eine Traditionsadresse für Feiern jeglicher Art. Zum Haus gehört ein Hotel, das Restaurant steht allen offen. Jeden Sonntag wird hier ein beliebter Brunch angeboten. Zum Preis von 15,80 Euro startet man mit Brötchen und später auch warmen Speisen in den Tag. Die Auswahl ist gut und Kaffee, Tee sowie Kakao sind sogar inklusive. Unbedingt reservieren.

Schenkendorfstraße 13 (Marienviertel),
So 10–14 Uhr, H Feuerwache,
0208/8808088, www.hotel-hausunion.de

Mit dem **Zaza's** hat sich Inan Kilicli einen Traum erfüllt und eine Espressobar mit stylischem Flair eröffnet. Während man im Erdgeschoss, gegenüber der Theke mit den leckeren Kleinigkeiten, in loungiger

Zaza's – Espressobar mit Flair

Atmosphäre seinen Espresso trinken und dabei die Leute beobachten kann, erinnert der Raum in der ersten Etage eher an Omas Wohnzimmer – in einer geschmackvollen Variante. Ein Café mit Lieblingsort-Potenzial.

Ebertstraße 53 (Marienviertel), H Theater,
Mo–Fr 11–19 Uhr, So 12–18 Uhr, 0172/3093490,
www.facebook.com/zazasoberhausen

Das Gartencafé **Zu den vier Schafen** und fünf Gänsen ist ein lauschiges Plätzchen. Susanne Hausmann und ihr Team haben vor ein paar Jahren ein ehemaliges Vereinsheim zwischen Dellwig und dem Hexbachtal in ein verwunschenes Kleinod verwandelt. Das Café liegt direkt an einem beliebten Radweg. Der Kuchen ist selbst gebacken und natürlich kann man auch die namensgebenden Schafe und Gänse besuchen. Achtung: nur von Frühjahr bis Herbst geöffnet.

Hausmannsfeld 102 (Bermensfeld), Sa & So
14–18 Uhr, H Hugo-Rasch-Straße, 0170/2326822,
www.facebook.com/Gartenhaus0405

GUTBÜRGERLICHE KÜCHE

Kiepenkerle wurden früher fahrende Händler genannt, die die Bevölkerung in den Städten mit Milch, Eiern und anderen Produkten versorgten. Nun ist Dirk Goeke ziemlich sesshaft und betreibt die alteingesessene, gemütliche Gaststätte **Kiepenkerl**. Bekannt ist die Küche für gutbürgerliche Gerichte, passend zur jeweiligen Saison. Zu Karneval und im Oktober wird gerne gefeiert. Im Sommer lockt ein Biergarten.

Roonstraße 105 (Alstaden), H Roonstraße,
Mo, Mi & Do 10–0 Uhr, Fr & Sa 10–2 Uhr,
So 10–22 Uhr, 0208/4687835,
www.facebook.com/Kiepenkerl-Oberhausen

FLEISCH & BURGER

Amtliche Buletten werden bei den Burger Nerds serviert.

Burger haben sich längst vom ungesunden Fastfood zum trendigen Life-Style gemausert. Die Crew von den **Burger Nerds** macht ihrem Namen alle Ehre: Etwas versteckt neben einem Autohaus gelegen, braten die MitarbeiterInnen amtliche Buletten. Die sind wahlweise mit Rindfleisch, Pulled Pork, Hähnchen oder Zucchini-Patty belegt. Wer's eine Nummer größer mag, wählt zwei oder drei Scheiben. Fleisch und Brötchen werden von lokalen Metzgern und Bäckern geliefert. Die Dips sind selbst gemacht, der Service freundlich-lässig, das Ambiente stylisch. Die Wartezeit kann man sich beim Spiel an einer Retro-Konsole vertreiben.
Duisburger Straße 125 (Lirich),
Di & Fr 12–21 Uhr, Mi & Do 16–21 Uhr,
Sa & So 13–21 Uhr, H Zum Eisenhammer,
0208/46871999, www.burgernerds.de

FleischliebhaberInnen kommen im Steakhaus **La Pampa** auf ihre Kosten. Das Interieur ist etwas verstaubt, aber die Karte hält, was sie verspricht: Die Auswahl zwischen Entrecôte-, Rump- und Hüftsteaks ist riesig. Wer nichts anderes ordert, bekommt das Fleisch medium gebraten. Beilagen werden extra bestellt. Günstiger Mittagstisch, auch sonst stimmt das Preis-Leistungs-Verhältnis.
Goebenstraße 95 (Innenstadt),
Mo–Fr 11.30–15 Uhr & 17–23 Uhr, Sa & So 11.30–23 Uhr, H Paul-Reusch-Straße,
0208/6201826, www.lapampa-oberhausen.de

FÜR GUT

Zwischen Rot- und Weißweinen lässt es sich hervorragend speisen: Die Weinlounge **Le Baron** ist der Geheimtipp an der Marktstraße, wenn man etwas feiner einkehren will. Als Patron Emile Moawad sein Bistro vor ein paar Jahren in der Fußgängerzone eröffnete, brauchte er eine gehörige Portion Mut – und wurde belohnt. Dem gebürtigen Ägypter ist die französische Küche vertraut. Mittlerweile stehen auch Antipasti und gehobene Pasta- und Fleisch-Gerichte auf der kleinen Karte. Man nimmt Platz auf Hockern, die hohen Decken zaubern Markthallen-Flair in das Ladenlokal. Ab und zu findet in Kooperation mit dem Literaturhaus die Veranstaltungsreihe »Erlesene Speisen« statt.
Marktstraße 146 (Alt-OB), H City Forum,
Di–Do 17.30–22 Uhr, Fr & Sa 17.30–23 Uhr,
0208/8848970, www.weinlounge-lebaron.de

Le Baron ist ein Geheimtipp.

Wenn es mal nicht der Pizza-Standard-Italiener sein soll, ist das alteingesessene Restaurant **La Conchiglia** erste Wahl, seit einigen Jahren trägt es den Zusatz **by Peppe**. Neben Saltimbocca, Fisch oder Pasta findet sich tatsächlich auch manche Pizza, jenseits des Standardbelags. Wer sich zu zweit nicht auf ein Gericht einigen kann, bestellt am besten »per due«, dann wird's günstiger. **Tipp:** Im Sommer lohnt sich der Besuch des Gourmetmobils in Alstaden. An der ehemaligen Zeche (Solbadstraße 51a) betreiben die MacherInnen des La Conchiglia einen hübschen Bier- und Weingarten.
Hermann-Albertz-Straße 141 (Innenstadt), Mo–Sa 17.30–22 Uhr, So 12–14.30 Uhr & 17.30–22.30 Uhr, H Anne-Frank-Realschule, 0208/806445, www.la-conchiglia.de

Im Dreistädte-Eck Oberhausen, Mülheim und Essen liegt das kulinarische Kleinod **Haus Frintrop**, benannt nicht nur nach dem Stadtteil, sondern nach Familie Frintrop. Küchenchef Hermann hat über die Jahrzehnte aus der ehemaligen Bergmannskneipe ein Restaurant gemacht, das bodenständige Gerichte und französische Küchenkunst in Einklang bringt. Die Atmosphäre ist gediegen, die Ansprüche sind gehoben, aber einen Leitsatz befolgt der Chef in all den Jahren: »Lecker muss es sein.« Begehrt sind die Sitzplätze, wenn am ersten Mittwoch im Monat Stammtisch ist. Dann wird ein Vier-Gänge-Menü serviert und die Gäste nehmen an einer langen Tafel Platz. Reservierung sinnvoll. Für Schönwettertage gibt es einen Biergarten.
Mühlenstraße 116 (Dümpten), H Dümpten, Mo, Mi–Sa 17–22 Uhr, So 12–14 Uhr & 17–22 Uhr, 0208/870975, www.restaurant-frintrop.de

INTERNATIONALE KÜCHE

Klassische Ruhrpott-Eckkneipe trifft auf indische und pakistanische Folklore: Willkommen im **Khan Ji**. Die Sitzecken, der Brunnen und die gewölbeartigen Rundbögen kombiniert mit großen Maharadscha-Figuren gewinnen keinen Designpreis, doch davon sollte man sich nicht täuschen lassen. Die Betreiber tischen authentische Gerichte auf, die ziemlich nah ans Original kommen. Beim Schärfegrad kann man mitreden. Ordentliche Portionen und ein gutes Preis-Leistungs-Verhältnis machen das Khan Ji zu einem beliebten Restaurant.
Mellinghofer Straße 232 (Schlad), Di–Sa 12–15 Uhr & 17–22.30 Uhr, So 12–22 Uhr, H Wehrstraße, 0208/870821, www.khanji-oberhausen.de

Kommt ein Österreicher nach Oberhausen: Siegi Tiefenbrunner vereinigt Ruhrgebiet und Alpenland auf einer Karte. Das Ambiente in dem Restaurant neben dem Theater erinnert teils an ein Wirts- und teils an ein Caféhaus. Unter dem Namen **Zum wilden Kaiser** gibt's österreichische

Mmh, österreichische Schmankerl

Schmankerl wie Backhendlsalat, Fiakergulasch und Kaiserschmarrn. Für die Mehlspeise sollte man ein bisschen Platz lassen und Zeit einplanen. Alle, die im Pott verwurzelt sind, können Currywurst ordern. Für VegetarierInnen wird die auch »ganz ohne Fleisch« annonciert. Wer sich nicht sicher ist, was genau ein »Vogerlsalat« ist, findet in der Karte ein Glossar »Österreichisch für Deutsche«. Reservierung empfohlen.
Ebertstraße 70 (Marienviertel), H Theater,
Di–Sa 17–22 Uhr (Küche bis 21 Uhr),
0208/29938800, www.zumwildenkaiser.ruhr

Ebrahim Alzouabi serviert ein Stückchen Syrien in Oberhausen. Der Chef kam 2015 nach Deutschland und war schon in seiner Heimat Gastronom. **Ugarit** heißt das Lokal, das mehr Imbiss als klassisches Restaurant ist. Benannt ist es nach einer der bedeutendsten historischen Kulturstätten Syriens. Aufgetischt werden typische Köstlichkeiten, zum Beispiel Taboulé (Petersiliensalat) oder Manakish, arabische Minipizzen. Größere Gruppen bestellen viele Kleinigkeiten und Tellergerichte, um zu teilen. Authentisch, günstig und gut.
Helmholtzstraße 49–51 (Innenstadt),
Mo–Di & Do–Sa 12–21 Uhr, So 13–21 Uhr,
H Paul-Reusch-Straße, 0208/74146568,
www.ugaritsyrischesrestaurant-oberhausen.de

Das **Gdanksa** am Altmarkt ist nicht nur ein polnisches Restaurant, sondern eine kulinarische und kulturelle Institution in der Altstadt. Die Inhaber stammen aus dem namensgebenden Danzig und servieren deftige Gerichte, darunter Pierogi, Bigos oder Roulade mit schlesischen Klößen. Wer einen Eindruck von der Küche bekommen will, bestellt den polnischen

Polnische Spezialitäten gibt's im Gdanska.

Probierteller oder reserviert einen Platz beim Sonntagsbrunch. Für Vegetarier gibt's einige fleischlose Alternativen. Übrigens: Wer einen Salat ordert, unterstützt ein lokales Projekt. Kräuter und Co. wachsen im benachbarten Dachgarten des Jobcenters.
Altmarkt 3 (Innenstadt), H Friedrich-Karl-Straße,
Di–Sa 17–23 Uhr (Küche bis 22 Uhr),
So 13–22 Uhr (warme Küche bis 20 Uhr),
0208/6201375, www.gdanska.de

Rustikaler Chic und herzliche Gastfreundschaft: Wenn ein Restaurant seit mehr als 50 Jahren existiert, dann hat es nicht nur treue Stammgäste, sondern begeistert die BesucherInnen mit guter Küche. Als Bosnien-Grill 1970 gegründet, übernahm 1987 Familie Čobanov, um den OberhausenerInnen nicht weniger als das kroatische Lebensgefühl näherzubringen. Zwar trägt das Lokal seitdem den Zusatz **International**, doch Ćevapčići und Grillplatte sind gern genommene Posten. Mittags gibt's günstige wechselnde Gerichte, inklusive Tagessuppe und Nachtisch.
Helmholtzstraße 108 (Innenstadt), H City Forum,
Mo–So 11.30–23 Uhr,
0208/208235, www.international-restaurant.de

Kulinarische Grüße aus **Bangkok**: Im gleichnamigen Restaurant werden authentische Currys, Suppen und Salate aus Thailand serviert. Zur Mittagszeit gibt's günstige Angebote, abends etwas teurer, aber seinen Preis wert. Alle, die die Gerichte zu Hause mal nachkochen wollen, können etwa hausgemachte Tamarindensoße kaufen.

Tannenbergstraße 1 (Marienviertel),
Mo–Fr 12–14 & 17–22 Uhr,
Sa & So 17–22 Uhr, H Hauptbahnhof,
0208/6201379, www.bangkok-oberhausen.de

»Royale indische Küche« offeriert das **Maharajas** und überrascht die BesucherInnen mit einer Mixtur der Kulturen: Gutes indisches Essen trifft auf Eckkneipen-Kegelbahnen und folkloristische Stühle, die in keinem Land der Welt je modern waren. Darüber sollte man hinwegsehen, denn die würzigen Currys und Tandoori-Gerichte schmecken authentisch und gut. Tipp: Eines der vielen verschiedenen Naan-Brote probieren.

Bebelstraße 72 (Alstaden),
Mo, Mi–Sa 11.30–15 Uhr & 17–22 Uhr, So 14–22 Uhr, H Roonstraße Bebelstraße 72,
0208/800229, www.maharajas.de

Türkische Küche abseits von Döner und Co. bietet das Lokal **Saki Fish and Steak**. Es ist eines der wenigen Restaurants, in dem man guten frischen Fisch bekommt. Außerdem gibt's zahlreiche Fleischgerichte. Durchaus nicht üblich in anderen türkischen Restaurants: Weinbegleitung möglich. Ein Geheimtipp.

Marktstraße 11 (Innenstadt),
Di–Do 17–23 Uhr, Fr & Sa 17–3 Uhr,
So 17–23.45 Uhr, H Untere Marktstraße,
0177/9574651,
www.facebook.com/sakifishandsteak

Salvatore ist die Traditions-Pizzeria.

Das Restaurant **Salvatore** ist nicht nur ein sehr authentisches italienisches Lokal, sondern steht auch für ein Stück Stadtgeschichte. Rosetta Leone ist die gute Seele des Ristorante, das am 15. Oktober 1968 eröffnete. Es ist damit die älteste Oberhausener Pizzeria in Familienhand. Um für die in den 1960ern noch nicht so bekannten Fladen zu werben, ließen sie die OberhausenerInnen die unterschiedlichen Speisen probieren. Die mussten sich an Oregano zwar erst gewöhnen, doch danach war der Siegeszug der Pizza nicht mehr aufzuhalten. Natürlich stehen auch heute noch zahlreiche Varianten auf der Karte, dazu Pasta und eine Auswahl guter Fleischgerichte. Vom Geschmack ist auch der eine oder andere Promi begeistert. Claus Theo Gärtner oder »Naddel« waren schon hier.

Helmholtzstraße 21 (Innenstadt),
Di–So 11.30–22 Uhr, H Paul-Reusch-Straße,
0208/209922, www.pizzeriasalvatore.de

Ein Besuch im **Luikov** gleicht einer kulinarischen Reise: Tomatensuppe trifft Borschtsch in ehemaliger Traditionskneipe. »Oberhausener Vielfalt« nennen Danilo Atzeni und Alexander Sokolov ihr Konzept, nach dem sie italienisch-russische Küche auftischen. Pizza und Pelmeni, die russischen Teigtaschen, stehen gleichberechtigt auf der Karte. Sonntagsvormittags gibt's Frühstück – Reservierung empfehlenswert. Nettes Ambiente mit Kneipenatmosphäre. Im Keller wird gekegelt.
Bebelstraße 173 (Alstaden), H Flockenfeld, Di–Do 17–22.30 Uhr, Fr & Sa 17–0 Uhr, So 10–15 Uhr, 0208/82867938, www.luikov.de

In der Fernsehsendung »Mein Lokal, dein Lokal« wurde Familie Drakos mit dem Restaurant **Pegasos** nur Siegerin der Herzen – und belegte Platz zwei. Von den vielen begeisterten Stammgästen bekommen sie indes regelmäßig Bestnoten. Das Ambiente ist modern-mediterran, samt namensgebendem fliegenden Pferd. Große Fleisch- und Grillplattenauswahl, üppige Portionen.
Paul-Reusch-Straße 22 (Innenstadt), Di–Sa 17–23 Uhr, So 12–14.30 Uhr & 17–23 Uhr, H Hauptbahnhof, 0208/6200588, www.pegasos-oberhausen.de

Saludos aus Spanien: Die Speisekarte von **Jamón Jamón** offeriert Tapas-Klassiker wie Tortilla, gegrillte Paprika, Hackfleischbällchen oder Datteln im Speckmantel. Aioli-Freunde kommen auf ihre Kosten – mit der Knoblauchcreme wird nicht gespart. Im Sommer werden ein paar Tische und Stühle vor die Tür auf die Marktstraße gestellt.
Marktstraße 189 (Innenstadt), Di–Do & So 17–22.30 Uhr, Fr & Sa 17–23 Uhr, H Obere Marktstraße, 0208/6201568, www.facebook.com/jamonjamon.oberhausen

Es gibt Familienfeiern, die kulinarisch nur schwer unter einen Hut zu bringen sind. Wenn die Oma gerne Schnitzel, der Vater Steak und die Mutter lieber Bandnudeln möchte, kann man sich auf das **Haus Reintjes** einigen. Die Speisekarte bietet eine breite Palette internationaler Spezialitäten. Am Wochenende gerne besucht, deshalb besser reservieren.
Wehrstraße 9 (Dümpten), H Dümpterkamp, Mo–Sa 11.30–14.30 Uhr & 17–23 Uhr, So 11.30–23 Uhr, (Küche bis 22 Uhr), 0208/88245491, www.restaurant-reintjes.de

Das Restaurant **Elektra** ist ein guter Nachbarschafts-Grieche, wenn einem der Sinn nach Souvlaki, »Olymp Medaillons« oder »Korfu Teller« steht. Eine ganz weite Anreise lohnt vielleicht nicht, aber die Portionen sind üppig, das Preis-Leistungs-Verhältnis stimmt und der Service ist freundlich.
Harpener Straße 25 (Dümpten), Mo, Mi–Sa 16.30–23 Uhr, So 12–21 Uhr, H Höfmannstraße, 0208/889331

Das Jamón Jamón serviert Tapas.

AUF DIE SCHNELLE

Beim **Pommesbauern** sind alle Fritten selbst geschnitzt. Die Kartoffeln werden von einem Landwirt aus der Nachbarschaft angebaut und in der Küche des Schnellrestaurants zu belgischen Pommes veredelt. Die werden klassisch mit »Schranke« (Ketchup und Mayo), als Spezial (zusätzlich mit Zwiebeln), mit Joppiesauce (für Niederlande-Fans) oder mit anderen Extras (Bolognese, Jalapeños) serviert. Mit Schnitzel, Frikadelle und Currywurst trifft deutsche Imbiss-Tradition auf niederländische Frikandel. Am Wochenende wird die Karte um Rauchfleisch und Backfisch ergänzt.
Obermeidericher Straße 5a (Alstaden),
Mo–Di & Do–Fr 12–21 Uhr, Sa–So 13–12 Uhr,
Obermeiderich Bf, 0208/65637421,
www.derpommesbauer.de

Wo die Currywurst am besten schmeckt, ist im Ruhrgebiet nicht weniger als eine ideologische Frage. Der **Rathaus-Grill** landet in solchen Diskussionen weit vorne. Der Imbiss, der ein paar Schritte vom namensgebenden Rathaus entfernt liegt, existiert seit Jahrzehnten. Im Schaufenster wird Grönemeyers Currywurst-Lied – »Watt schöneres gibbet nich« – zitiert. Drinnen sieht's moderner aus als man vermuten könnte. Die Soße erinnert an einen guten Sonntagsbraten ganz ohne Ketchup-Note. Auf Wunsch wird nachgeschärft.
Schwartzstraße 97 (Alt-OB), H Rathaus,
Mo, Mi–So 12–22 Uhr, 0208/26446

Der **Bärengrill** ist eine Pommesbude alter Schule. Den Imbiss gibt's seit 1988, ein bisschen sieht man es ihm auch an, aber das gehört sich so. Die Currywurst ist top und wird

auf Wunsch mit Sambal Oelek nachgeschärft. Das Schaschlik ist gut gebraten. Die Hawaii-Version mit Ananas und Käse klingt zwar etwas gewöhnungsbedürftig, hat aber seine Fans. Die Damen vom Grill und der Chef wissen genau, wer welche Sonderwünsche hat. Für ganz große Fans werden Bärengrill-Geschenkgutscheine angeboten.
Knappenstraße 62 (Knappenviertel),
Di–Sa 11.30–22 Uhr, feiertags 12–22 Uhr,
H Alte Heid, 0208/866893, www.baerengrill.de

Mittags stehen LiebhaberInnen schneller und guter Küche vor dem Imbiss **Alstadener Pommes** Schlange. Wechselnde Hausmannskost steht dann auf der Karte, freitags auch Fisch und natürlich Fritten mit Currywurst. Die Damen am Grill sind freundlich, auch wenn's mal stressig wird. Der Geschmack spricht für sich.
Flockenfeld 7 (Alstaden), H Flockenfeld,
Mo–Sa 11–22 Uhr, So 17–22 Uhr,
0208/38625347,
www.facebook.com/pommesalstadenimbiss

Einer Reise nach Kalifornien hat Oberhausen einen der besten Fast-Food-Imbisse zu verdanken. Als Jugendliche flogen Kai Theissen und Thomas Richter nach San Francisco, um einen Kumpel zu besuchen, der dort ein Austauschjahr verbrachte. Tagelang ernährten sie sich von Tacos, Burritos und Quesedillas. Nun werden die

Tortillas in dem kleinen Lokal **Matus Burritos** gerollt. »Pork al Pastor« trifft auf »Spicy Beef«, es sind aber auch zahlreiche vegetarische und vegane Varianten möglich.
Duisburger Straße 537 (Lirich),
Di–Fr 12–21 Uhr, Sa–So 15–21 Uhr,
H Duisburg-Obermeiderich Bf,
0208/46872500, www.matus-burritos.de

Matus Burritos

Der asiatische Supermarkt **Tain Kim Heng** ist eine Offenbarung für alle, die gerne exotisch kochen und essen. Im Vorkassenbereich befindet sich ein Geheimtipp für authentischen Genuss: Hier bekommt man typische vietnamesische Baguettes, frische gedämpfte Teigtaschen sowie süß oder herzhaft gefüllte Brötchen nach chinesischer Art. Dazu kann man Bubble Tea ordern. Am Wochenende sollte man Wartezeit einplanen.
Max-Planck-Ring 1 (Lirich), H Mercure Hotel,
Mo–Fr 9–18.30 & Sa 9–16, 0208/820330,
www.tainkimheng.de

Sechs Jahre lang hat Benny Zirngibl auf Koh Samui als Koch in einem thailändischen Restaurant gearbeitet, bevor er in seine Heimat Oberhausen zurückkehrte. Unter dem Namen **KinKao** zaubern er und seine Frau Kesorn nun in einem Anhänger authentische Gerichte. Die Frühlingsrolle wird frisch zubereitet und der gegrillte Schweinebauch schmeckt so wie auf den Straßen Asiens. Im Sommer stehen ein paar Tische vor dem Altenberg, sodass die Köstlichkeiten auch vor Ort verzehrt werden können. Ein Geheimtipp.
Hansastraße 20 (Lirich) , H Hauptbahnhof,
Do–So 14–20 Uhr, 0175/4755553,
www.kinkao.de

Döner-Anbieter kommen und gehen. Das **Kebap Haus** von Ibo Nahirci gab es gefühlt schon immer – zumindest aber seit mehr als 30 Jahren. Der Chef und seine Familie sind tief verwurzelt in Lirich. Nahirci engagiert sich im örtlichen Schützenverein. Kulinarisch ist er mit der Zeit gegangen. Gab es anfangs die klassische Dönertasche, sind mittlerweile auch Dönerpizza oder gefüllte Brötchen mit Fleisch erhältlich.
Wilmsstraße 62 (Lirich), H Wilmsstraße,
Mo–Fr 11.30–23 Uhr, Sa & So 14–23 Uhr,
0208/63593434,
www.facebook.com/kebaphauslirich

Der **Frittenspezialist** macht seinem Namen alle Ehre: Die Pommes sind schön kross. Zuerst muss man sich entscheiden: Currywurst oder Frikandel? Oder soll's doch lieber eine Frikadelle sein? Die Currysoße schmeckt tomatig und wird auf Wunsch nachgeschärft. Regelmäßig wechselnder Mittagstisch und hervorragende Suppen runden das Angebot ab.
Marktstraße 52–60 (Innenstadt),
Mo–Fr 10.30–18.30 Uhr, H Paul-Reusch-Straße

Am Abend

KNEIPEN & BARS

Wenn woanders die Stühle hochgestellt werden, fängt der Abend im **Alten Hut** erst richtig an. Die Traditionskneipe an der Elsässer Straße ist nicht nur bei Stammgästen beliebt für einen Absacker. Dann werden Bierchen, Getränke zum »Knülle werden« oder der Marke »Kann watt« über den Tresen geschoben. Die Stimmung ist gut, ganz gleich, ob man Stammgast ist oder zum ersten Mal vorbeischaut. Die Hausspezialität ist übrigens Lakritz-Wodka mit Chili.

Elsässer Straße 26 (Innenstadt),
Mo–Sa 18–23 Uhr (am WE auch länger),
H Hauptbahnhof, 0172/3430777,
www.facebook.com/Alter-Hut

Der **Uerige Treff** ist eine gemütlich-gesellige Kneipe, wie es sie heute nur noch selten gibt. Die Wände sind holzgetäfelt, die Zapfhähne blank poliert, das Bier perfekt gezapft. Dazu gibt es von Schnitzel bis Krüstchen zünftige Brauhausküche. Die Gaststätte war die erste, die das namensgebende Düsseldorfer Brauhaus außerhalb der Landeshauptstadt eröffnete. Vor einigen Jahren hat Patronin Helga Dehorn das Zepter zwar an ihren Sohn Andreas übergeben, aber der hat zum Glück nicht viel verändert. Gefeiert wird hier zu sämtlichen Gelegenheiten, und wenn gerade kein Karneval ist, organisieren die Wirte selbst Feste – zum Beispiel, wenn es frischen Matjes gibt. Im Sommer kann man auf dem Friedensplatz schön draußen sitzen.

Friedensplatz 13 (Innenstadt), H Hauptbahnhof,
Mo–Sa ab 11 Uhr & So ab 17 Uhr
(Küche jeweils bis 22 Uhr),
0208/808143, www.uerige-ob.de

Andreas Dehorn führt das Uerige weiter.

Bierchen und Dart lautet das Motto der **Kleinen Kneipe am Bero**. Sie ist Treffpunkt der Präzisionssportler vom DC »Positiv Bekloppt« oder »Ullas Chaoten«. Alle anderen trainieren Biergläser heben. Spaß ist garantiert – also: »Wie lautet das Fremdwort mit acht Buchstaben?« Richtig, »nüchtern«.

Gustavstraße 121 (Lirich), H Bero-Zentrum,
Di–Sa ab 10 Uhr, So 10–20 Uhr, 0208/855030

Martha und Norbert **Stasyk** führen eine urige, alteingesessene Kneipe mit Wohnzimmeratmosphäre. Hier trifft man sich auf ein Bierchen oder zwei und diskutiert über Gott und die Welt. Neben Alt und Pils wird Guinness vom Fass angeboten; für Fans auch in einer Spezialvariante, angereichert mit Portwein.

Schenkendorfstraße 22 (Marienviertel),
Mo–Mi, Fr–So ab 17 Uhr, H Feuerwache,
0208/864126

LIVEMUSIK & TANZEN

Das **K14** ist das älteste noch erhaltene soziokulturelle Zentrum der Republik. 1969 gegründet, sind die BesucherInnen zwar etwas älter geworden, aber das Programm ist keineswegs in die Jahre gekommen. Früher hat Helge Schneider die ehemalige Schlosserei mal als Proberaum genutzt. Heute finden regelmäßig (Jazz-)Konzerte, Diskussionsrunden, Ausstellungen und Lesungen statt. »Mord am Montag« lautet das Motto, fruchtig-scharfe Currywurst inklusive. Mittwochs treffen sich Stammgäste zur Skatrunde. Für viele ist die Kult(ur)-Stätte längst zum Wohnzimmer geworden. Einmal im Jahr wird der beliebte Eifelmarkt veranstaltet. Eine Programmübersicht gibt's im Netz: www.fabrik-k14.de.

Lothringer Straße 64 (Styrum),
Mo–Mi 20–23 Uhr & bei Veranstaltungen,
H Anne-Frank-Realschule, 0208/25475

Carsten Wrede und Marcus Kötter sind die Köpfe hinter dem Tonstudio Tresohr. Unter dem Namen »POTTpeople«, dem Label für angewandte Pottkultur, vertreiben sie nicht nur Mode, sondern begleiten Bands, die eine Platte produzieren wollen – ganz gleich, zu welchem Genre die Musik gehört. Regelmäßig kann man bei ihnen aber auch Livemusik erleben. Mit ihren famosen **Tresohr-Sessions** bieten sie Musikgruppen eine Bühne, eine Extradosis Flair inklusive. Und weil es ohne Publikum nur halb so schön ist und die Konzerte teilweise aufgezeichnet werden, gibt's für jeden Abend einige begehrte Plätze. Hingehen! Terminübersicht und Infos: www.tresohr-sessions.de.

Mülheimer Straße 24 (Alt-OB), H Ziesakplaza,
0208/204545

Das soziokulturelle Zentrum **Druckluft** ist eine beliebte und szenige Adresse für Jugendliche und Junggebliebene. Der Kalender ist gut gefüllt mit Konzerten, kleinen Festivals abseits des Mainstreams, Lesungen und der einen oder anderen Party. Auch Bands wie Jupiter Jones oder Klee waren schon zu Gast und mochten den Spirit. In Werkstätten und Gruppenräumen kann man sich selbst kreativ ausprobieren. Infos zum Programm gibt's unter www.drucklufthaus.de.

Am Förderturm 27 (Lirich), H Hauptbahnhof,
0208/852454, www.facebook.com/drucklufthaus

Die Tickets für die Tresohr-Sessions sind beim Publikum begehrt.

Das Gdanska bietet in Oberhausen das Rundum-Sorglos-Paket für vielseitig interessierte Musikfans: Regelmäßig dreht sich das **Jazzkarussell** am Altmarkt. Internationale KünstlerInnen interpretieren die Musikrichtung immer wieder neu. Bei **Indie-Radar Ruhr** erleben ZuhörerInnen aufstrebende Bands und verzaubern im kleineren Rahmen ihr Publikum. Mundpropaganda hilft, dass die MusikerInnen auf der Durchreise auch einen Zwischenstopp in Oberhausen einlegen. Nicht minder erfolgreich ist die Traditionsreihe **Gitarrissimo**, die auf mehrere hundert Konzerte zurückblickt. Dank engagierter MacherInnen werden die Qualitätsstandards hoch angesetzt. Eine Programmübersicht findet sich im Netz: www.gdanska.de.
Altmarkt 3 (Innenstadt), H Friedrich-Karl-Straße, 0208/6201375

In der Hölle lässt sich gut tanzen und headbangen. **Helvete**, das ist das norwegische Wort für Hölle, heißt der Club, für den Metal-Fans sogar aus den Niederlanden anreisen. Regelmäßig finden Partys und in der Szene beachtete Konzerte statt. Im Untergeschoss gibt's eine Bühne, an den Wänden lodern aufgemalte Flammen. Außerdem befindet sich hier die Tanzfläche samt Cocktailbar. Auf der oberen Etage können es die Freunde der härteren musikalischen Gangart in einer der Couchecken etwas ruhiger angehen lassen. Die Musik läuft leiser und wer nur ein Bierchen trinken möchte, ist genauso willkommen. Der aufgemalte Chihuahua heißt übrigens »Schwabbel« und ist der Hund vom Chef. Mindestverzehr fünf Euro, separate Tickets für Konzerte.
Friedrich-Karl-Straße 63 (Innenstadt), Fr, Sa & vor Feiertagen 21–5 Uhr, H Untere Marktstraße, www.helvete.de

»Schwabbel« heißt das Maskottchen vom Helvete.

Die alte Werkstatt der Zeche Oberhausen firmiert seit Jahren unter dem Namen **Resonanzwerk**, einigen Älteren ist sie vielleicht noch als legendäre Schilda-Halle ein Begriff. Nun wird in einer der schönsten Locations mal privat, mal vor großem Publikum gefeiert. Den Saal kann man für Firmenfeiern oder Hochzeiten mieten. Genauso regelmäßig wird's laut und intensiv, wenn Chef Björn Bialowons Bands auf die Bühne holt. Das Programm ist breit gefächert. Sowohl Schlager- als auch Headbanging-Fans kommen auf ihre Kosten. Termine und Infos: www.resonanzwerk.de.
Annemarie-Renger-Weg 5 (Knappenviertel), H Zeche Oberhausen, 01520/1960958

Früher wurde in der **Turbinenhalle** der Gutehoffnungshütte hart gearbeitet, heute wird dort hart gefeiert. Getanzt wird mittlerweile im Steffys, die restlichen Quadratmeter werden vornehmlich für Konzerte genutzt. Das Programm ist musikalisch bunt gemischt. Ruhrgebietsgrößen wie das

In der Turbinenhalle finden Konzerte und Partys statt.

Rock Orchester Ruhrgebeat, Doro Pesch, Brings oder die Deutsch-Pop-Band Mia treten hier auf. Die Turbinenhalle schließt die Lücke zwischen der riesigen Köpi-Arena und kleineren Locations wie dem Druckluft. Programm und Tickets: www.turbinenhalle.de.

Im Lipperfeld 23 (Marienviertel),
H Im Lipperfeld, 0208/452370

Der Discotheken-Bereich der Turbinenhalle heißt **Steffys** und lockt freitags PartygängerInnen zum Feiern. Die Musik variiert: Trash aus den 1990ern wird genauso gespielt wie R'n'B oder Electronic Dance Music. Der Dresscode ist modisch. Wer in Jogginghose oder ärmellosen Shirts vor der Tür steht, wartet vergeblich auf Einlass. Freitags ist das Publikum jünger. Einlass gibt's ab 16 Jahren mit entsprechender Vollmacht und Begleitperson ab 18 Jahren. Samstags müssen BesucherInnen mindestens 20 Jahre alt sein. Die Eintrittspreise richten sich nach KünstlerInnen, Programm und Motto des Abends.

Im Lipperfeld 23 (Marienviertel),
Fr 22–5 Uhr, Sa 2–35 Uhr, H Ziesakplaza,
0208/453270, www.steffy-oberhausen.de

Der Lokschuppen der ehemaligen Gutehoffnungshütte ist ein **Kulttempel**. Längst ist das Nebengebäude der Turbinenhalle ein Pilgerort der Musikszene: Rockabilly-Fans kommen genauso auf ihre Kosten wie Depeche-Mode-Hörer, Fans von Düstermusik oder 80er/90er-Zeitreisende. Hinzu kommen zahlreiche Live-Konzerte. Chef Peter Jurjahn hat jede Menge Erfahrung im Nachtleben Oberhausens und weiß, was seine BesucherInnen mögen. Das macht den Ort bei den SzenegängerInnen zum Kulttempel. Der Eintritt variiert.

Mülheimer Straße 24 (Marienviertel),
Fr & Sa 22–5 Uhr, So 19–0 Uhr, H Ziesakplaza,
0208/88484254, www.kulttempel.com

Die Dichte an soziokulturellen Zentren in Oberhausen ist bemerkenswert. Das **Zentrum Altenberg** gehört zu den alteingesessenen Szene-Orten, die für die Kultur in der Stadt viel bewegt haben. Auch heute wird ein vielfältiges Programm geboten, Kulturveranstaltungen ebenso wie Konzerte oder Partys. Donnerstag ist **Eisenlager**-Tag, dann wird Wave, Synthiepop und 80er-Musik aufgelegt. Los geht's ab 21 Uhr. Tickets kosten vier Euro plus drei Euro Mindestverzehr. Von 22 bis 24 Uhr haben Frauen freien Eintritt. Für alle gilt: Der Dresscode lautet »düster und schwarz«. Freitags ist der Sound bunt gemischt, aber Einlass bekommt nur, wer älter als 25 Jahre ist. Getanzt wird ab 21 Uhr. Wer früh kommt, spart bis 22 Uhr den Eintritt. Danach sechs Euro und drei Euro Mindestverzehr. Jeden Samstag: **Disconaut** im Eisenlager. Der Eintritt kostet sechs Euro, wer vor Mitternacht kommt, zahlt die Hälfte.

Hansastraße 20 (Lirich), H Hauptbahnhof,
0208/850780, www.zentrumaltenberg.de

KINO & BÜHNE

Mit seinen Produktionen hat sich das **Theater Oberhausen** weit über die Stadtgrenzen einen Namen gemacht – und in der Vergangenheit sogar Preise und Einladungen zu Festivals eingeheimst. Zum Programm gehören sowohl Inszenierungen von Klassikern als auch experimentelle Stücke. Dafür verlassen die SchauspielerInnen auch mal die Theaterbühne und wechseln an Orte im Stadtgebiet. In der Kinderbuchlesereihe »Supergute Bücher« werden Geschichten für junge ZuschauerInnen ab vier Jahren gezeigt. Kinder, Jugendliche und Erwachsene, die sich selbst einmal auf und hinter der Bühne ausprobieren möchte, können bei der »Theater:Faktorei« mitmachen. Unter Leitung von KünstlerInnen des Theaters werden Workshops angeboten und eigene Projekte erarbeitet. Der Eintritt für die Vorstellungen kostet zwischen 14 und 23 Euro – Premierentickets gibt's mit Aufschlag. SchülerInnen, StudentInnen und Menschen mit Behinderung kommen ermäßigt rein.

Will-Quadflieg-Platz 1 (Marienviertel), Öffnungszeiten Theaterkasse Mo–Fr 12–17 Uhr, H Theater, Ticket-Hotline 0208/8578184, www.theater-oberhausen.de

Musicals, Komödien oder Kindertheater: Seit 1997 ist das **Theater an der Niebuhrg** eine verlässliche Adresse für unterhaltsame Abende. Die gezeigten Stücke entwickelt Tausendsassa und Theaterleiter Holger Hagemeyer oft selbst. In der Boulevard-Komödie »Wer küsst dich« wird die Geschichte um die Singles Marc und Andrea erzählt. Ihre beste Freundin hat für Andrea eine Kontaktanzeige aufgegeben. Die Verehrer stehen

Holger Hagemeyer sorgt für unterhaltsame Abende im Theater an der Niebuhrg.

Schlange. Verwechslungen, Intrigen und Swinghits inklusive. Wer sich selbst als SchauspielerInnen ausprobieren möchte, kann Kurse buchen. Außerdem gibt's einen Buhrg-Chor. Tickets für die Vorstellungen sind Montag bis Donnerstag von 9–16 Uhr & Fr 9–12 Uhr vor Ort und an allen Vorverkaufsstellen erhältlich.

Niebuhrstraße 61–71 (Lirich), H Duisburg-Obermeiderich Bf, 0208/860072, www.niebuhrg.de

45 Zuschauer passen ins lauschige **Kino im Walzenlager**, das sich auf Arthouse-Filme spezialisiert hat. Früher wurden die Räume, die Teil des Zentrums Altenberg sind, als Walzenlager und Waschkaue genutzt – die erhaltenen Kacheln zeugen davon. Der Kinosaal ist Spielstätte für die Internationalen Kurzfilmtage und kann auch für Veranstaltungen und private Vorführungen gemietet werden. Ab und zu finden Konzerte statt. Kino-Pause ist jeweils mittwochs und samstags, an den anderen Tagen starten Vorführungen um 18 Uhr und 20 Uhr, sonntags auch 16 Uhr. Der Eintritt kostet sechs Euro, ermäßigt fünf. Popcorn und Snacks gibt's nicht, Getränke sehr wohl.

Hansastraße 20 (Alt-OB), H Hauptbahnhof, 0208/8597877 (Büro), www.walzenlagerkino-ob.de

Die **Lichtburg** ist das letzte verbliebene Traditions-Lichtspielhaus in Oberhausen und ein Heimkino im besten Sinne. In den fünf Sälen werden aktuelle Streifen genauso gezeigt wie anspruchsvolle Arthouse-Filme oder Klassiker, die zur Filmkultur gehören. Einmal im Jahr finden in dem Kino die Internationen Kurzfilmtage statt. Außerdem beteiligt sich das engagierte Team um Petra Rockenfeller auch an den »Kinderfilmtagen im Ruhrgebiet« oder den »Visuellen Oberhausener Frauenfilmtagen«. Am ersten Donnerstag im Monat gibt's das Kino-Café. Dort flimmert entweder ein Premieren-Streifen oder ein Film, den sich das Publikum gewünscht hat, über die Leinwand. Vorab werden, solange der Vorrat reicht, Gebäck und Filterkaffee serviert. Eintrittskarten zu den Vorstellungen kosten für Erwachsene neun Euro, Jugendliche zahlen acht Euro, Kinder bis elf Jahre 5,50 Euro. Dienstag ist Kinotag, dann kommt man für sechs Euro rein. Sonntagvormittag (bis 12.30 Uhr) gilt ebenfalls ein Spezialtarif von 5,50 Euro.

Elsässer Straße 26 (Innenstadt), H Paul-Reusch-Straße, 0208/824290, www.lichtburg-ob.de

Das **Ebertbad** ist eine der charmantesten Kleinkunstbühnen der Republik. Dort, wo früher Bahnen gezogen wurden, stehen bekannte KabarettistInnen auf der Bühne und bringen das Publikum zum Nachdenken und Lachen. Die obersten Bademeister geben Hajo Sommers und seine Dauer-Verlobte Gerburg Jahnke. Sie schreibt auch die Stoffe für die Eigenproduktionen. Dann mutiert das Haus wahlweise zum »Spaßbad Tropicana«. In »Pommes« wird humorvoll über den Pott und die Liebe philosophiert. In »Die Abrechnung« spielt Gerburg Jahnke »Frau Gott« und lässt ihren Ärger über die Welt mal raus. Besonders warm anziehen müssen sich abtörnende Männer, nervige FeministInnen oder die Laktose, die für so viel Übel verantwortlich ist – ach, Gott! Karten für Veranstaltungen sind begehrt, deshalb sollte man sich beeilen.

Ebertplatz 4 (Marienviertel), H Theater,
Mo & Do 10-14 Uhr, Di & Fr 14–18 Uhr
sowie an Veranstaltungstagen zur Abendkasse (Ticketverkauf)
0208/8106570, www.ebertbad.de

In »Pommes oder das fünfte Element« wird es komisch und philosophisch.

Einkaufen

FEINKOST & SPEZIALITÄTEN

Frank Marquardt ist Fachmann für Hochprozentiges und hat sich in seinem **Whiskyhort** auf das »Wasser des Lebens« spezialisiert. Rund 2.300 Sorten führt er in seinem urigen Geschäft und hat sich damit weit über Oberhausens Grenzen hinaus einen Namen gemacht. Begonnen hat Marquardts Leidenschaft für Whisky, als er einen Bausparvertrag auflöste und eine Wertanlage mit guter Rendite suchte. Diese Flasche hat er nie geleert. Die Sorten stammen nicht nur aus Irland und Schottland, sondern ebenso aus Japan, Kanada, Indien oder sogar Deutschland. Viele Destillerien hat der Chef selbst besucht. Gegen eine kleine Gebühr dürfen KundInnen etwas probieren oder können Tastings buchen.
Nohlstraße 67 (Alt-OB), H Marktstraße,
Mo–Fr 10–13 Uhr & 15–18 Uhr, Sa 10–15 Uhr,
0208/63586048, www.shop.whiskyhort.com

Da fällt die Auswahl nicht leicht: 2.300 Sorten Whisky führt der Whiskyhort.

Wer zu Hause asiatisch kochen will, kommt an **Tain Kim Heng** nicht vorbei. Die Auswahl an Zutaten aus Fernost in dem modernen Supermarkt ist riesig und reicht von Pasten, frischem Gemüse oder Zehn-Kilo-Reissäcken bis zu Süßigkeiten. Bei dem Großhändler decken sich GastronomInnen und Privatpersonen ein.
Max-Planck-Ring 1 (Lirich), H Mercure Hotel,
Mo–Fr 9–18.30 Uhr, Sa 9–16.30 Uhr,
0208/820330, www.tainkimheng.de

Wollberg steht für Tradition und Kult in Oberhausen. Ursprünglich begannen die Brüder Josef und Edmund in den 1950er Jahren ihr Geschäft als Büdchen-Betreiber und belieferten auch andere Kioske mit Süßigkeiten, Zigaretten und Getränken. Ein paar Jahre später erfanden sie die Spirituosen-Eigenmarke »Artilleriefeuer«, die es noch heute an vielen Trinkhallen zu kaufen gibt. Mittlerweile werden auch andere alkoholische Getränke hergestellt und vertrieben, darunter »Pottkraut« oder »Schachtwasser«. Auch Privatleute können sich vor Ort eindecken.
Wehrstraße 80–82 (Schlad), H Niederrhein-Kolleg,
Mo–Fr 10.30–16 Uhr, Sa 10.30–13 Uhr,
0208/870001, www.wollberg.de

René **van der Knokke** ist passionierter Koch. Bevor er vor ein paar Jahren sein Feinkostgeschäft in der Oberhausener Innenstadt eröffnete, war er Teil der KochPottGuerilla, die Menschen zusammenbrachte, die sich vorher nicht kannten. Nun betreibt er ein Fachgeschäft für erlesene Zutaten. Es gibt Öle, Trüffel, Marmeladen und andere Leckereien.
Elsässer Straße 43 (Alt-OB),
Mo–Di & Do–Fr 10–12 Uhr & 15–18 Uhr, Mi & Sa 10–12 Uhr, H Marktstraße, 0208/6201659,
www.feinkost-van-der-knokke.business.site

Schönes Wetter und keine Grillwürstchen eingekauft? Die **Metzgerei Timm** versorgt Grillfans mit Fleisch aus dem **Automaten**. Eigentlich produzierten die Fleischer für Großkunden – bis sie die Idee hatten, ihre Produkte auf diesem Weg zu vertreiben. Vor allem an sonnigen Wochenenden ist viel los. Die Preise sind fair und die Auswahl ist groß. Geöffnet ist rund um die Uhr. Im Winter wird pausiert.
Max-Planck-Ring 39 (Lirich), H Ziesakplaza, 0208/820280, www.timm-frische.de

Wer sich ein bisschen Urlaubsgefühl zurückholen möchte, ist im Feinkostgeschäft **ValDani** an der richtigen Adresse. Pasta in allen Formen, Öle, Espressobohnen, Tomaten und sogar Putzmittel, damit das Zuhause wie in Italien riecht, gibt es bei Danilo Atzeni zu kaufen. KundInnen bleiben gerne auf einen Espresso oder probieren eines der hervorragenden Mittagsgerichte. Wer ein Geschenk sucht, kann sich einen Präsentkorb packen lassen.
Goebenstraße 75 (Innenstadt),

Bei Valdani gibt's italienische Spezialitäten.

Mo–Fr 10–18.30 (Küche 12–15.30 Uhr), Sa 10–15 Uhr (Küche 12–14 Uhr), H Paul-Reusch-Straße, 0208/89957291, www.valdani-oberhausen.de

Salz und Zucker lautet die Devise der kleinen syrischen Bäckerei an der Mülheimer Straße, wobei der Schwerpunkt eindeutig auf Süßem liegt: In der Auslage warten zahlreiche Baklava-Variationen – Blätterteigpasteten, gefüllt mit Pistazien oder Nüssen. Hinter »Knafeh«, einem anderen Traditionsdessert, verbirgt sich ein gebackener Weichkäse, der von Fäden ummantelt und mit Zuckerwasser übergossen wird. Kulinarischer Tipp: Sogar das Eis wird selbst hergestellt. Die Zutaten werden dafür gestampft, nicht gerührt.
Mülheimer Straße 115 (Marienviertel), Mo–So 11–21 Uhr, H Rathaus, 0208/38567724

Die Besinnung auf einen gesunden Lebensstil ist keine Erfindung der vergangenen Jahre. Schon 1925 gründete Arthur **Kaubisch** das gleichnamige Reformhaus, das heute von seinem Enkel geführt und zu einer Kette ausgebaut wurde. Die Anhänger setzten sich für eine naturnahe Lebensweise, ökologische Landwirtschaft, Vegetarismus und Naturheilkunde ein. Das Stammgeschäft befindet sich noch heute in der Lothringer Straße.
Lothringer Straße 6 (Innenstadt), Mo–Fr 9–18 Uhr, Sa 9–14 Uhr, H Anne-Frank-Realschule, 0208/22020, www.vita-nova.de

Im Geschäft **Almaher** duftet es nach frisch gerösteten Nüssen. Macadamia-, Para-, Wal- oder Haselnüsse warten in der Auslage. Dazu pikant gewürzte Pistazien, Cashewkerne und geräucherte Mandeln. Die Familie von Omar Almasalmar stammt aus Syrien, hatte bereits dort eine Rösterei. Als sie vor ein paar Jahren nach Deutschland kam, nirgends so leckere Nüsse wie in ihrer Heimat fand und nicht mehr vom Amt abhängig sein

wollte, entwickelte sie die kernige Idee, ein Fachgeschäft in Oberhausen zu eröffnen. Ähnlich wie beim Prinzip »gemischte Tüte« kann jeder selbst entscheiden, welche Nüsse kombiniert werden sollen.
Friedrich-Karl-Straße 48 (Innenstadt),
Mo–Sa 11–20 Uhr, H Friedrich-Karl-Straße,
01573/2272242

Auf der rechten Seite des **Dieckerhofes** grunzen die Schweinchen, links herum geht's zur Landfleischerei. »Vom Erzeuger zum Verbraucher« lautet das Motto des traditionsreichen Familienbetriebs von der Bey, der seit rund 130 Jahren Schweine und Bullen hält und vermarktet. KundInnen stehen Donnerstag und Freitag Schlange. Beliebt sind auch der Mittagstisch oder der »Metzger Burger«, eine Frikadelle mit Brötchen. Direkt aus der Pfanne ist sie ein echter Renner. Eier, Äpfel und Saft von befreundeten Höfen runden das Sortiment ab. Zum Hof gehört ein Streichelzoo. Um Kindern und interessierten Erwachsenen zu vermitteln, wie Landwirtschaft in der Stadt funktioniert, werden auch Führungen angeboten.
Dieckerhoffstraße 1 (Dümpten), H Dümpterkamp,
Mi 8.30–15 Uhr, Do & Fr 8.30–18 Uhr,
0208/870634, www.dieckerhof.de

Einer der ältesten Bauernhöfe Oberhausens, der **Lepkeshof**, liegt im Drei-Städte-Eck – unweit der Hauptstraße und doch ziemlich idyllisch. Nur ein paar Meter hinter dem Hofladen beginnt Mülheim, zur anderen Seite Essen. 17 verschiedene Apfelsorten wachsen an hunderten Bäumen. Sie eignen sich zum Naschen und Backen – sogar AllergikerInnen finden welche. Ab Mai gibt's bei Bauer Johannes Scheidt zudem Erdbeeren, später auch Kirschen. Spaß für die ganze Familie bringt es, zur Saison Äpfel und Erdbeeren selbst zu pflücken. Das Sortiment des Hofladens beschränkt sich nicht nur auf Obst. Andere LandwirtInnen aus

17 verschiedene Apfelsorten gibt es auf dem Lepkeshof.

der Region steuern Eier, Fleisch und Gemüse bei. Soßen, Gewürze, feine Schokolade oder Brot sorgen für eine Komplettversorgung.
Mühlenstraße 128 (Dümpten), H Dümpten,
Mo–Fr 9–18.30 Uhr (von Oktober bis März 9–18 Uhr), Sa 9–14 Uhr,
0208/69808457, www.lepkeshof.de

Am Sonntag stehen die KundInnen vor der **Bäckerei Kühnen** Schlange, um sich ein Stück Kuchen oder Torte zu sichern. Empfehlenswert ist auch das Brot, das im Holzofen gebacken wird.
Bebelstraße 259 (Alstaden), H Alsterfeld,
Mo 6–13 Uhr, Di–Fr 6–13 Uhr & 15–18 Uhr,
Sa 6–14 Uhr, So 12.30–16 Uhr, 0208/842597

MÄRKTE

Heinz Wagner und Uwe Muth hatten vor ein paar Jahren den Plan, den Saporoshje-Platz zu beleben und organisierten deshalb den **Feierabendmarkt**. Das Konzept ist geglückt. Der Markt hat sich zu einem beliebten Treffpunkt für gesellige FeinschmeckerInnen etabliert. HändlerInnen bieten frische Waren feil, GastronomInnen fahren mit Foodtrucks vor. Geboten wird alles zwischen Currywurst und Dolce Vita. Das Flair ist geradezu mediterran. Ab und zu wird auch Livemusik gespielt. Im Winter zieht der Markt zum Zentrum Altenberg. Unbedingt hingehen – es gibt wenige Gelegenheiten, bei denen Oberhausen schöner wirkt.

April bis Oktober Saporoshjeplatz (Innenstadt), Dezember bis März Hansastraße 20 (Lirich), jeden zweiten Donnerstag 16–20 Uhr, H Hauptbahnhof, www.feierabendmarkt-oberhausen.de

MODE & DESIGN

Move it ist das Motto und der Geschäftsname von Maren Haacken. Die Karnevalistin ist seit vielen Jahren im jecken Tanzsport aktiv und hat schon früh begonnen, die Kleider für Tanzmariechen zu entwerfen. Inzwischen schneidert sie für Jecke ihre Tanzuniformen, verkauft aber auch Schuhe, Steinchen oder Federn für Hüte. An straff organisierten Karnevalswochenenden bietet die Expertin einen Strumpfhosen-Notfallservice an und liefert schnell Ersatz, wenn's eine Laufmasche gibt.

Roonstraße 75a (Alt-OB, im Hinterhof), Di–Fr 13–19 Uhr, Sa 10–15 Uhr, H Roonstraße, 0208/46843600, www.move-it.nrw

Stella Höffken-Juliano betreibt das Atelier Wunder.

Die Wunderstraße ist keine Fantasie-Adresse, sondern liegt mitten in Lirich. Folglich hat Stella Höffken-Juliano ihr kleines Geschäft auch **Atelier Wunder** genannt. Hier fertigt die Diplom-Designerin Waldorf-Rollmäppchen, Eurythmiebeutel und faire Babykleidung. Wenn die Kinder schon etwas größer sind und selbst Interesse haben, etwas zu nähen, können sie bei ihr einen Nähkurs besuchen. Zunächst machen die tapferen Schneiderlein einen Nähmaschinen-Führerschein, anschließend können sie ihr erstes kleines Projekt verwirklichen. Infos und Termine: www.facebook.com/atelierwunder.

Wunderstraße 1 (Lirich), H Wilmsstraße, 0157/38792312

Thomas Grefermann ist ein stattlicher Kerl. Mit seinem Geschäft **Große Größen Grefermann** hat er sich auf Kunden »mit Format« spezialisiert und führt Mode zwischen XL und 12XL, darunter schicke Anzüge, legere Shirts und Hosen. Jacken gibt es bis Größe 89. Hemden ab einer Halsweite von 56 Zentimetern werden angefertigt. Ein Änderungsschneider übernimmt notwendige Anpassungen.

Havensteinstraße 31 (Innenstadt), Mo–Fr 10–18 Uhr, Sa 10–15 Uhr, H Marktstraße, 0208/8106808, www.ggg-herrenmode.de

Bei **Schuhmacher Kahl** werden Treter nicht nur repariert oder orthopädisch angepasst – es gibt eine Auswahl hochwertiger Markenschuhe. Wer möchte, kann sich seine Schuhe nach Maß anfertigen lassen. Meistens sind es Modelle für Männer, die individuell entstehen. Ab 1.300 Euro kostet der Service. Rund drei Monate dauert es, bis das Paar fertig ist. In der Vergangenheit hat die Familie bei den MusicaldarstellerInnen, die im Metronom-Theater auftraten, dafür gesorgt, dass sie bequem über die Bühne tanzen konnten.
Gewerkschaftsstraße 66 (Innenstadt), Mo–Fr 10–15 Uhr, Sa 10–14 Uhr & nach Terminabsprache, H Marktstraße, 0208/22958, www.schuhmacher-kahl.de

Derbe Klamotten und feine Accessoires: Zum wunderbaren In Hostel Veritas gehört der kleine Shop **Hostels Gretel**. Christina Antwerpen verkauft hier individuelle Mode wie vom Hamburger Klamottenlabel Derbe, den Oberhausener Pottpeople und den Gelsenkirchener Macherinnen von Fisch und Apfelmus. Die Kleidung ist überwiegend nachhaltig produziert und steht für Lässigkeit. Gretel steht nicht nur Hostelgästen offen, sondern allen, die nicht bei großen Ketten shoppen wollen. Darauf einen Grubenmädchen-Gin – der darf im Portfolio nicht fehlen.
Essener Straße 259 (Knappenviertel), Mi–So ab 17 Uhr, H Zeche Oberhausen, 0208/8690884, www.in-hostel-veritas.de

Im Hostels Gretel wird nachhaltige Kleidung angeboten.

Wolfgang Wonsyld setzt sich seit Jahren dafür ein, dass die Leute gerne in der Oberhausener Innenstadt einkaufen. **Wonsyld** hat sich schon früh auf Wanderer spezialisiert. LäuferInnen können sich bei ihm mit Schuhwerk, Jacken, Stöcken, Socken und allerlei Outdoor-Zubehör namhafter Marken versorgen. Um zu testen, ob die Schuhe wirklich passen, kann man vor Ort über ein Schotterbett gehen oder einen kleinen Anstieg bewältigen.
Stöckmannstraße 84 (Alt-OB), Mo–Fr 10–13.30 & 14.30–18.30 Uhr, Sa 9.30–16 Uhr, H Friedrich-Karl-Straße, 0208/22932, www.sport-wonsyld.de

Das **Miederwarenfachgeschäft Felicitas Höltge** ist ein Kleinod, das etwas aus der Zeit gefallen wirkt. Die Mitarbeiterinnen erkennen auf den ersten Blick, in welche BH-Schublade sie greifen müssen. Stützendes ist hier genauso einsortiert wie modernsexy Lingerie mit Spitze. Schon vor 70 Jahren hat die Mutter der Chefin angefangen, Mieder und Co. zu schneidern. Deshalb gibt es noch immer eine Werkstatt, in der Liebhaberstücke repariert werden können.
Paul-Reusch-Straße 53 (Alt-OB), Mo–Fr 9–18.30 Uhr, Sa 9–14 Uhr, H Paul-Reusch-Straße, 0208/22704, www.facebook.com/FelicitasHoeltgeMieder-WaescheBademoden

Blumen, jahreszeitliche Deko und andere schöne Dinge gibt es in der

Floristeria bei Selina Marquardt und Jana Stolz. Die eine Schwester ist gelernte Floristin und hat schon früh ihre Liebe zu Blumen entdeckt. Die andere ist Einzelhandelskauffrau mit Faible für Dekoration. Alles, was man hier sieht, kann man kaufen – das gilt auch für die Tische oder Regale. Auf internationalen Messen lassen sie sich von neuen Trends inspirieren, die dann in ausgefallene Sträußen, Kränzen oder Gestecken umgesetzt werden. Bei Workshops geben sie ihr Wissen an die KundInnen weiter.
Langemarkstraße 18 (Innenstadt), Mo–Di, Do–Fr 10–18 Uhr, Sa 10–14 Uhr, H Hauptbahnhof, 0208/74153061, www.floristeria-stolz.de

Axel **Schmiemann** betreibt das wohl exklusivste Geschäft in der Innenstadt. Mit seiner Uhrmacher-Werkstatt lockt er KundInnen aus ganz NRW nach Oberhausen – und bietet ihnen Edles fürs Handgelenk, darunter Breitling-Chronometer oder Rolex. Mehrere tausend Euro kosten die Schmuckstücke, deshalb betreten BesucherInnen den Verkaufsraum auch durch eine Sicherheitsschleuse. Das Herzstück des Familienbetriebs ist die Werkstatt, ausgestattet mit Spezialgeräten und einer von den Herstellern vorgeschriebenen Luftzirkulation. Dem Chef ist wichtig, dass niemand Berührungsängste haben muss. Es gibt Uhren, die starten preislich bereits ab 150 Euro.
Elsässer Straße 44 (Innenstadt), H Marktstraße, Mo–Fr 10–18.30 Uhr, Sa 10–16 Uhr, 0208/4124860, www.uhren-schmiemann.de

Möbelhäuser müssen keine riesigen Hallen auf der grünen Wiese sein. Möbel **Hülskemper** präsentiert seine Ausstellungsstücke in mehr als 40 Räumen. Das Einrichtungshaus ist im

Stephan Hülskemper führt das Möbelhaus in dritter Generation.

Gertrud-Zillich-Haus, einem ehemaligen Mädchenheim an der Marktstraße, untergebracht. Stephan Hülskemper führt das Traditionsunternehmen in der dritten Generation. Die BesucherInnen bekommen einen realistischen Eindruck, wie Betten, Sofas, Lampen und Co. bei ihnen zu Hause wirken könnten. Dank der Modeleidenschaft von Barbara Hülskemper finden Damen im Erdgeschoss eine Boutique mit exquisitem Schmuck und Kleidung. Zweimal im Jahr werden Modenschauen veranstaltet.
Marktstraße 193–195 (Innenstadt), Di–Fr 10–19 Uhr, Sa 10–16 Uhr & Termine nach Vereinbarung, H Obere Marktstraße, 0208/806563, www.huelskemper.de

Wolfgang **Wölfer** und sein Team rücken Räume ins rechte Licht. Auf 700 Quadratmetern präsentiert der Fachmann unterschiedliche Lichtkonzepte: Kleinere Exemplare für Schreibtische, üppige Leuchter, moderne LED-Strahler oder Modelle, die mit farbigen Linsen eine warme Atmosphäre schaffen. Private Wohnungen statten die Experten übrigens genauso aus wie zum Beispiel Kirchen.
Mülheimer Straße 52 (Marienviertel), Mo–Fr 10–19 Uhr, Sa 10–16 Uhr (Juli–September 10–14 Uhr), H Marienkirche, 0208/880690, www.lampenwoelfer.de

Sabine und Fritz **Suthoff** betreiben nicht einfach nur ein Blumen- und Gartenbaugeschäft, sondern offerieren auf 2.000 Quadratmetern »Grünes und Schönes«. Untergebracht ist der Laden in einer ehemaligen Glasfabrik. Wo früher malocht wurde, bieten sie ihren KundInnen eine »Inspirationsquelle für Freizeit und Entspannung«. Manchmal gibt's Sommerfrühstücke, Nachmittags-Picknicks und eine beliebte Adventsausstellung.

Hermann-Albertz-Straße 188–190,
Mo & Mi–Fr 9.30–13 Uhr & 14–18.30 Uhr,
Sa 10–14 Uhr, H Blücherplatz, 0208/25137,
www.suthoff-online.de

ORIGINELLES & ORIGINALE

Bei der Caritas finden Menschen mit Beeinträchtigungen ganz unterschiedliche Beschäftigungsmöglichkeiten. In den Werkstätten entstehen zum Beispiel Windspiele, handgefertigte Taschen oder Deko-Artikel. Verkauft werden die ebenso schönen wie nützlichen Produkte im **Laden**.

Mülheimer Straße 111 (Alt-OB), H Rathaus,
Mo–Fr 9.30–14 Uhr, 0208/30717790,
www.caritas-oberhausen.de

Seit 30 Jahren betreibt Gabriele Gerard ihr Geschäft **Puppenhaus**, zu dem StammkundInnen von weit her anreisen. Wer ein Ersatzbeinchen oder neue Kleidung für seine Puppen sucht, wird bei ihr fündig. Unter dem Motto »Nostalgie für sie« führt sie auch Porzellan, Geschirr, Deko und allerlei anderes im Sortiment.

Langemarkstraße 20 (Alt-OB), H Hauptbahnhof,
Mo–Fr 14–19 Uhr, Sa 10–15 Uhr,
0208/23731, www.das-puppenhaus.de

Das Puppenhaus bietet Ersatzteile für Puppen.

Im Spielwarenfachgeschäft **Lausberg** gibt's Puppen, mit denen hat Chefin Ursula Lausberg schon als Kind gespielt. Der Zusatz »Spiel Spaß natürlich« signalisiert schon – die ExpertInnen haben sich auf langlebige Klassiker spezialisiert: Holzklötze, Spielesammlungen, Bastelutensilien, Figuren, Bücher, Murmeln ... Barbie oder Trends sucht man vergeblich. Seit 1989 existiert das Geschäft. Hier wären auch Erwachsene gerne noch mal Kind.

Langemarkstraße 20 (Alt-OB), H Hauptbahnhof,
Mo–Di & Do–Fr 10–13.30 Uhr & 15–18.30 Uhr,
Mi 10–13.30 Uhr & 16–18.30 Uhr, Sa 10–14 Uhr,
0208/201836, www.spielspassnatuerlich.de

Ingrid Perra hat ihr Hobby zum Beruf gemacht. Handarbeiterinnen, die sich auf Patchwork oder Quilten, also das Zusammensetzen hübscher Decken aus verschiedenen Stoffquadraten, spezialisiert haben, sind bei ihr an der richtigen Adresse. In ihrem Fachgeschäft **Country Quilt** kann man sich mit Stoffen und Zubehör ausstatten. Außerdem gibt es Materialpackungen für fertige Projekte. Darin ist dann alles, was man für ein Kissen oder die Tischdecke braucht, enthalten. Auch Kurse sind zu buchen.

Flockenfeld 104 (Alstaden), H Fröbelplatz,
Di–Sa 10–13 Uhr & Di & Do 15–18 Uhr,
0208/84 84 79 09, www.countryquilt.de

Kleidung für Erwachsene, Tischdecken, Gardinen, Handtücher, Spielzeug oder feines Kaffeeporzellan: Im **Interladen des Friedensdorfes** werden gut erhaltene Spenden verkauft, die im Friedensdorf selbst keine Verwendung finden. Der Erlös fließt in die Arbeit der Hilfsorganisation.
Lothringer Straße 21 (Innenstadt),
Mo–Fr 10–18 Uhr, Sa 10–14 Uhr,
H Anne-Frank-Realschule, 02064/49740,
www.friedensdorf.de

Selbermachen liegt im Trend. Zum Glück gibt's die **Nähkiste**. Im Ladenlokal an der Lothringer Straße wird Hobby-NäherInnen eine große Auswahl an Stoffen, Garnen und Kurzwaren geboten. Wem das noch nicht reicht, der sollte den Großhandel an der Alleestraße besuchen. Zweimal im Jahr findet ein Sonderverkauf statt.
Großhandel: Alleestraße 4 (Innenstadt),
Mo–Fr 10–16 Uhr, H Alleestraße, 0208/4687412
Ladenlokal: Lothringer Straße 4 (Innenstadt),
Mo–Fr 10–18 Uhr, Sa 10–14 Uhr,
H Anne-Frank-Realschule, 0208/803982,
www.die-naehkiste-dohmen.de

MUSIK & LITERATUR

Das lustige Taschenbuch, Manga-Comics oder Graphic Novels stehen bändeweise in den Regalen des **Comic Centrum Oberhausen**. Das Fachgeschäft für fantasievolle Geschichten und Zeichnungen bietet Fans nicht nur neuen Lesestoff, sondern allerlei Merchandise-Artikel. Große Auswahl.
Havensteinstraße 48 (Innenstadt),
Mo–Fr 12–18.30 Uhr, Sa 10–15 Uhr,
H Marktstraße, 0208/27005,
comiccentrum.wordpress.com

Die alteingesessene Firma **Gentsch** vereint einen Bürofachmarkt mit einer fein sortierten Buchhandlung. Schmöker gibt es ebenso wie Schulranzen, Papier und allerlei anderes Zubehör für die Schule. Solche Geschäfte, zumal in zentraler Innenstadtlage, sind selten geworden. Eine gute Beratung gehört zum Service dazu.
Wörthstraße 8–10 (Innenstadt), H Marktstraße,
Mo–Fr 9–18.30 Uhr, Sa 9–14 Uhr,
0208/857799, www.gentsch.de

Ein Hauch Frankreich bringt das Antiquariat **Librairie** nach Alstaden. Gründer Dirk hat in der ehemaligen Bäckerei für sich einen Ort der Ruhe schaffen wollen und teilt diesen mit anderen. In den Regalen stehen Schätzchen ab 1800, von Goethes Werken, Literatur-Klassikern, Technik-Fachbüchern bis hin zu historischen Ausführungen über Oberhausen. Im Laden riecht es angenehm nach altem Papier.
Flockenfeld 8 (Alstaden), Do 16–21 Uhr,
Mo–Mi unregelmäßig ab 19 Uhr, H Flockenfeld,
Terminvereinbarung unter librairie@gmx.d

Alte Schätzchen in der Librairie

Neue Mitte

Spaziergang rund um das Centro

(rund 8 km)

Start & Ziel: Coca-Cola-Oase

Willkommen im **Westfield Centro** – dem bekanntesten und beliebtesten Anziehungspunkt in Oberhausen. Mehr als 20 Millionen BesucherInnen zählt das Center nach eigenen Angaben jedes Jahr. Viele kommen aus anderen Ecken Deutschlands, einige auch aus Belgien, den Niederlanden und anderen europäischen Ländern. Für alle, die nicht nur neue Kleidung einkaufen wollen, sondern auch etwas über die Geschichte des riesigen Geländes der ehemaligen Gutehoffnungshütte erfahren möchten, bietet sich dieser Spaziergang an. Vorbei geht's an populären Sehenswürdigkeiten wie dem Gasometer, der Ludwiggalerie Schloss Oberhausen und der spektakulären Brücke »Slinky Springs to Fame« durch den idyllischen Kaisergarten. Im eher unscheinbaren benachbarten Industriegebiet und entlang der Hauptstraße lassen sich zudem (kulinarische) Geheimtipps und kulturelle Institutionen entdecken.

Start ist auf der Promenade vor der **Coca-Cola-Oase** ❶. Das Rondell, in dem Centro-BesucherInnen schnell ihren Hunger stillen können, wurde in den vergangenen Jahren aufwändig modernisiert. 20 Restaurants zählt der in Grün und Anthrazit gehaltene Bereich. 1.380 Gäste finden hier, verteilt auf zwei Etagen, Platz. Damit ist der Schlemmertempel oder Foodcourt, wie man wohl neudeutsch sagt, der zweitgrößte in Europa. Die Sitzgelegenheiten gruppieren sich um einen Brunnen. Die begrünten Innenwände machen nicht nur optisch was her, sondern sollen auch für eine bessere Akustik sorgen. An vielen Sitzgelegenheiten befinden sich zudem Steckdosen und USB-Anschlüsse für Handys. Per WLAN können die Fotos vom Essen direkt an Freunde geschickt werden. Auf der oberen Etage wurde eine Spielecke samt Indoor-Klettergerüst für Kinder eingerichtet.

Das **Centro** wurde am 12. September 1996 eröffnet. Die Planungen für die »Neue Mitte« begannen schon Jahre zuvor. Streng genommen gibt es den Stadtteil »Neue Mitte« gar nicht, er gehört zu Alt-Oberhausen. Doch mit der Entwicklung wollte man ein verbindendes Element zwischen Alt-Oberhausen, Osterfeld und Sterkrade schaffen. Das Gelände wurde im Volksmund »Verbotene Stadt« genannt. Über Generationen wurde hier malocht. An den Toreinfahrten und Außenmauern war für Betriebsfremde Schluss. Ursprünglich als reiner Bergbau- und Hüttenbetrieb gegründet, waren bei der Gutehoffnungshütte, Aktienverein für Bergbau

Rund 20 Millionen BesucherInnen zählt das Westfield Centro jedes Jahr.

und Hüttenbetrieb (GHH), in dem späteren Konzern alle Montansektoren, vom Bergbau über Eisen- und Stahlerzeugung samt Weiterverarbeitung, Maschinenbau und Spedition, zusammengefasst. Die Hütte, einziges Unternehmen weit und breit, hatte den Ruf der Stadt als »Wiege der Ruhrindustrie« mitbegründet. Stellen Sie sich vor: Dort, wo Sie gerade stehen, verliefen früher kreuz und quer Rohrleitungen, standen Fabrikhallen, stapelten sich Kohle und anderes Material. 143 Hektar war das Gelände groß.

Fast nichts von alledem ist geblieben – mit Ausnahme einer Stahlwerkshalle, des Gasometers und verschiedenen Verwaltungsgebäuden, darunter der Peter-Behrens-Bau. Den sehen Sie später. Nun spazieren Sie erst einmal rechts herum, am Kino vorbei, Richtung **Heinz-Schleußer-Marina** ❷. Bis Sie das Hafenbecken erreichen, sind es nur wenige Schritte. Der ehemalige NRW-Finanzminister und gebürtige Oberhausener Schleußer besaß einen Segelschein und war im Urlaub als Hobbyskipper unterwegs – doch deshalb wird noch keine Marina nach jemandem benannt. Der ehemalige Gewerkschaftssekretär und langjährige IG-Metall-Bevollmächtigte, zu dessen Schwerpunkt ausgerechnet die ehemaligen GHH- und späteren Thyssen-Flächen gehörten, kümmerte sich um die sozialverträgliche Gestaltung des Strukturwandels. Erste Pläne, was mit dem Areal passieren sollte, scheiterten. 1991 kaufte schließlich der britische Investor Eddie Healey einen Teil der Fläche. Er hatte bereits eine Industriebrache in Sheffield erfolgreich zu einer Shoppingmall umfunktioniert – und überzeugte die Kommunalpolitiker mit seinen Plänen. Andernorts war man indes nicht so begeistert. Zahlreiche Nachbarstädte hatten gegen die Ansiedlungspläne geklagt, weil sie fürchteten, dass die Leute fortan nur noch in Oberhausen einkaufen würden. Doch der Verfassungsgerichtshof des Landes wies die Klagen gegen die Neue Mitte zurück.

Die Marina wurde nach Ex-NRW-Finanzminister Schleußer benannt.

Ab 1992 rollten die Bagger und rissen die alten Industrieanlagen ab. Der damalige Oberbürgermeister Friedhelm van den Mond erinnert sich an diese aufregende Zeit in einem Interview so: »Sonst ewig dauernde Vorhaben wurden zu Angelegenheiten von ganz wenigen Jahren.« Bei der Grundsteinlegung des Centros im Jahr 1994 zeigte sich denn auch Landesvater Johannes Rau überzeugt, dass die Ansiedlung einen Impuls für die Entwicklung des gesamten Ruhrgebiets geben werde. »Hier wird nichts Gigantomanisches, keine Monostruktur entstehen; nicht nur Gewerbe oder nur ein Einkaufszentrum, sondern es wird hoffentlich eine gute Mischung geben aus Arbeit und Freizeit, Sport und Einkaufsgelegenheiten, Kultur und Bildung.«

Bei der Eröffnung 1996 gab es dann kein Halten mehr: Direkt am ersten Tag kamen 140.000 Neugierige. Weil Menschen drohten, durch die Schaufensterscheiben gedrückt zu werden, musste die Mall sogar für eineinhalb Stunden schließen. Und zum Centro-Auftakt meldete auch McDonald's einen Rekord: Alle Hamburger waren ausverkauft! Das gab es noch nie.

Zum 25. Geburtstag im Jahr 2021 wurde das Einkaufszentrum vom Betreiber Unibail-Rodamco-Westfield in »Westfield Centro« umbenannt. »Westfield« gilt als Top-Marke für Shopping-Malls im angelsächsischen Raum. Damit rückt Oberhausen in eine Reihe mit Städten wie New York, London oder Paris auf. Für OberhausenerInnen bleibt das Centro aber wohl immer einfach das Centro.

TIPP

Eine Übernachtung mit dem Wohnmobil an der Marina kostet 15 Euro, inklusive Strom und Nutzung der sanitären Einrichtungen. BootsbesitzerInnen zahlen 1,50 Euro pro Meter.

Wie viel Wert die Planer auf Freizeit-Aktivitäten legten, wird rund um die Marina deutlich. 70 Plätze für Freizeitkapitäne gibt es. War die Stadt bei der Eisenbahnanbindung ganz vorne mit dabei, hat es knapp 160 Jahre gedauert, bis aus Oberhausen eine Hafenstadt wurde. Zur Eröffnung wurden Donauwellen serviert …

Der angrenzende **Aquapark** ❸ ist nach Eigenwerbung das einzige Bergbau-Erlebnisbad der Region. Denn auf die verrückte Idee, ausgerechnet die Kumpelkulisse als Gestaltungselement für ein Spaßbad zu nutzen, ist man anderswo in der eher durch Plastikpalmen geprägten Welt der Schwimmbad-Architekten

Unter der Glaskuppel im Aquapark steht ein Förderturm.

sonst noch nirgendwo gekommen. Besonders stolz sind die Macher auf den 18 Meter hohen Förderturm unter der Glaskuppel. Die Schwimmbecken teilen sich in verschiedene Reviere auf: Es gibt einen Freibadbereich, ein Sportrevier – und das Erlebnisrevier.

2010 fand in dem Spaßbad die erste deutsche Meisterschaft im Kumpelrutschen statt. Etwas ruhiger mag es »Bubi«. Das Grubenpferd steht im Kinderbecken und speit Wasser.

Gegenüber im **Sea Life** ❹ bleiben BesucherInnen hingegen trocken, bewegen sich aber trotzdem durch eine faszinierende Unterwasserwelt. Mit über zwei Millionen Litern Wasser und rund 5.000 Meeresbewohnern gehört das Aquarium zu den größten in Deutschland. Es werden unterschiedliche Lebensbereiche präsentiert. Vom Rhein geht's bis hinab in die Tiefsee und zum riesigen Ozean. Unterwegs lernen Kinder spielerisch, warum es gar nicht gut ist, Plastiktüten zu benutzen. Der Müll wabert nämlich durch das Meer und kann von Fischen gefressen werden. Um die jungen Schwarzspitzen-Riffhaie im Haikindergarten oder die flunderflachen Rochen aus nächster Nähe zu beobachten, kann man durch einen Tunnel krabbeln.

Die dicke Schildkröte Twiggy lässt sich hingegen durch nichts aus der Ruhe bringen. Vielleicht hat sie aber auch schlechte Laune, denn die TierpflegerInnen haben sie auf Diät gesetzt. 140 Kilo wiegt die Meeresschildkröte. Nun ist Schluss. Wenn die TaucherInnen manchmal ins Ozeanbecken müssen, beispielsweise, um die Scheiben zu säubern, füttern sie Twiggy vorher, sonst würde das Tier keine Ruhe geben.

Die Oktopusse müssen sich ihre Leib- und Magenspeise, Muscheln, erst verdienen. Um sie zu beschäftigen, bekommen sie verschraubte Gläser serviert. Jacques ist so geschickt mit seinen Tentakeln, dass er alles locker aufgeschraubt bekommt. Jacques' Vorgänger, Paul, hatte übrigens noch ganz andere Fähigkeiten. Als 2010 die Fußball-Weltmeisterschaft in Südafrika stattfand, sagte Paul die Ergebnisse der Spielpartien jeweils richtig voraus. Sogar, dass Spanien Weltmeister würde. Die SpanierInnen hatten den »Pulpo« danach so sehr ins Herz geschlossen, dass sie ihn nicht nur zum Ehrenbürger der Tintenfisch-Stadt Carballiño machten. Auch heute kommen noch immer viele SpanierInnen nach Oberhausen und erkundigen sich, wie es wohl Paul gehe. Die traurige Nachricht: Der Krake, wohl der Einzige, der einen eigenen Wikipedia-Eintrag hat, ist am 26. Oktober 2010 verstorben.

Im Sea Life lernen die Kinder spielerisch.

Die Giraffe besteht aus 40.000 Legosteinen.

In dem Bereich rund um die Marina gibt es noch viele andere Attraktionen zu entdecken. Mit einer Spezialbrille kann man bei **7th Space** ❺ in virtuelle Welten eintauchen oder sich im Trampolinpark **Tiger Jump** ❻ austoben. Vom Sea Life geht's nun wieder zurück Richtung Centro-Promenade, vorbei an der riesigen Giraffe. Das Tier mit dem langen Hals besteht aus rund 40.000 Lego-Steinen und ist das Markenzeichen des **Legoland Discovery Centers** ❼. Kinder und Familien können hier Städte planen, zusehen, wie die kleinen Steine entstehen und selbst kreativ werden. Die Legoland-Konstrukteure haben drinnen viele Bauwerke aus der Region in Miniaturformat nachgebaut – unter anderem den Duisburger Innenhafen oder den Gasometer. Die »echte«, 117 Meter hohe Tonne, längst das Wahrzeichen der Stadt, können Sie schon am Horizont sehen.

Bevor Sie sich dem Gasometer nähern, schlendern Sie zunächst über die 400 Meter lange **Promenade** ❽, an der sich Restaurant an Restaurant reiht. Abends, vor allem an den Wochenenden, verwandelt sich die Meile in ein Amüsierviertel. Der ehemalige Centro-Park wird übrigens zu dem Bauernmarkt und Freizeitpark **Karls Erlebnis-Dorf** umgebaut. Handwerk, Gastronomie, Naturerlebnis und Fahrgeschäfte werden hier zusammengeführt.

Am Ende mündet die Promenade in den *Platz der Guten Hoffnung*. Der Name erinnert an die Zeit der Gutehoffnungshütte. Geradeaus blicken Sie auf die **König-Pilsener-Arena** ❾. Sie sorgt dafür, dass die Stars von Welt nicht nur Berlin, München, Hamburg oder Köln in Deutschland verorten, sondern auch Oberhausen.

Am Wochenende wird die Centro-Promenade zur Amüsiermeile.

Keine Frage, die Arena hat der Stadt zu mehr Glamour verholfen – und zu mehr Anekdoten. Popsternchen Justin Bieber verwechselte bei seinem Auftritt prompt Oberhausen mit Düsseldorf – lauter Protest. Peter Gabriel war mit polnischen Musikern auf Tour, die authentische polnische Gerichte wollten. Sie kehrten im Gdanska am Altmarkt ein, und gaben als Zugabe noch ein kleines Privatkonzert. Und bei Schuhmacher Kahl, der seine Werkstatt in der Oberhausener Innenstadt betreibt und dort Treter nach Maß anfertigt, spazierten auf einmal die Masken-Rocker »Kiss« hinein. Einem von ihnen war vor der Show der Absatz abgebrochen. Also musste schnell Ersatz her. Die Fans haben von dem Malheur später nichts gemerkt.

Udo Jürgens und Justin Bieber waren schon hier.

Vom *Platz der Guten Hoffnung* gehen Sie nun die Treppen zur Arena hinauf und laufen dann rechts an der Halle und den VIP-Eingängen vorbei zu den Parkplätzen. An der Straße halten Sie sich rechts und folgen der Arenastraße. Auf der rechten Seite entdecken Sie die Sportanlage des Oberhausener Tennis- und Hockey-Clubs (OTHC). Bereits seit 1904 wurde am Kaisergarten Tennis gespielt. Der Verein wurde 1923 gegründet. Was viele vielleicht nicht wissen: Lange Jahre duellierte sich der **OTHC** ❿ mit dem Sport-Club Rot-Weiß Oberhausen (RWO), der ebenfalls eine erfolgreiche Hockey-Abteilung hatte. Als jedoch spielstarke Cracks 1949 von RWO auf die andere Seite des Kanals wechselten, wurde der OTHC mit Abstand die Nummer eins im Oberhausener Hockey. Im Zuge des Centro-Baus siedelte der Verein 1998 dann vom Kaisergarten an den Rand des Centros um.

TIPP

Das Restaurant am Gasometer steht nicht nur Vereinsmitgliedern offen. Aufgetischt werden mediterrane Speisen. Im Sommer kann man schön draußen sitzen.

Sie folgen der Arenastraße, gehen unter einer Brücke hindurch und stehen vor dem Eingang des **Gasometers** ⓫. Der Rundling wurde zwischen 1927 und 1929 als Speicher für Gichtgas gebaut, das als Abfallprodukt der umliegenden Hochöfen anfiel. Die Kosten in Höhe von 1,74 Millionen Reichsmark waren beträchtlich, haben sich für die Gutehoffnungshütte allerdings innerhalb eines Jahres bezahlt gemacht. In Betrieb war der Gasometer schließlich bis 1988. Denkmalschützer setzten sich vehement für den Erhalt ein. 1992 entschieden Oberhausener PolitikerInnen, den Gasometer zu kaufen, in eine Landmarke umzuwandeln und in die Planungen für die Neue Mitte zu integrieren.

Zwischen 1993 und 1994 wurde das Bauwerk für 16 Millionen D-Mark zu Europas höchster Ausstellungshalle umgebaut. Bereits mit der Eröffnung der ersten Schau »Feuer und Flamme« am 22. Juli 1994 machte sich der Gasspeicher als »Kathedrale der Industriekultur« einen Namen.

Der Gasometer wurde eineinhalb Jahre lang renoviert.

Die graue Hülle, die den Gasometer zwischen 2020 und 2021 einige Monate lang umgab, war allerdings keine Kunst, sondern Teil einer riesigen Sanierungsmaßnahme – auch eine Tonne braucht nämlich Pflege. In all den Jahren ist das Industriedenkmal immer wieder angestrichen worden. Stellenweise befanden sich zwischen acht und 14 verschiedene Farbschichten an der Außenwand. Und darunter: Rost, der schon erste Löcher gebildet hatte. Also musste der Lack ab, die undichten Stellen mussten ausgebessert und neuer Korrosionsschutz aufgetragen werden. Ein Megaprojekt – die Gasometerhülle misst schließlich 70.000 Quadratmeter, das sind umgerechnet zehn Fußballfelder. Damit die bleihaltigen Farbrückstände nicht durch die Gegend flogen und der Umwelt schadeten, wurde der Turm zunächst eingerüstet, nicht nur außen, sondern teilweise auch innen. Dann wurde eine Plane gespannt und darunter machten sich fleißige Handwerker an die Arbeit. Eineinhalb Jahre hat die Renovierung gedauert. Danach sah der Gasometer aus wie früher. Vielleicht strahlt er jetzt ein bisschen mehr in der Sonne.

TIPP

Auch wenn neue Ausstellungen angekündigt werden, kommen Industriekletterer zum Einsatz, die die 1.500 Quadratmeter große Werbung montieren. Die haben zum Glück keine Höhenangst.

Sie setzen Ihren Rundgang geradeaus fort – durch den Kletterpark **Tree2Tree** ⓬. Hier können Sie ausprobieren, ob ein Job in der Höhe etwas für Sie wäre. Die Podeste sind aber nur in Baumwipfelhöhe positioniert. Die Parcours haben verschiedene Schwierigkeitsstufen. Es gibt Routen für Kinder, EinsteigerInnen und Fortgeschrittene. Vor dem Aufstieg gibt's natürlich eine Einweisung und man bekommt Sicherungsgurte angelegt.

Nach rund 200 Metern erreichen Sie den **Rhein-Herne-Kanal** ⓭. Mit einer Länge von rund 45 Kilometern verbindet er den Rhein mit dem Dortmund-Ems-Kanal. Am 13. Juni 1914 erfolgte die erste offizielle Befahrung durch eine Regierungskommission aus Berlin. Seit dem 9. Juli 1914 wurde die Schifffahrt zugelassen. Die feierliche Eröffnung sollte dann ein paar Wochen später erfolgen, die Reden lagen auch schon fix und fertig in der Schublade. Doch der Juli 1914 wurde von dem Attentat in Sarajewo und der folgenden politischen Krise, die in den Ersten Weltkrieg mündete, überschattet. Immerhin sollen am 18. Juli ein paar Menschen an den Kanalufern gestanden und sogar »Hurra« gerufen haben.

2014, 100 Jahre später, gab's dann eine große Sause mit Schiffsparade, Kunstaktionen entlang des Gewässers und in der Ludwiggalerie Schloss Oberhausen wurde ein »Reisebüro« der Künstlerin Billie Erlenkamp installiert, das den Rhein-Herne-Kanal als besonderes Reiseziel anpries. Dabei bedarf es eigentlich gar keiner großen Werbung. Die OberhausenerInnen und sämtliche BesucherInnen schätzen die »Kumpelriviera«. Zahlreiche Angler warten an den Ufern auf den großen Fang – meist Karpfen oder Zander – und an Land sind Menschen zu Fuß und mit dem Rad unterwegs. SonnenanbeterInnen lassen es ruhiger angehen und schauen den Schiffen und Rudererbooten hinterher.

Die Beamten-Kolonie Grafenbusch ist eine beliebte Wohngegend.

Wenn Sie das Ufer erreichen, halten Sie sich links. Das Schloss und der Kaisergarten sind bereits ausgeschildert. Sie folgen den schmalen Wegen. Hinter einer Brücke können Sie in die Gärten der **Siedlung Grafenbusch** ⓮ schauen. Geplant als »Beamten-Kolonie«, zogen in die Villen und großzügigen Reihenhäuser leitende Ingenieure der Gutehoffnungshütte. Damals war es üblich, dass die Führungskräfte möglichst nah am Werk wohnten. Inzwischen stehen die von Bruno Möhring entworfenen Häuser unter Denkmalschutz und sind eine beliebte Wohngegend.

Sie unterqueren die Konrad-Adenauer-Allee, halten sich anschließend leicht links und stehen nun hinter der **Ludwig Galerie Schloss Oberhausen** ⓯. Das Schloss ist seit 1911 Eigentum der Stadt. 1947 wurde es erstmals als Galerie eröffnet. Gezeigt wurden etwa impressionistischen Landschaften von Max Liebermann, Max Slevogt und Lovis Corinth. Einen Schwerpunkt bildete damals auch die Sammlung internationaler Grafik des 19. und 20.

TIPP

Die Weiße Flotte bietet von Frühjahr bis Herbst mittwochs und samstags Linienfahrten von der Marina und dem Anleger Kaisergarten zum Gelsenkirchener Nordsternpark an. Tickets und Fahrplanauskunft: www.kulturkanal.ruhr

Jahrhunderts mit Drucken von Pablo Picasso, Odilon Redon oder Maurice Denis. Inzwischen gibt es drei künstlerische Schwerpunkte: die Landmarken-, die Lichtbild- sowie die Populäre Galerie.

496 Aluminiumbögen zählt die Brücke Slinky Springs to Fame.

Wenn Sie wieder Richtung Kanal blicken, sehen Sie die spektakulärste Sehenswürdigkeit Oberhausens, die mittlerweile auch eine der beliebtesten ist. Die **Rehberger-Brücke** ⑯ wurde 2011 fertiggestellt und damit ein Jahr später als geplant. Sie verbindet beide Seiten des Kanals miteinander. Böse Zungen behaupten »Von Nirgendwo nach Nirgendwo«. Die Kosten für das Projekt, rund fünf Millionen Euro, teilten sich die EU, das Land NRW und die Emschergenossenschaft.

Der Künstler Tobias Rehberger entwarf zur ersten Auflage der Landschaftsausstellung »Emscherkunst« die Landmarke »Slinky Springs to Fame«, die mit ihrer spiralförmigen Anmutung an eine springende Feder erinnert. 496 Aluminiumbögen verteilen sich auf insgesamt 406 Metern Länge. Das Problem: So leicht die Anmutung, so schwierig war es, die Idee baulich umzusetzen. Künstlerische Visionen mussten mit Statik und Schwerkraft in Einklang gebracht werden. Passend zum Namen schwingt es ganz schön, wenn man die kunstvolle Wegeverbindung schnell überquert. Beliebt ist die Brücke vor allem bei FotografInnen und RomantikerInnen. Abends, ab Einbruch der Dunkelheit, wird die Brücke beleuchtet und taucht auch die Umgebung in ein schönes Licht.

In der Vergangenheit haben sich an den Bögen tausende Pärchen verewigt und Liebesschlösser ans Geländer gehängt. Doch war's mit der Beziehung vorbei, rückten einige Verschmähte mit einer Zange an und knappsten das Schloss wieder ab. Dabei wurde die Brücke beschädigt. Mittlerweile sind diese Liebesbekundungen verboten. Ein Schild erinnert die Pärchen daran – man beteuert aber charmant, dass man sich mit jedem jungen Glück freue …

Weiter geht's nach links. Sie überqueren eine kleine Holzbrücke und hören von rechts vielleicht schon ein paar Schafe blöken. Oder das Damwild beobachtet Sie neugierig. Der **Kaisergarten** ⑰ ist seit Jahrzehnten ein beliebtes Ausflugsziel für Familien. Rechts geht es zu den Tiergehegen, in dem zum Beispiel Alpakas, Zwergotter oder Hirsche leben. Die Bewohner können bei freiem Eintritt das ganze Jahr besucht werden. Viele Tiere dürfen gestreichelt und gefüttert werden, allerdings muss dazu das Futter aus den Automaten genutzt werden – das vertragen Ziegen, Meerschweinchen und Co. besser als altes Brot.

Sie nutzen allerdings den Weg, der links abzweigt und an den Rehen und Hirschen vorbeiführt. Sie befinden sich nun auf dem Rundweg durch den 29 Hektar großen Park. Nach etwa 300 Metern sehen Sie rechts eine Kronen-Skulptur und dahinter den See. Auf der Wiese oder einer der zahlreichen Bänke lässt es sich bei Sonne gut aushalten. Es gibt sogar ein »Haus am See«. So lautet der etwas großspurige Name für das Büdchen, das die Kaffee-, Eis- und Würstchen-Versorgung sicherstellt. Außerdem befindet sich dort auch eine Toilette.

Die Krone im Kaisergarten stammt von Hubertus Hess.

Sie laufen an der Krone vorbei geradeaus und orientieren sich zur Straße *Am Kaisergarten*, die zwischen dem Park und den angrenzenden Eisenbahnschienen verläuft. Wenn Sie die Straße erreichen, halten Sie sich rechts. Am Rande der Grünfläche befindet sich der »Generationengarten«. Das rund 3.500 Quadratmeter große Gelände wird vom Zentrum für Arbeit und Qualifikation betreut und bietet Kindern sowie Senioren Naturerlebnisse mitten in der Großstadt. Die HobbygärtnerInnen kümmern sich um ihre Parzellen, bauen beispielsweise Kartoffeln an. Außerdem ist ein Imker mit seinen Bienenvölkern vor Ort, Rassekaninchen und seltene Geflügelrassen leben hier.

Nebenan, auf dem Gelände **Open Airea** ⓲, befindet sich die coolste Trendsportanlage der Stadt. Der Park ist ein Magnet für Sportbegeisterte, die sich gerne auf Rollen und Rädern bewegen. Highlight ist die sogenannte Bowl – eine Schüssel mit Bodenwellen, in der man ordentlich Fahrt aufnimmt. Auf der Anlage kann sogar die deutsche Skateboard-Nationalmannschaft trainieren, so professionell sind die Voraussetzungen. Im Freestyle-Bereich geht's über Mauervorsprünge und Treppenstufen. Basketball und Fußball runden die Sportmöglichkeiten ab. Und das Beste: Der Eintritt ist frei.

Die Open Airea öffnet für Jüngere und Junggebliebene.

Von der Open Airea laufen Sie die Straße *Am Kaisergarten* 400 Meter zurück, bis Sie die *Konrad-Adenauer-Allee* erreichen. Hier biegen Sie an der Kreuzung nach rechts in die *Duisburger Straße* ab – vorher überqueren Sie aber noch die Ampel. Bis zum *Max-Planck-Ring* sind es rund 450 Meter. Dort biegen Sie links ab. Sie befinden sich nun im **Gewerbepark am Kaisergarten** ⓳, der tatsächlich mehr zu bieten hat als nur Büro- und Firmenstandorte. Nach 100 Metern gabelt sich die Straße. Rechts, am Max-Planck-Ring 1, bietet der Supermarkt **Tain Kim Heng** exotische Zutaten aus Fernost. Die Auswahl ist riesig und reicht von Pasten, exotischen Getränken, frischem Gemüse und Gewürzen bis hin zu Zehn-Kilo-Reissäcken und kleinen Fischportionen für Sushi. Bei dem Großhändler können sich GastronomInnen und Privatpersonen mit Lebensmitteln eindecken. Im Eingangsbereich werden im Bistro authentische Spezialitäten offeriert.

Die Route wird allerdings nach links fortgesetzt. Während die Straße einen Bogen nach rechts beschreibt, laufen Sie nach 130 Metern weiter geradeaus und betreten kurz darauf eine Grünfläche. Vor einigen Jahren bot die Volkshochschule sogar eine Exkursion in das Gewerbegebiet an! Wer hätte das noch vor ein paar Jahren vermutet, schließlich verbirgt sich unter dem Grün eine Schlackenhalde. Über Jahrzehnte wurden hier die Hinterlassenschaften der Hüttenwerke abgekippt. Ursprünglich gab es mal Ideen, dass auf dem Gelände Wohnungen entstehen könnten. Ein Park war ebenso im Gespräch. Als dann der Baustart 1994 erfolgte, einigten sich die PolitikerInnen darauf, dass die Fläche zwischen dem Alt-Oberhausener Zentrum und der Neuen Mitte den Bereich aufwerten sollte. Entstanden ist ein Mix aus Gewerbe, Dienstleistungen, Gastronomie oder Freizeiteinrichtungen wie **Knippi's Bowling Palace**.

Oben auf dem Hügel thront der **Wasserturm** ⓴, vom Eigentümer liebevoll »Chateau d'eau«, Wasserschloss, genannt. Erbaut wurde der Turm 1897 von den Gebrüdern Kiefer im Auftrag der Gutehoffnungshütte. Die Produktionsstätten der Hütte, aber auch umliegende Wohnhäuser sollten besser mit Wasser versorgt werden. Das runde Backsteingebäude im Stil des Historismus hat acht Etagen. Oben befindet sich ein Wasserbehälter vom Typ Intze II, der 1.000 Kubikmeter, also eine Million Liter, fasst. Klingt viel, aber wenn man bedenkt, dass sich die Stahlwerker nach der Schicht »dat Schwatte vom Puckel« wuschen und alle

Die Bogenbrücke überspannt die Mülheimer Straße. Im Hintergrund ist der Wasserturm zu sehen.

Brausen in der Kaue auf Hochtouren liefen, rauschte diese Million Liter innerhalb von 15 Minuten durch die Leitungen, erzählt man sich.

Um die Landmarke rankt sich manche Legende. Unterhalb des Wasserspeichers, in der ersten Etage, wohnte von 1923 bis 1955 der frühere Lagerverwalter der Gutehoffnungshütte Jakob Jost mit seiner Familie. Zu besonderen Gedenktagen stieg Jost die 203 Stufen hinauf und hisste auf dem Behälter eine Fahne. Weiter unten gab's einen Taubenschlag, darüber kreisten Bussarde und Eulen, die in dem Turm nisteten. Und weil Jost auch ein Herz für Fußballfans hatte, durften die nach den RWO-Spielen regelmäßig klingeln. Sie wissen schon, die Aufregung, das Bier, danach muss man schon mal müssen …

Seit 1965 ist der Turm als Wasserspeicher außer Betrieb. Eine Initiative wehrte sich seinerzeit gegen den Abriss. Seit 1985 steht das Gebäude unter Denkmalschutz. Vermessungsingenieur Dieter Michel bewahrte es vor dem Verfall und baute ihn zu einem Büroturm um. Eine Wohnung gibt es aber immer noch in diesem geschichtsträchtigen Bauwerk, das nachts schön grün leuchtet.

Wenn sich der Weg zwischen den Wiesen gabelt, laufen Sie nicht den Berg hinauf, sondern folgen dem Pfad parallel zu den Gebäuden. Dieser macht eine weitere Biegung nach rechts. Durch ein paar Pöller erreichen Sie wieder den *Max-Planck-Ring.* Wieder auf der Straße laufen Sie 100 Meter nach rechts und entdecken auf der linken Seite einen **Grillfleisch-Automaten**, den die Firma Timm vor ihrer Zentrale aufgebaut hat. Wer im Sommer spontan grillen möchte, kann sich hier rund um die Uhr mit »Malocher-Grillern«, Bauchfleisch oder Schnitzeln vom Duroc-Schwein eindecken. Auf Vorbestellung kann man die Steaks auch direkt »ab Werk« kaufen.

Christian Timm befüllt den Grillfleisch-Automaten.

Sie drehen wieder um und folgen dem *Max-Planck-Ring* 200 Meter geradeaus, bis Sie einen Kreisverkehr erreichen. Sie laufen an Burger King vorbei, etwa 150 Meter die Straße hinunter. Hinter der Ampel sehen Sie schon die **Turbinenhalle** ㉑. Das Gebäude stammt aus dem Jahr 1909, war ein Betriebsteil der Gutehoffnungshütte, beherbergte allerdings keine Turbinen, sondern Gasmaschinen. Nach dem Rückzug der Stahlindustrie wurde die Halle umgebaut und 1993 erstmals als Diskothek eröffnet. Partypeople aus dem ganzen Ruhrgebiet kamen, um hier bis zum Morgengrauen zu tanzen. Mittlerweile ist die Turbinenhalle eine beliebte Konzert-Location. Getanzt wird weiterhin im **Club Steffys**. Ohnehin sollten sich NachtschwärmerInnen diese Adresse merken. Hinter der McDonald's-Filiale befindet sich der nicht minder beliebte **Kulttempel**. Das Nebengebäude der Turbinenhalle hat eine bewegte Vergangenheit und ist Pilgerort der Musikszene. Rockabilly-Fans kommen genauso auf ihre Kosten wie Depeche-Mode-HörerInnen, Fans von Düstermusik oder 80er/90er-Zeitreisende.

Hinzu kommen zahlreiche Live-Konzerte. Wer lieber lauschige Live-Erlebnisse mag, sollte sich die **Tresohr-Studios** nebenan merken. Carsten Wrede und Marcus Kötter sind die Köpfe hinter dem Tonstudio. Unter dem Namen »POTTpeople«, dem Label für angewandte Pottkultur, vertreiben sie nicht nur Mode, sondern begleiten Bands, die eine Platte produzieren wollen – ganz gleich, zu welchem Genre die Musik gehört.

TIPP

Regelmäßig kann man in dem Tonstudio die wunderbaren Tresohr-Sessions erleben. Über Programm und Termin informieren Sie sich auf der Internetseite www.tresohr-sessions.de

Sie überqueren die *Mülheimer Straße* und setzen den Spaziergang nach links fort. Nun sehen Sie die Vorderseite des Wasserturms auf der anderen Straßenseite. Die markant-geschwungene Fußgängerbrücke, die die Mülheimer Straße überspannt, wurde von Bauingenieur Stefan Polónyi entworfen, der für seine Bogenbrücken bekannt ist. Sie verbindet das Gewerbegebiet am Kaisergarten mit dem **Technologiezentrum Umweltschutz (TZU)**, das nun mit dem alten **Werksgasthaus der Gutehoffnungshütte** ㉒ eine Einheit bildet. Der Architekt Carl Weigle errichtete das Gebäude im Stil des Neobarocks. Eingebettet in einen weitläufigen Park, sollte das repräsentative Haus auch die gesellschaftliche Bedeutung und die Wirtschaftskraft der GHH symbolisieren – Einlass wurde nur gehobenen Gästen gewährt. Ihnen bot die Herberge sämtliche Annehmlichkeiten. So waren die 14 Gästezimmer allesamt mit Bädern ausgestattet, und das in einer Zeit, in der für die einfachen Leute einmal pro Woche Badetag in einer Zinkwanne war. Nach einem Umbau 1937 gab's sogar eine Zentralheizung und eine Klimaanlage! In den Speisesälen wurde bei Banketten, Konzerten oder Theateraufführungen fein aufgetischt. Zudem befanden sich im Kellergeschoss ein großer Weinkeller mit Verkostungsecke und eine Kegelbahn.

Werkgasthaus der Gutehoffnungshütte

Während des Zweiten Weltkriegs zerstört und danach wieder sorgfältig aufgebaut, schwand die Bedeutung des Werksgasthauses dennoch. Der Stahlstandort schrumpfte, der Speisesaal wurde zur Kantine. 1987 wurde das Gebäude unter Denkmalschutz gestellt. Im Zusammenhang mit der Entwicklung der Neuen Mitte und den Überlegungen zur Internationalen Bau-Ausstellung Emscherpark, die auch für den Erhalt des Gasometers eine wichtige Rolle spielte, wurde das Konzept des Technologiezentrums Umweltschutz entwickelt. Der halbrunde Stahl-Anbau, im Volksmund auch »Banane« genannt, entstand 1997 nach den Plänen der Pariser Architekten Reichen et Robert. Die verschiedenen Gebäudeteile bieten JungunternehmerInnen Büroflächen, Tagungsmöglichkeiten oder Seminarräume.

Seit den 1990er Jahren sind die hier ansässigen Betriebe ein erfolgreicher Motor des noch recht jungen Mittelstandes. Nicht ohne Grund hat auch der Oberhausener Business Partner Club hier seinen Sitz. Vor allem für junge und technologieorientierte Unternehmen ist der Komplex attraktiv. Das TZU mit einer Gesamtfläche von rund 14.500 Quadratmetern ist fast komplett belegt.

Gehobene Küche gibt's im Hackbarth's.

Sie laufen an der geschwungenen Fassade des TZU entlang und überqueren den angrenzenden Parkplatz. Auf der gegenüberliegenden Straßenseite, an der Straße *Im Lipperfeld*, entdecken Sie etwas zurückgesetzt ein weißes Gebäude mit einer roten Tür: Voilá, Sie stehen vor einem der besten Restaurants in Oberhausen. Jörg Hackbarth kocht seit 1992 hier. Mehrfach wurde das **Hackbarth's** zu den besten Restaurants der Republik gezählt. Dabei kann man es wohl als glückliche Fügung sehen, dass der gebürtige Hamburger und St.-Pauli-Fan ausgerechnet in Oberhausen landete. Die Hansestadt verließ Hackbarth, weil er Ende der 1980er Jahre angeheuert wurde, um auf der Rüttenscheider Straße in Essen in einem gehobenen Bistro als Küchenchef zu arbeiten. Dort lernte der Spitzenkoch seinen heutigen Geschäftspartner kennen – und zog nach Oberhausen. »Die meisten glauben ja, dass die Oberhausener nur Currywurst essen wollen«, kennt er ein gängiges Vorurteil, das er in seinem trendig-schicken und dennoch bodenständigen Restaurant Abend für Abend widerlegt. »Roastbeef rosa« trifft auf dem Teller »Omas Bratkartoffeln«.

TIPP

Wer sich erstmal herantasten möchte, dem ist das Azubi-Menü zu empfehlen. Einmal im Monat darf der Nachwuchs ran. Das Menü kostet dann nur 25 Euro und man sollte frühzeitig reservieren, um einen Tisch zu ergattern. Der Chef passt natürlich auf, dass nichts anbrennt.

Anfangs gaben andere GastronomInnen dem Restaurant mit der roten Tür kein Jahr. Mittlerweile hat sich Jörg Hackbarth längst einen Namen gemacht. Dabei teilt sich das Geschäft in den Restaurantbetrieb und die Catering-Sparte auf. Der Küchenchef versorgt Hochzeiten, Firmenfeiern und Kongresse. Abends kehren dann eher Genießer ein, die sich mal etwas gönnen möchten.

Sie laufen die Straße *Im Lipperfeld* etwa 50 Meter zurück zur *Essener Straße* und biegen dann rechts ab. Nach 200 Metern entdecken Sie auf der rechten Seite die ehemalige **Hauptverwaltung der Gutehoffnungshütte** ㉓. Von außen sieht es heute eher schlicht aus. Doch früher repräsentierte das Haus mit seiner opulenten Fassadengestaltung die Macht der GHH. Um die BesucherInnen auch mit inneren Werten zu beeindrucken, wurde eine zentrale Treppenanlage mit künstlerisch gestalteten Geländern errichtet. Während des Krieges erlitt das Haus schwere Schäden. Beim Wiederaufbau verzichtete man auf die oberste Etage, die vom GHH-Direktor Paul Reusch als Wohnung genutzt worden war. Auch die Fassade wurde nicht rekonstruiert. Nur die beiden Treppenhäuser stehen unter Denkmalschutz.

Seit der Gründung der privaten Lokalradios sendet **Radio NRW** von hier. Wenn die ModeratorInnen und ReporterInnen nicht aus ihren Sendegebieten berichten, übernimmt Oberhausen das Programm. Dazu gehören die Weltnachrichten, Wetterberichte, Verkehrs-Meldungen, Comedyformate und die Auswahl der Musiktitel. 45 Lokalstationen aus ganz Nordrhein-Westfalen sind angegliedert. Im Schnitt schalten 4,374 Millionen HörerInnen täglich ein. Die Treppenhäuser wurden schon für die eine oder andere spektakuläre Aktion genutzt. Dort fanden zum Beispiel exklusive Konzerte statt mit Stars wie U 2 oder Sarah Connor.

Von der Hauptverwaltung aus überqueren Sie die *Essener Straße* Richtung **Peter-Behrens-Bau** ㉔. »Rheinisches Industriemuseum« steht noch über dem Eingang. Heute ist der Bau Teil des LVR-Industriemuseums. In den Eisenhütten und Stahlwerksanlagen entlang der Essener Straße musste rund um die Uhr gearbeitet werden. Darum ließ die GHH einen Lager- und Verwaltungskomplex bauen, der praktisch, aber zugleich auch modern und repräsentativ sein sollte. Kernstück ist das 93 Meter lange Zentralmagazin. Drumherum gruppieren sich das Torhaus, die dreigeschossige Hauptverwaltung und ein Lager für Fette und Öle. 1920 gewann der Architekt und Industriedesigner Peter Behrens den Wettbewerb. Sein Entwurf folgte der Formensprache des Bauhauses und der Neuen Sachlichkeit. 1925 wurde das Gebäude fertiggestellt. Fortan wurde hier, noch bis 1992, alles gelagert, was für den Betrieb vonnöten war: Schreibpapier, Schrauben, Verbandszeug oder Drahtrollen.

Der Peter-Behrens-Bau entstand 1925.

1993 kaufte der Landschaftsverband Rheinland das funktionale und doch gleichzeitig prachtvolle Gebäude, das 1989 unter Denkmalschutz gestellt wurde. Das Zentrallager wurde nach seinem Architekten Peter Behrens umbenannt und wieder zum Depot – für die verschiedenen Museen des LVR. Die Etagen stecken voller Schätze. Bilder hängen an Wänden, Taschen in allen erdenklichen Größen werden aufbewahrt, Jukeboxen und Dutzende Nähmaschinen. Peter Behrens war Produktdesigner, entwarf Toaster, Teekessel und Tischventilatoren für AEG. Bei Rundgängen durch das Depot kann man die Sammlung besichtigen und viel über die Arbeit der unterschiedlichen LVR-Museen erfahren. Solange die Räume in der Alten Zinkfabrik in Alt-Oberhausen umgebaut und neu gestaltet werden, gibt es im Peter-Behrens-Bau zudem regelmäßig wechselnde Ausstellungen zu sehen.

Wenn Sie das Museum umrunden und in den seitlich verlaufenden *Marie-Juchacz-Weg* einbiegen, sehen Sie auf dem Außengelände noch einige imposante Arbeitswerkzeuge, die an die alten GHH-Zeiten des Geländes erinnern.

Die Haltestelle Neue Mitte ist preisgekrönt.

Über eine Treppe erreichen Sie die Straße *Alte Walz* und können nun schon wieder die auffällige **Bus- und Bahnhaltestelle Neue Mitte** ㉕ sehen. Entworfen wurde der Haltepunkt samt ungewöhnlichem Dach vom Architekten Christoph Parade. Die Verstrebungen sollen an die zerstörten Fabrikanlagen erinnern und so einen Bezug zur Geschichte des Ortes herstellen. Parade wurde für diese Gestaltung mehrfach ausgezeichnet.

Sie überqueren die Straße *Alte Walz* und laufen unter der Haltestelle her, bis Sie wieder den Platz der Guten Hoffnung sowie den Haupteingang des Centros erreichen. Das Einkaufscenter ist das Herzstück der Neuen Mitte. Über 250 Einzelhandelsgeschäfte verteilen sich auf zwei Ebenen. Die Nettoverkaufsfläche beträgt 116.000 Quadratmeter. Aufgrund der gesamten Areal-Größe von 83 Hektar ist das Centro das größte Einkaufs- und Freizeitzentrum in Europa. Der Betreiber Unibal-Rodamco-Westfield ist für 25 Shoppingcenter in Deutschland verantwortlich. Centermanager Marcus Remark erklärt die Erfolgsgeschichte so: »Das Centro war das erste große Einkaufszentrum der amerikanisch-englischen Art – und das im Ruhrgebiet, das sich mitten im Strukturwandel befand. Die Kombination aus Shopping und Freizeit ist ein Alleinstellungsmerkmal – in Deutschland sowieso, aber auch europaweit ist es sehr, sehr selten. Der Mega-Erfolg hat definitiv mit dieser idealen Symbiose zu tun.«

Wenn Sie durch das Center laufen, gelangen Sie wieder zur Coca-Cola-Oase. Falls Sie noch ein Mitbringsel suchen: Gleich daneben befindet sich die **Tourist Info**. Dort gibt's nicht nur jede Menge Tipps, was man in Oberhausen alles unternehmen kann, sondern auch Klamotten mit Lokalkolorit, Pott-Popcorn und sogar »schwatte« Nudeln.

ZIEL

Museen & Galerien

Der **Gasometer** ist das bekannteste Wahrzeichen von Oberhausen. Frisch saniert startet die Sehenswürdigkeit in die neue Ausstellungssaison. Die erste Schau heißt »Das zerbrechliche Paradies« und zeigt einerseits die Schönheit der Natur und andererseits den Einfluss des Menschen auf die Umwelt. Die Ausstellungen im Gasometer sind stets bildgewaltig und spektakulär. Mit preisgekrönten Fotografien und Videos wird das Klima in verschiedenen Epochen dokumentiert. Im Mittelpunkt steht die monumentale Skulptur der Erde. Zu den Ausstellungen und zum Gebäude werden regelmäßig Führungen angeboten. Der Eintritt kostet elf Euro, ermäßigt acht Euro. Kinder bis fünf Jahre kommen gratis rein. Familien (zwei Erwachsene und max. fünf Kinder bis 17 Jahre) zahlen 27 Euro. Außerdem gibt es Kombi-Tickets für Gasometer und Ludwiggalerie im Schloss Oberhausen.

Arenastraße 11, Di–So 10–18 Uhr (in den NRW-Ferien auch montags), H Neue Mitte, 0208/8503730, www.gasometer.de

Im **Peter-Behrens-Bau** befand sich früher das Zentralmagazin der Gutehoffnungshütte. Heute lagern in den langen Gängen etwa 350.000 Objekte, die dann später Teil von Ausstellungen in einem der Häuser des LVR-Industriemuseums werden. BesucherInnen bekommen im Rahmen

Peter-Behrens-Bau

von Führungen einen Einblick in die Schatzkammern. Außerdem finden im Erdgeschoss auch Ausstellungen statt, zuletzt wurden etwa Ruhrgebietsfotografien gezeigt. Der Eintritt kostet sechs Euro – wer an einer Führung teilnehmen will, zahlt zwei Euro mehr. Kinder und Jugendliche bis 18 Jahre haben freien Eintritt.

Essener Straße 80, Di–Fr 10–17 Uhr, Sa & So 11–18 Uhr, H Neue Mitte, 02234/9921555 (Hotline für Infos und Führungen), www.industriemuseum.lvr.de

Sport & Freizeit

Warum haben Dickbauchseepferdchen so eine Plauze? Welche Tiere tummeln sich auf dem Grund der Nordsee? Und vertragen sich die Schwarzspitzenriffhaie in ihrem Hai-Kindergarten gut miteinander? Im Großaquarium **Sea Life** leben rund 5.000 Fische und andere Meeresbewohner. BesucherInnen können nicht nur zuschauen, wie die Makrelen im Schwarmring ihre Kreise ziehen, sondern erfahren auch noch allerlei Wissenswertes über die verschiedenen Fischarten und deren Lebensraum. Natürlich darf man den TierpflegerInnen auch bei der Fütterung zuschauen. Ganz schlaue Tiere, dazu gehören Kraken, müssen um ihr Mittagessen spielen. Der Eintritt kostet 19,95 Euro, wer online bucht, zahlt nur 16 Euro. Auch Kombi-Tickets mit dem Legoland erhältlich.
Zum Aquarium 1, Mo–So ab 10 Uhr, H Aquapark, 01805/66690101, www.visitsealife.com

Popcorn-Kino in neun Sälen bietet der **Cinestar-Filmpalast**. Über die Leinwand flimmern Blockbuster, Hollywood-Streifen oder deutsche Komödien. Zuletzt sind auch immer wieder Konzert-Aufzeichnungen der Metropolitan Opera sowie härtere Klänge von Rammstein oder den Toten Hosen übertragen worden. Eintrittskarten kosten für Erwachsene ab sieben Euro, Kinder zahlen ab fünf Euro. Dienstag ist Kinotag: 6,50 Euro. Logenzuschlag: 1,50 Euro.
Luise-Albertz-Platz 1, Mo–So 15–20.30 Uhr (Kassenzeiten), H Neue Mitte, 0208/8232080, www.cinestar.de/kino-oberhausen-filmpalast-im-centro

Brille auf und eintauchen in eine andere Welt: Mithilfe von Virtual-Reality-Brillen wähnen sich SpielerInnen in der 900 Quadratmeter großen **7th Space**-Halle plötzlich am Strand, werden Teil eines aufregenden Abenteuers oder schauen sich in einem virtuellen Museum große Meister an. Bei den Escape Games muss man mit anderen SpielerInnen versuchen, Rätsel zu entschlüsseln. Der Eintritt ins 360-Grad-Kino kostet 4,99 Euro für 30 Minuten, die Spiele pro Stunde ab 14,99 Euro – am Wochenende teurer.
Zum Aquarium 2, Mo–Do 13–22 Uhr, Fr 13–24 Uhr, Sa 10–24 Uhr, So 10–22 Uhr, H Aquapark, 0208/30995428, www.7th-space.com

Ein abendlicher Blick über das 83 Hektar große Freizeit- und Shopping-Areal

Freizeitspaßhaber und ambitionierte HobbysportlerInnen können im **Tiger Jump** über 100 Trampoline hüpfen, sich an einem Klettergerüst – ähnlich wie in der TV-Show Ninja Warrior – entlanghangeln oder in ein 100 Quadratmeter großes Luftpolsterkissen plumpsen lassen. Das macht Laune und ist ordentlich anstrengend. Wer lieber zuschaut: Es gibt genügend Sitzgelegenheiten. Geeignet sind die Attraktionen für Kinder ab sechs Jahren. Wer älter als neun Jahre ist, darf auch allein springen. Vorab gibt's eine Sicherheitsunterweisung. Auch Gruppen-Events sind möglich. Am Wochenende empfiehlt es sich, die bevorzugte Zeit zu reservieren. Der Eintritt kostet pro Stunde 12,50 Euro; wer Sprungsocken braucht, zahlt 2,50 Euro extra.
Zum Aquarium 2, Mo–Do & So 9.30–21 Uhr, Fr–Sa 9.30–22 Uhr, H Aquapark, 0208/30678480, www.tigerjump.de

Glückauf: Der **Aquapark** empfängt seine BesucherInnen als »Bergbau Erlebnisbad«. Vor dem Eingang steht ein Förderturm, im Bad wartet Grubenpferd Bubi und die Knappenrutsche bringt nicht nur Kumpeln ab acht Jahren mächtig Spaß. Alle, die ihre Energiereserven wieder auffüllen müssen, können sich im Bistro »Zum Flöz« stärken. Im Sommer lockt das Freibad-Revier. Der Eintritt kostet für Kinder (ab einem Meter) für zwei Stunden sechs Euro, die Tageskarte acht Euro. Erwachsene (ab 17 Jahren) zahlen bis zwei Stunden neun Euro, der ganze Tag kostet elf Euro. Familienticket für zwei Stunden 22 Euro, pro Tag 28 Euro. Es gilt für bis zu zwei Erwachsene und maximal vier Kinder.
Heinz-Schleußer-Straße 1, Mo–So 9–21 Uhr, H Aquapark, 0208/6253590, www.aquapark-oberhausen.com

Mit einer Bahn durch die Lego-Ausstellung

Wie entsteht eigentlich ein Legostein? In der Fabrik des **Legoland Discovery Centre** bekommen kleine und große BaumeisterInnen die Antwort. Vier Millionen Exemplare wurden in der Ausstellung verbaut, um eine Miniaturwelt zu erschaffen. Die BesucherInnen können zuschauen, wie Albert Einstein mit den Augen rollt, den Gasometer aus Lego bestaunen oder eine Königin retten. Natürlich gibt es genügend Gelegenheiten, selbst aktiv zu werden. Der Eintritt kostet für alle Gäste ab drei Jahren 17,95 Euro. Wer online bucht, spart. Außerdem werden günstigere Tickets in Kombination mit dem Sea Life angeboten.
Centro-Promenade 10, Mo–Sa 12–18 Uhr, H Aquapark, 01806/66690220, www.legolanddiscoverycentre.com/oberhausen

Oberhausen ahoi: Am Rhein-Herne-Kanal kann man nicht nur spazieren gehen, sondern ihn auch ganz entspannt an Bord der **Weißen Flotte** erleben. Von Juni bis Oktober schippern die Ausflugsboote mittwochs und samstags vom Anleger Kaisergarten zum Nordsternpark nach Gelsenkirchen. Erwachsene zahlen für die einfache Strecke 8 Euro, Hin- und Rückfahrt 15 Euro, Kinder (4 bis 14 Jahre) 4/8 Euro. Hunde und Räder dürfen für 3 Euro mitgenommen werden.
Konrad-Adenauer-Allee 46 (Kaisergarten) Mi & Sa 11.30 Uhr, 14.30 Uhr & 16.50 Uhr

Hoch hinaus geht's im Klettergarten **Tree2Tree**. Direkt neben dem Gasometer balancieren Kletterinnen & Kletterer, gut gesichert, auf 16 Routen. Die Parcours haben unterschiedliche Schwierigkeitsgrade. Maximal geht's 20 Meter hoch. Klettern darf jeder, der mindestens 1,10 Meter groß ist. Für die Kleinsten gibt es niedrigere Kinder-Parcours. Kinder (5–10 Jahre) zahlen 15 Euro, für den Mini-Parcours 3,90 Euro; Jugendliche (11–17 Jahre): 23 Euro, Erwachsene 25 Euro. Handschuhe sind Pflicht, können aber auch vor Ort erworben werden. Ermäßigte Preise für Familien und Gruppen. Die Saison beginnt im März und endet Anfang November.

Arenastraße 13, Fr 11–19 Uhr, Sa & So, Feiertage 10–19.30 Uhr, in den Ferien erweitert – Ostern: Mo–Fr 11–19 Uhr, Sa & So 10–19.30 Uhr, Sommer: 10–20 Uhr, H Neue Mitte, 01805/873328733, www.tree2tree.de

Übernachten

Das Hotel **Oberhausen Neue Mitte** gehört zur spanischen Kette Melia und war eines der ersten Häuser, die vor 25 Jahren neben dem Centro eröffneten. Mittlerweile wurde das 3-Sterne-Superior-Hotel aufwändig renoviert, die Zimmer sind modern eingerichtet, alles ist barrierefrei erreichbar. Besonders beliebt ist das Haus bei KonzertbesucherInnen, zur König-Pilsener-Arena sind es nur ein paar Schritte. Wer mit dem Rad anreist, kann seinen Drahtesel sicher unterstellen. Wer abends nicht auswärts essen möchte, bekommt im hoteleigenen Restaurant »La Trattoria« Steinofenpizza und Pasta. Engagiertes Team, freundlicher Service.

Das Hotel Neue Mitte wurde frisch renoviert.

Standardzimmer, je nach Tag und Saison, ab 63 Euro. Für Familien gibt es größere Räume mit zusätzlichem Etagenbett.

Centroallee 280, H Neue Mitte, 0208/82020, www.melia.com

Das **B&B-Hotel am Centro** bietet günstige und funktionale Zimmer ohne Schnickschnack. Ein Bild der stilisierten, preisgekrönten Bus- und Bahnhaltestelle Neue Mitte erinnert die Gäste daran, dass sie in Oberhausen weilen. Das Standardzimmer gibt's wahlweise mit zwei einzelnen Schlafmöglichkeiten oder einem Doppelbett. Budgetfreundliche Übernachtungspreise ab 55 Euro. Wer frühstücken möchte, zahlt 5,50 Euro extra.

Brammenring 119, H Elektrostahlwerk, 0208/882170, www.hotel-bb.com

An der Marina haben Wohnmobilisten die Gelegenheit, ihre Caravane zu parken. Pro Nacht kostet dies 15 Euro, Strom inklusive. Waschmaschine, Trockner und Duschen kosten jeweils einen Euro. Von November bis Anfang April keine Frischwasserversorgung vor Ort. Reservierung sinnvoll: info@aquapark-oberhausen.com

Zum Aquarium 2, 0208/6253590, www.marina-oberhausen.de

Das **Super 8 by Wyndham** ist das neueste Hotel am Centro. Es bietet 156 Zimmer, gehört mit 2-Sterne-plus zu den Budgethäusern – es wird aber dennoch Wert auf Stil, Lokalkolorit und eine gehobene technische Ausstattung gelegt. Neben GeschäftskundInnen sollen sich auch KurzurlauberInnen wohlfühlen, die zum Shoppen ins benachbarte Centro oder Ausflüge in der Umgebung unternehmen wollen. Smart-TVs gehören zur Standardausstattung. Wer frühstückt (Kostenpunkt 9,50 Euro), kann an einigen Plätzen sein Mobiltelefon aufladen. Vom Lärm der Straße ist nichts zu hören. Doppelzimmer ab 54 Euro.
Brammenring 111, H Elektrostahlwerk, 0208/8828820, www.wyndhamhotels.com

Die Lobby des **Holiday Inn Express** am Centro empfängt die Gäste mit Schöner-Wohnen-Flair. Modern-gemütliche Sitzgelegenheiten gruppieren sich vor einem riesigen Oberhausen-Stadtplan – so finden sich TouristInnen, TagungsbesucherInnen und Geschäftsleute schnell in der Umgebung zurecht. 144 Zimmer zählt das 3-Sterne-Haus, vier davon sind barrierefrei eingerichtet. Beim Service möchte man sich von der Konkurrenz abheben. Smart-TVs gehören zur Standardausstattung ebenso wie die Fußbodenheizung im Bad und eine Technik, die dafür sorgen soll, dass der Badezimmerspiegel nicht beschlägt. Das Frühstück ist ebenfalls im Preis inklusive. Übernachtung: ab 76 Euro. Freundlicher Service.
Centroallee 266, H Umsicht, 0208/6355730, www.ihg.com

Gastronomie

Im Centro lockt die neu gestaltete **Coca-Cola-Oase** mit mehr als 20 gastronomischen Betrieben. BesucherInnen haben die Wahl zwischen McDonald's, Döner, Pizza oder asiatischen Gerichten. Der Premium-Burger-Anbieter **Five Guys** ist recht neu. **Frittenwerk** serviert Pommes mit verschiedenen Toppings. Wer lieber etwas Süßes naschen möchte, wird bei **Dunkin' Donuts** oder **Wonder Waffel** fündig. Eis gibt's auch.

Entlang der Promenade kann man in zahlreichen Restaurants eine Shoppingpause einlegen oder nach dem Bummel durch die Einkaufsmeile bei einem Drink Leute gucken. Das **Alex** ist eine Kette mit Bistro-Bar- und Restaurantkonzept. Los geht's mit Frühstück: Mo–Sa von 9–12 Uhr »All you can eat«-Buffet für 9,90 Euro, Sonntagsbrunch von 9–14.30 Uhr für 15,30 Euro – ohne Getränke. Mittags und abends gibt's Salate, Bowls, Flammkuchen, Schnitzel und Burger.
Promenade 1, H Neue Mitte,
Mo–Do & So 9–23 Uhr, Fr & Sa 9–0 Uhr,
0208/828430, www.dein-alex.de/oberhausen

Ein beliebter Klassiker auf der Promenade

Die Coca-Cola-Oase ist vor Kurzem frisch renoviert worden.

Lust auf Pizza? Das **Restaurant Teatro** verspricht »Szenen aus Italiens Küche«. Hauptdarsteller sind: Pasta, Pizza und Fleischgerichte. Aber auch die Nebenrollen (Suppen, Antipasti und köstliche Desserts) sind gut besetzt. Einen Blick wert ist auch die Sonderkarte, etwa mit Fischspezialitäten vom Grill. Drinnen sitzt man in schöner, manchmal etwas halliger Piazza-Atmosphäre. Mittagsangebot mit gutem Preis-Leistungsverhältnis.

Das Teatro bietet Szenen aus Italiens Küche.

Promenade 19, H Neue Mitte,
So–Do 12–23 Uhr, Fr–Sa 12–1 Uhr,
0208/804468, www.restaurant-teatro.de

»Glück ist eine Nudel« lautet das Motto der Kette **Mosch Mosch** – in diesem Fall dreht sich alles um die asiatische Interpretation. Auf der Speisekarte stehen die beliebten japanischen Ramen-Suppen mit unterschiedlichen Brühen und Einlagen. Sie haben so klangvolle Namen wie »Meeresrauschen« oder »Seelenruhe«. Es gibt auch vegetarische Varianten. Authentisch startet man mit Gyoza, gefüllten Teigtaschen, ins Menü. Currys und gebratene Nudeln oder Reis runden das Angebot ab: frisch, leicht und lecker.
Promenade 51, H Neue Mitte,
Mo–Do & So 12–21 Uhr, Fr & Sa 12–22 Uhr
0208/88237270, www.moschmosch.com

Die Tapas-Bar Don Carlos serviert internationale Speisen.

Das **Don Carlos** ist eine recht große Tapas-Bar, die möglichst alle Geschmäcker unter einen Hut bringt. Neben den namensgebenden Kleinigkeiten, können Gäste auch zwischen ungarischer Gulaschsuppe, »All you can eat«-Salatbuffet, Pasta oder Fisch wählen. Auch die Dessertauswahl ist international: Crema Catalana, Mousse au Chocolat und Tiramisu. Von 12–17 Uhr gibt's ein Stück Kuchen und eine Tasse Kaffee für 4,50 Euro.
CentrO-Promenade 41, H Neue Mitte, Mo–Fr, So 8–0 Uhr, Sa 8–4 Uhr, 0208/801008, www.doncarlos-centro.de

Steaks sind heute nicht nur ein Stück Fleisch, sondern eine Wissenschaft

The Ash ist der Favorit bei FleischliebhaberInnen.

für sich: Im **The Ash** speist man im modernen Industriestil. Die Sessel sind gemütlich. Wenn's voll ist, kann es etwas laut werden. Auf einem Rind ist eingezeichnet, welche Stücke Fleisch auf der Karte stehen: Hüftsteak, US Teres Major, Tomahawk oder Rib Eye – die Auswahl ist riesig. Anschließend teilt man der Bedienung mit, wie das Steak serviert werden soll, rare oder well done. Das Gewicht bestimmt den Preis. Beilagen werden separat gewählt. Auch VegetarierInnen finden etwas, zum Beispiel einen Wildkräutersalat oder einen Beyond Meat Burger.
Brammenring 115, Mo–Do 12–23 Uhr, Fr & Sa 11–0 Uhr, So 11–23 Uhr, H Elektrostahlwerk, 0208/98992599, www.ash-steakhouse.de

Trubelig, aber gut: 500 Gäste haben Platz im Xiao.

Das **Xiao**, gesprochen »Schau« ist ein beliebter Riesen-Chinese. Das Restaurant bietet Platz für bis zu 500 Gäste. Auf typische Dekoration samt Winkekatzen wurde verzichtet, Panoramafenster geben den Blick auf benachbarte Gebäude frei. Immerhin: Die Küchenkacheln wurden aus China importiert. Wenn es gut gefüllt ist, geht es am Buffet ein bisschen trubelig zu. Sushi, Grillgerichte und Speisen aus dem Wok werden frisch

zubereitet. Salate, Suppen und Desserts dürfen nicht fehlen. Der Preis variiert nach Tag und Uhrzeit: 15,90–17,90 Euro. Kinder zahlen weniger. Ein Tipp ist der Sonntagsbrunch.
Brammenring 113, H Elektrostahlwerk,
Mo–Fr 12–22 Uhr, Sa & So 9–22.30 Uhr,
0208/ 62061330, www.xiao-restaurant.de

Das **Hackbarth's** gehört zu den besten Restaurants in Oberhausen, manche Restaurantkritiker sagen sogar: zu den besten der Republik. Um bei Jörg Hackbarth edel zu speisen, kommen die Genießer auch von weiter her. Doch keine Sorge: Das Essen ist gehoben, die Atmosphäre durchaus lässig. Easy going trifft auf First Class. Wer zunächst hineinschnuppern möchte, sollte sich einen Platz reservieren, wenn die Azubis einmal im Monat am Kochtopf stehen.
Im Lipperfeld 44, H TZU,
Di–Fr 12–14.30 & 18–21.30 Uhr,
Sa 18–21.30 Uhr, 0208/22188,
www.hackbarths.de

Gehobene Speisen und Getränke treffen auf lässige Atmosphäre.

Einkaufen

Im Westfield Centro verteilen sich 250 Geschäfte auf zwei Etagen. Große Modeketten und Marken, die man nicht überall findet, wechseln sich in der Shoppingmall ab. **H&M** und **C&A** sind genauso zu finden wie **Liebeskind**, **Superdry**, **Hollister** oder **Desigual**.

Wenn **Apple** neue Technik auf den Markt bringt, bilden sich vor dem Geschäft schnell lange Schlangen. Einige Fans stehen besonders früh auf, um auf jeden Fall zu den Ersten zu gehören, die eines der neuen Geräte ergattern. Um Apple nicht alleine das Feld zu überlassen, eröffnet der chinesische Technikkonzern **Huawei** ebenfalls einen Store.

Schokoladenliebhaber und Bonbonfreunde finden mit der **Lindt Boutique** und der **Storck Welt** gleich zwei Fachgeschäfte für süße Momente. In der Storck Welt gibt es nicht nur eine riesige Auswahl von Werthers Echte und Co. – man kann sich auch seine eigene Süßigkeitenmischung zusammenstellen. Pralinés, Tafel-Schokolade oder exklusive Sorten gibt's bei Lindt. Die Marke aus der Schweiz präsentiert ihr komplettes Sortiment in ansprechender Umgebung.

Im Centro hat Lindt ein eigenes Fachgeschäft eröffnet.

Die Fußball-Fans spalten sich im Ruhrgebiet in mehrere Lager. So gibt es vor Ort im Centro **Fanshops** von Schalke 04 und der Rivalen BVB und Bayern München. Lokalpatrioten halten natürlich zu Rot-Weiß Oberhausen.

Wer noch ein Mitbringsel mit Lokalkolorit braucht, wird im angeschlossenen Shop der **Tourist Information** fündig. Dort verkauft das Label **Grubenhelden** individuelle Mode aus alten Malocher-Klamotten. Zudem gibt es Ruhrpott-Pasta, Uhren der Oberhausener Marke Pottwatch, Bergmanns-Quietscheenten, Schnaps, Ruhrpott-Popcorn (Pottkorn) und anderes Schönes zum Verschenken oder doch lieber selbst behalten.

Das Centro hat von Montag bis Samstag in der Zeit von 10–20 Uhr geöffnet. An den Samstagen vor Weihnachten geht's auch länger.

Service

Über die Autobahnen A2, A3, A42, A40 und A516 ist das Centro gut erreichbar. Für KundInnen mit Pkw stehen **14.000 kostenlose Parkplätze** zur Verfügung. Die Haltestelle »Neue Mitte« wird von Bussen und Bahnen etwa alle 90 Sekunden angesteuert.

Wer mit dem **E-Bike** anreist, kann sein Rad während des Shoppens neben dem Haupteingang am Luise-Albertz-Platz **aufladen**. Via Smartphone wird ein QR-Code gescannt, der den Lade- und Bezahlvorgang startet. Bezahlt werden kann etwa mit Paypal, Kreditkarte oder dem Autostromvertrag. Weitere Ladesäulen, auch für Autos, stehen in den Parkhäusern 1–7 bereit.

E-Bikes können vor dem Centro aufgeladen werden.

Im Obergeschoss des Centro gibt es für die Kinder zwischen 0 und 10 Jahren den Spielbereich **Centrolino**. Die 700 Quadratmeter große Fläche wurde neu gestaltet und ist mit einem Kletterbereich, interaktiven Stationen, klassischen Spielen, einer Lounge für Familien sowie kindgerechten Toiletten ausgestattet. Hier können die Jungen und Mädchen von Montag bis

Samstag in der Zeit von 10–18 Uhr in Begleitung der Eltern kostenfrei toben. Kinderbetreuung wird donnerstags (in den Schulferien) und freitags von 12–18 Uhr sowie samstags von 11–18 Uhr angeboten. Pro Kind und angefangener Stunde kostet dieser Service fünf Euro. Wer eine Centro-Treuekarte besitzt, zahlt nur drei Euro.

Kinderbetreuung im Centrolino

Wer am **Centro-Treueprogramm** teilnimmt, kann sich zudem eine Reihe von Spezialangeboten sichern. Unter dem Motto »Unexpected Service« geht eine persönliche Shoppingberaterin einmal pro Halbjahr mit den KundInnen auf Tour und empfiehlt neue Outfits. Außerdem können die Schließfächer im Mitteldom kostenfrei genutzt werden. Einladungen zu exklusiven Veranstaltungen und besondere Rabatte gibt's obendrauf. Nähere Infos zum Treueprogramm bekommen Interessierte an der Rezeption im Mitteldom.

Wer sich vorab über das Centro informieren oder sich zu einem freien Parkplatz navigieren lassen möchte, kann sich die **Centro-App** aus dem App-Store herunterladen. Gutscheine und Rabatte, die nur in der App einsehbar sind, runden den Service ab.

Osterfeld

Radtour Osterfeld
(rund 20 km)

Start & Ziel: Osterfeld Bahnhof Süd

Die Tour auf Komoot

Osterfeld ist klein, aber oho: Ein Ort namens *Osteruelde* wurde erstmals im Jahr 1047 erwähnt. 1929 zu Oberhausen eingemeindet, ist Osterfeld der für die Stadt historisch bedeutsamste Bezirk. Wer auf den Stadtplan schaut, stellt fest: Die Stadtteile Tackenberg, Klosterhardt, Rothebusch, Osterfeld-Heide, Mitte und Vonderort ordnen sich wie ein Schuh an. Deshalb hat der Bürgerring auch eine Wanderung erarbeitet, die an zahlreichen Sehenswürdigkeiten vorbeiführt. Unsere Tour ist etwas länger, deshalb empfehlen wir das Rad. Auf der Route wird deutlich, wie aus alten Industrieflächen schöne Freizeitareale entstehen. Es geht durch Parks und Siedlungen zur Wiege der Industrie – und wenn Sie Lust und Zeit haben, können Sie unterwegs sogar einen Ruhrpott-Kreuzweg laufen.

Die Tour beginnt an der *Bottroper Straße* gegenüber der *Gildenstraße*; dem **Rangierbahnhof** ❶ drehen Sie den Rücken zu. In Osterfeld leben rund 40.000 Personen – und ein paar **Alltagsmenschen** ❷: So nennen sich die lebensgroßen Figuren der Künstlerin **Christel Lechner**. Seit 2006 begrüßt hier die Bergmannskapelle die PassantInnen mit Pauken und Trompeten. Etwas die *Gildenstraße* hinauf stehen weitere freundlich blickende Damen und Herren. Längst sind die Kunstobjekte zum lieb gewonnen Wahrzeichen geworden.

Die Fußgängerzone von Osterfeld lassen Sie links liegen und radeln rund 170 Meter die *Bottroper Straße* entlang. Dort überqueren Sie die Ampel und fahren auf der linken Seite die *Osterfelder Straße* hinunter Richtung Tunnel. Es gibt wahrlich schönere Orte, auch wenn der Künstler **Peter van Treeck** die lange Betonmauer im Rahmen des Projekts »Kultur 90« mit Bergbauszenen bemalt hat. Die Unterführung verläuft unter dem Personen- und Rangierbahnhof hindurch. In Osterfeld gab es einen der größten Rangierbahnhöfe Deutschlands, doch nun ist die Anlage nur noch teilweise in Betrieb.

Direkt hinter dem Tunnel biegen Sie nach links in die *Arminstraße* ein. Zwischen Bahnhof und Autobahn gelegen, gibt's hier Schätze zu entdecken, die man gar nicht vermuten würde.

Es beginnt mit der Hausnummer 4 auf der rechten Seite, die noch vor der Numero 1 kommt. Hier offerieren Uwe und Maria Rüdel seit Kurzem **»Zuckersüßes«** und **»lecker Brot«**. Das Metier der Gattin sind aufwändig verzierte Torten. Das Brot für die abendliche Schnitte will der Bäckermeister möglichst frisch liefern, deshalb öffnen die beiden in der Woche ihr Geschäft erst um 13.30 Uhr. Dazu werden Teilchen zum Kaffee angeboten. Schräg gegenüber, auf der linken Straßenseite, liegt **Geli's Café**. Angelika Wenzel-Wohlsdorf und ihr Mann servieren in gemütlich-nostalgischem Ambiente Frühstück und leckeren Kuchen.

Nachdem Sie an moderneren Reihenhäusern vorbeigefahren sind, nähern Sie sich der historischen **Siedlung Vondern** ❸. Die Häuser wurden gebaut, um den Arbeitern der Zeche Vondern Wohnraum zur Verfügung zu stellen. 1903 ging die Zeche der Gutehoffnungshütte in Betrieb, zwei Jahre später wurden bereits 27.500 Tonnen Kohle gefördert. Die »Arbeiter- und Beamtenkolonie« entstand in Anlehnung an das britische Gartenstadtkonzept. Neben Grünflächen und Bäumen wurde auch auf die Variation der Fassaden und Dächer geachtet.

An der Arminstraße 53 entstand erstmals ein Beamtenkasino. Hier wurden Vorträge gehalten, Theaterstücke aufgeführt, Sportliche trafen sich auf der Kegelbahn. Für Nachbarn, die nicht unter Tage malochten, wurden Grubenfahrten angeboten. In der **Verkaufsanstalt IV**, die direkt daneben liegt, konnte die Belegschaft Lebensmittel einkaufen, es wurden aber auch Haushaltswaren oder Arbeitskleidung zu günstigen Preisen angeboten. Heute werden die Gebäude als Wohnhäuser genutzt.

In der Verkaufsanstalt konnten früher Bergleute einkaufen.

Ein paar Meter weiter, bei Hausnummer 65, reisen Sie zurück ins 13. Jahrhundert. Viele BesucherInnen verbinden mit dem Ruhrgebiet vor allem Industriegeschichte, dabei gibt es noch viele andere spannende Kapitel in der Stadthistorie. Die **Burg Vondern** ❹ war einst ein Lehen der Grafen und Herzöge von Kleve. Heute finden auf dem Gelände der ehemaligen Wasserburg Konzerte, Matineen oder Trauungen statt. Den Gewölbekeller kann man auch für Geburtstage, Polterabende und andere Feiern mieten.

Das Gebäude-Ensemble teilt sich auf in ein barockes Haupthaus und in eine spätgotische Vorburg. Wann die Burg gegründet wurde, ist nach heutigem Kenntnisstand noch ungeklärt. Die Herren von Vonderen wurden 1162 erstmals urkundlich erwähnt, die Anlage selbst erscheint in den Urkunden jedoch erst 1266, als Wohnsitz des Gerhard de Vondere. Im 15. Jahrhundert ist

Um den Grünen Ritter rankt sich manche Sage.

erstmals vom Haus Vondern die Rede. Die herrschaftlichen Gebäude haben mehrfach die Besitzer gewechselt. Im 18. Jahrhundert gehörte es dem bergischen Geschlecht der Grafen von Nesselrode. Unter Johann Franz Josef Graf von Nesselrode-Reichenstein wurde die Burg allerdings nicht mehr bewohnt. 1799 erbte die Familie Droste zu Vischering, 1937 übernahm der preußische Staat das versteckte Kleinod. Nach dem Zweiten Weltkrieg wurde die Stadt Oberhausen Eigentümerin.

Die Burg wurde erstmals 1266 urkundlich erwähnt.

Seit 1982 gibt es einen Förderverein, in dem sich ehrenamtliche »Burgherren« und »Burgfräulein« für den Erhalt des denkmalgeschützten Ensembles engagieren. Die Mitglieder organisieren (Groß-)Veranstaltungen wie **Ritterspiele** oder die beliebten **Highland-Games**. In der Vorburg wurde zudem ein kleines Museum zur Burggeschichte aufgebaut.

Wenn Hagen Hoffmann BesucherInnen durch die Räume begleitet, wird Geschichte lebendig. Der Nachwuchs kann zum Beispiel fühlen, wie schwer so ein Kettenhemd ist und bekommt in der Küche eindrucksvoll vorgeführt, wie spartanisch das Leben früher war.

Mittlerweile ist die Burg wieder bewohnt. Die 53 Quadratmeter große Wohnung ist eine der ungewöhnlichsten Adressen Oberhausens. Damit Vandalen nicht ihr Unwesen treiben und jemand immer mal wieder nach dem Rechten sieht, hat der Förderverein sie eingerichtet. Bevor ein Student einzog, lebte der Künstler Andreas Wencel hier. Von ihm stammt die Figur des Grünen Ritters im Hof. Die Stahlskulptur erinnert an eine Sage, die sich um die Burg rankt.

TIPP

Wer mehr Geschichte(n) rund um die Burg erfahren möchte, kann an einer Führung teilnehmen. Infos im Netz: www.burg-vondern.de

Sie umrunden das Gebäude-Ensemble. Wer Lust hat, außergewöhnliche Mode und schöne Accessoires zu entdecken, für den geht die Entdeckungsreise entlang der *Arminstraße* weiter – bis zur Hausnummer 103. Die Designerin Anne Große-Segerath verkauft in ihrem Atelier Cle-Design farbenfrohe Unikate, für die die Kundinnen sogar aus Düsseldorf anreisen. Geöffnet ist Donnerstag bis Samstag.

Wenn Sie direkt weiterfahren wollen, fahren Sie die *Arminstraße* wieder 400 Meter zurück. Sie entdecken einen Fahrradwegweiser, der Sie auf der linken Seite durch einen Tunnel führt. Sie unterqueren jetzt die A42 und gelangen zu einem Stückchen Grün, das sich die Natur zurückerobert hat. Die Brache Vondern, die zwischen Autobahn, Emscher und Kanal liegt, gehört zur **Themenroute Industrienatur**. Die Pflanzen passen sich den veränderten Lebensbedingungen an und bilden für die Umgebung außergewöhnliche Ökosysteme aus.

Sie fahren rund 100 Meter Richtung Kanal, halten sich rechts und radeln parallel zum Wasser. Auf der anderen Seite der Wasserstraße können Sie das **Haus Ripshorst**, die Skulptur **Zauberlehrling** und die **Marina** am Centro sehen.

Sie folgen dem Radweg für 1,4 Kilometer. Anschließend biegen Sie rechts auf eine Brücke ab, überqueren die Emscher und die Autobahn. Nach 150 Metern geht's nach links und Sie folgen für 650 Meter einem Weg, der Sie zum **Olga-Gelände** ❺ führt.

1999 wurde aus dem Industrieareal ein riesiger Park.

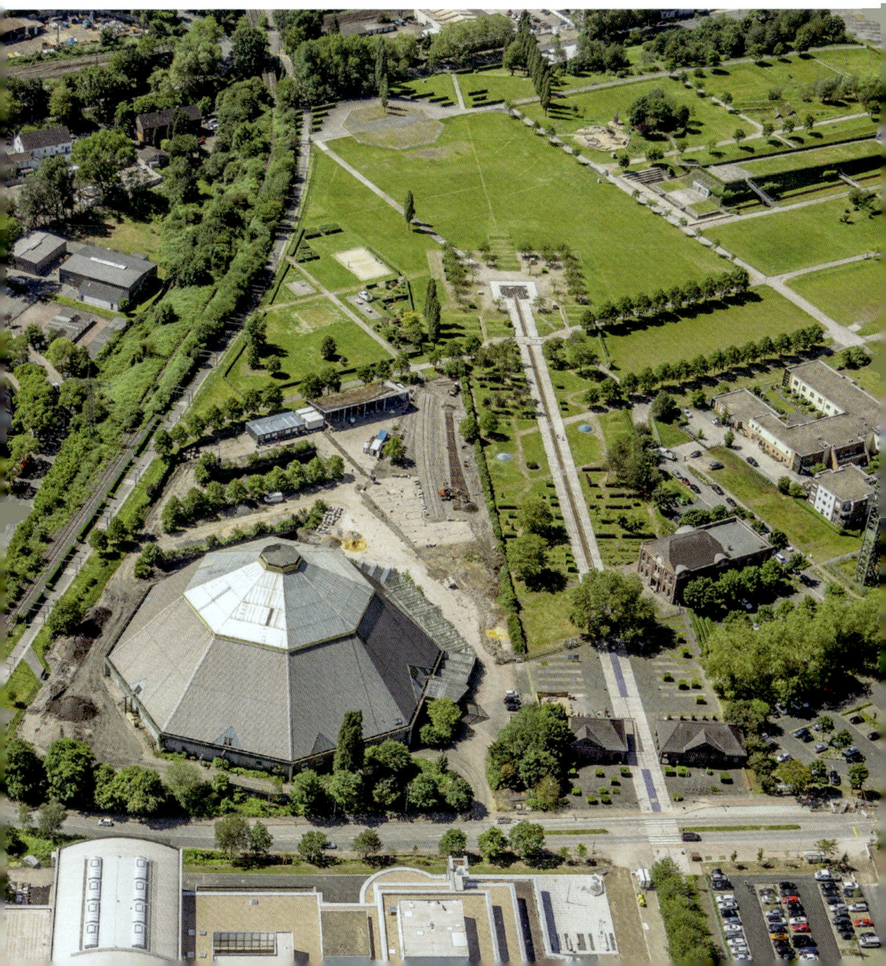

Das Fördergerüst ist erhalten geblieben.

1999 gastierte auf dem ehemaligen Industrieareal der Zeche Osterfeld die Landesgartenschau. Der Name **Olga** hat sich seitdem eingebürgert und wird gerne mit »Rock« ergänzt: Einmal im Jahr lockt das beliebte Umsonst-und-Draußen-Festival Musikfans aus dem ganzen Ruhrgebiet an. Es ist nicht das einzige, das in dem Park stattfindet: Bei **Ruhr in Love** geht's elektronisch zu.

Das 26 Hektar große Gelände ist kein klassisches Blümchenparadies. Zwar sind in der Zeit insgesamt 17 Themengärten entstanden, vor allem hat die LaGa aber dafür gesorgt, dass Stadtteile, die zuvor durch Industrie getrennt waren, wieder näher zusammengerückt sind. Kohle wurde auf dem Zechengelände zwischen 1879 und 1988 gefördert.

Einige Zeugen dieser Industriegeschichte sind noch erhalten geblieben. So ist das Fördergerüst bis heute ein Blickfang. Die Kohlenmischhalle, in der über Jahrzehnte die kleinen Schwarzen zusammengestellt wurden, um eine gleichbleibende Qualität zu garantieren, wurde 1998 unter Denkmalschutz gestellt. Das Gebäude hat einen Durchmesser von 83 Metern und ist 41 Meter hoch. Seit 2001 ist Europas größte Holz-Stahlkonstruktion ungenutzt. Nach Ideen, wie es an Ort und Stelle weitergehen soll, wird noch gesucht. Zuletzt war ein Center für junge Start-Ups im Gespräch.

Frank Rzempowski, Chef vom Gecko

Wesentlich belebter ist das **Gecko Torhaus** nebenan. Vor Jahrzehnten betraten Kumpel hier die Zeche, der Betriebsrat hatte ein Büro. Mit dabei: Der Vater des heutigen Gastronomie-Betreibers Frank Rzempowski. Obwohl gelernter Betriebsschlosser, hat er sich mit dem »Gecko« schon früh ein zweites Standbein aufgebaut. Kulinarisch wird Bodenständiges oder Mediterranes geboten, zwischen Emscher und Mittelmeer eben. Das Publikum ist gemischt und wer Glück hat, erfährt auch ein paar Anekdoten von früher.

Sie durchqueren den Park, kommen am **Paul-Reusch-Fördergerüst** vorbei und stellen fest, dass Straßennamen wie »Auf dem Schacht« noch an die Vergangenheit erinnern. Mittlerweile sind am Rande der Olga neue Wohnhäuser entstanden, aber auch Firmen haben sich angesiedelt.

Nach 350 Metern erreichen Sie einen Fahrradweg, dem Sie nach rechts folgen. Nach 250 Metern biegen Sie links ab. Das nächste Ziel, die Siedlung Eisenheim, ist bereits ausgeschildert. Sie lassen ein kurzes Stück rollen und biegen rechts in die *Fahrnhorststraße* ab. Hinter dem Supermarkt geht's nach links auf einen Radweg, dem Sie für 450 Meter durchs Grüne folgen. Wenn der Weg die *Kniestraße* kreuzt, biegen Sie links ab. Die *Kniestraße* beschreibt einen Bogen. Dann fahren Sie unter der ÖPNV-Trasse und der Haltestelle Eisenheim hindurch. Sie erreichen nun die *Eisenheimer Straße* und damit die **Siedlung Eisenheim** ❻. Sie gehört nicht nur zu den bekanntesten Siedlungen Oberhausens, sondern hat wegen der Bewohnerproteste in den 1970er Jahren landesweit für Aufsehen gesorgt.

In der »Kolonie« wurde mehrfach Geschichte geschrieben. Die Häuser, zwischen 1846 und 1897 gebaut, dienten den Hüttenarbeitern und Bergleuten als Unterkünfte. Damit ist Eisenheim die älteste Arbeitersiedlung des Ruhrgebiets. Wenn Sie durch die Straßen rollen und dabei links und rechts schauen, können Sie erahnen, wie die Menschen früher in den Gebäuden gelebt haben. Zu den Wohnungen gehörte jeweils ein kleiner Garten sowie ein Stall. Die 39 noch erhaltenen Häuser waren in vier gleich große Wohneinheiten aufgeteilt. Im Erdgeschoss gehen vom Flur beispielsweise Küche und Wohnzimmer ab, im Obergeschoss befinden sich Schlafzimmer. Besonders geräumig waren die Bleiben nicht. Mittlerweile wurden die Grundrisse teilweise zusammengefasst, um größere Wohnungen zu schaffen.

Das »Blaue Haus der vielen Bücher« setzt einen modernen Akzent in Eisenheim.

Nach dem Zweiten Weltkrieg, mit Beginn der Kohlekrise, verlor die »Hüttenwerke Oberhausen AG« das Interesse an der Siedlung. Stattdessen sollten auf dem Gelände moderne Hochhäuser entstehen. 1961 wurde ein Plan vorgelegt, Eisenheim komplett abzureißen. Dass damit nicht sofort begonnen wurde, lag allein daran, dass es auch Überlegungen gab, die Bundesstraße 223 zu verbreitern. Beide Ideen blockierten sich gegenseitig. Die BewohnerInnen wehrten sich zunächst erfolgreich und machten sich dafür stark, dass sie weiter dort wohnen bleiben konnten. 1969 sammelten sie Unterschriften.

1972 trat dann Professor **Roland Günter** auf den Plan, den viele als »Retter von Eisenheim« bezeichnen. Der Kunst- und Kulturhistoriker kannte Eisenheim bereits aus der Zeit, als er für das Landeskonservatorium arbeitete. Seine Idee war es, die Siedlung vor dem Abriss zu dokumentieren. Roland Günter und seine Ehefrau Janne erforschten, was solche Arbeitersiedlungen bauhistorisch und soziologisch so besonders machte. Eine Projektgruppe organisierte Ausstellungen, gründete einen Quartierrat und veranstaltete Pressekonferenzen, um auf die Situation in Eisenheim aufmerksam zu machen. Außerdem gründeten die BewohnerInnen 1972 eine Arbeiterinitiative, die später Vorbild für 50 weitere Gruppen in anderen bedrohten Siedlungen des Ruhrgebiets werden sollte. Das Engagement führte zum Erfolg: Der Landeskonservator stellte Eisenheim als erste Arbeitersiedlung in der Bundesrepublik unter Denkmalschutz.

Prof. Roland Günter, für viele der »Retter von Eisenheim«

So eine Siedlung ist kein Museum – sie hat sich im Laufe der Jahre verändert. Dokumentiert ist der Kampf um das besondere Quartier im **Museum Eisenheim** ❼, einer Außenstelle des LVR-Industriemuseums. Achtung: Die Ausstellung wird derzeit überarbeitet und voraussichtlich im Jahr 2022 wiedereröffnet.

Roland Günter wohnt noch immer in einem der Häuser. Mit seiner Frau hat er das Projekt »Sprechende Straßen« initiiert. Auf Tafeln kann man sich über die Besonderheiten der Gebäude informieren, erfährt aber auch etwas über ehemalige Bewohner. Mit dem **Blauen Haus der vielen Bücher** ❽ an der *Werrastraße* ist ein modernes Gegenstück im Bauhaus-Stil entstanden. In dem Haus befinden sich eine umfangreiche Bibliothek und ein Archiv zu den Themen Eisenheim, Bürgerinitiativen und Industriekultur. Mit dem angrenzenden **Tonino-Guerra-Park** ist ein poetischer Ort entstanden. Er besteht aus rund einem Dutzend Beton-Skulpturen, die die Bildhauerin **Brigitta Lancé** geschaffen hat. Zu sehen sind etwa poetische Bänke mit Flügeln, Stein-Mosaike sowie Statuen. Eine zeigt den Namensgeber, den italienischen Lyriker und Drehbuchautor Tonino Guerra. Er sitzt auf einem roten Sofa und erzählt. Das Betreten des Parks ist ausdrücklich erlaubt.

Wenn Sie eine Runde über die *Werra-*, *Fulda-* und *Wesselkampstraße* gedreht haben, radeln Sie wieder rechts in die *Eisenheimer Straße*. Nach der Unterführung biegen Sie links in die *Kniestraße* ein und folgen dieser für 450 Meter, bis Sie nach links in die *Vestische Straße* abbiegen. Diese fahren Sie 450 Meter entlang und biegen dann rechts in die *Westerwaldstraße* ein. 700 Meter geht's leicht bergauf durch die hübsche **Siedlung Stemmersberg**. Anders als in Eisenheim handelt es sich bei diesem Quartier, das ebenfalls von der Gutehoffnungshütte gebaut wurde, um eine sogenannte »Beamten-Kolonie«. Sie steht unter Denkmalschutz und ist Teil der Route der Industriekultur.

Von der *Westerwaldstraße* geht's nach links auf die *Dinnendahlstraße*. Nach 60 Metern überqueren Sie die große Hauptstraße, die *Teutoburger Straße*, und biegen vor der Boutique »Hautnah« in die *Antoniestraße* ein. Dieser folgen Sie für 400 Meter, dann macht die *Antoniestraße* einen Knick nach links und führt Sie zum LVR-Industriemuseum **St. Antony-Hütte** ❾.

Oberhausen trägt nicht ohne Grund den Beinamen **»Wiege der Industrie«**: Am Elpenbach begann die Industriegeschichte des Ruhrgebiets. **Franz von Wenge** gründete im Jahr 1758 die St. Antony-Hütte. Der archäologische Park, in dem die Fundamente, Mauerreste und alte Anlagenteile zu sehen sind, liegt unter einem futuristischen Dach – einem tonnenschweren Konstrukt aus 323 Stahlblechschindeln. Die 900 Quadratmeter überspannen eine der wichtigsten Ausgrabungsstätten des Ruhrgebiets. 2006 begannen die Archäologen des Landschaftsverbands Rheinland zu graben und förderten wertvolle Relikte der Keimzelle der Stahlindustrie zutage: alte Werkzeuge ebenso wie so manche Bierflasche einer Sterkrader Brauerei. Außerdem konnte man danach den Standort des ersten Kupolofens bestimmen. In diesem konnte das gewonnene Roheisen wieder verflüssigt und in eine andere Form gegossen werden.

Wie es damals wohl aussah, erläutert ein Parcours über der Ausgrabungsstätte, der aus Info-Stelen und kurzen vertonten, computeranimierten Filmsequenzen besteht.

Das Museum ist Ankerpunkt der **Route der Industriekultur**, erkennbar an der gelben Stele in Form einer Nadel. Die Geschichte wird übrigens gar nicht trocken präsentiert. Michael Weier schlüpft regelmäßig in die Rolle des alten Hüttendirektors **Gottlieb Julius Jacobi**. Und mit dem Chatbot Antonia übernimmt eine freundliche, grauhaarige Comicfigur

Die St. Antony-Hütte präsentiert Geschichte spannend wie ein Krimi.

die virtuelle Führung. Sie fragt: »Was darf ich Ihnen erzählen?« Die BesucherInnen entscheiden – und schon sprudeln die Wissenshäppchen aus ihr heraus. Auf dem Bildschirm erscheinen Bilder und Texte, die natürlich von den KuratorInnen des Museums stammen.

Gegründet wurde die Eisenhütte übrigens damals auf dem platten Land. Und auch danach setzte noch kein Prozess der Urbanisierung der Dorfschaft Osterfeld ein. Ein bisschen kann man noch erahnen, wie beschaulich es damals war: Die kleine Grünfläche neben der alten Direktorenvilla dient als Standort für Bienen. Gegenüber, neben dem archäologischen Park, befindet sich außerdem ein **Urban-Gardening-Projekt**. Hier wachsen Kräuter, Gurken, Erdbeeren und sogar Wein.

Auf geht's zum nächsten Zwischenstopp der Tour, weiter Richtung Norden. Sie folgen der *Antoniestraße* für 300 Meter, biegen dann rechts auf einen Verbindungsweg ab, der Sie nach 100 Metern zur *Elpenbachstraße* führt. Diese fahren Sie 700 Meter entlang, bis Sie die *Dorstener Straße* erreichen. An der Kreuzung biegen Sie rechts ab und fahren die *Dorstener Straße* 850 Meter bis zur *Fernewaldstraße* entlang. Nach rund 600 Metern sehen Sie auf der linken Seite das **Koenings**, eine Mischung aus Bistro und Imbiss. Auf der Karte stehen Currywurst, Schnitzel und Burger. Zu besonderen Anlässen werden manchmal feinere Gänge serviert.

An der Kreuzung *Fernewaldstraße* biegen Sie links ab und nach 300 Metern wieder rechts – die Straße heißt weiterhin *Fernewaldstraße* und führt Sie durch ein Industriegebiet. Wenn Sie nach 1,1 Kilometern unter der Brücke der A2 hindurchfahren, müssen Sie auf den Weg achten. Um zur **Halde Haniel** ⑩ zu gelangen, nehmen Sie den schmalen Pfad und befolgen am besten die Anweisung, indem Sie unter der Brücke hindurch schieben. Anschließend folgen Sie

»Totems« heißt die Installation, bestehend aus ehemaligen Eisenbahnschwellen, auf der Halde Haniel.

dem Schotterpfad durchs Grüne. Ein Wegweiser bestätigt Ihnen, dass Sie auf dem richtigen Weg sind. Wenn Sie allerdings kein geländegängiges Rad haben, sollten Sie sich am Fuß des aufgeschütteten Bergs lieber einen Parkplatz suchen – und per pedes die Halde erklimmen.

Streng genommen bewegen Sie sich gerade entlang der Stadtgrenze zwischen Oberhausen und Bottrop. Mit 159 Metern ist es eine der höchsten Halden im Ruhrgebiet – den »Alpen des Potts«, wie die Hügel auch scherzhaft genannt werden. Sie sind beliebte Ausflugsziele für Mountainbike- oder Wandertouren. Auch Gläubige und TouristInnen kommen hierher. Das Material, aus dem der Berg über Jahrzehnte entstand, stammt vor allem aus der benachbarten Zeche Prosper-Haniel.

Auf dem Plateau wurde 1992 ein Gipfelkreuz aufgestellt, das am 2. Mai 1987 anlässlich des Besuchs von Papst Johannes Paul II. von Lehrlingen des Bergwerks aus Spurlatten gefertigt und von Bischof Hengsbach am Karfreitag 1987 gesegnet wurde.

Die Route ist als **Kreuzweg** angelegt. Entlang der Serpentinen gibt es 15 Stationen, an denen verschiedene Arbeitsgeräte ausgestellt werden und an die Leiden Jesu erinnert wird. Jede Station wird ergänzt durch Zitate aus der Arbeitswelt und von Persönlichkeiten wie Papst Johannes Paul II. oder Franz Kardinal Hengsbach. Seit 1995 pilgern jedes Jahr an Karfreitag tausende Gläubige die Halde hinauf.

Einmal oben angekommen, öffnet sich eine weite Landschaft. Sehenswert ist das **Amphitheater**, die sogenannte Bergarena. Hier finden regelmäßig Veranstaltungen statt, zum Beispiel wurde die Oper »Der fliegende Holländer« inszeniert. 2002 schuf der baskische Künstler **Augustín Ibarolla** seine Installation »Totems«. Mehr als 100 ausgediente Eisenbahnschwellen bearbeitete er mit Säge und Farbe und stellte sie in Reih und Glied senkrecht auf. Dank der Bemalung bilden sie einen bunten Kontrast zur ansonsten grauen Mondlandschaft. Bei gutem Wetter hat man von hier oben einen spektakulären Blick über das Ruhrgebiet. Allein dafür lohnt der Aufstieg.

Falls Sie nach oben gekraxelt sind, sollten Sie langsam den Rückweg zum Fahrrad antreten. Als Nächstes steht ein Besuch eines Golfplatzes an. Wie sollte es anders sein – es ist kein Standardareal, sondern ein echter **Pott-Golfplatz ⓫**.

Auf dem Pott-Golfplatz ist Golf keine elitäre Angelegenheit.

Vom Fuß der Halde Haniel strampeln Sie wieder den Weg zurück Richtung Autobahnbrücke. Dort halten Sie sich links und orientieren sich an den Schildern der alten **Jacobi-Trasse**. Früher ratterte hier eine alte Zechenbahn und verband die Zeche Jacobi mit der Halde. Jetzt lässt es sich über den glatten Weg locker durchs Grüne rollen. Nach 1,4 Kilometern über die alte Bahn biegen Sie rechts auf einen Schotterpfad ab und nähern sich dem Golfplatzgelände. Überreste der alten industriellen Nutzung sind auf dem gepflegten Rasen noch zu sehen. Der Klub existiert seit 1999 und die Macher wollen den Beweis antreten, dass Golf nicht nur ein Sport für Millionäre ist. Mitglied muss man nicht sein, wenn man seine Runde drehen will. Schläger, Taschen, Bälle – alles kann geliehen werden. Die angeschlossene Gastronomie steht nicht nur SportlerInnen offen. Auch RadlerInnen oder SpaziergängerInnen dürfen einkehren.

Sie verlassen den Golfplatz durch den Vorderausgang und fahren 200 Meter die *Jacobistraße* entlang. Dann erreichen Sie die Straße *Im Fuhlenbrock*. Dort biegen Sie rechts ab und durchqueren den Kreisverkehr geradeaus auf die *Siepenstraße*. Diese geht's 550 Meter hinab. Auf der linken Seite kommen Sie am **Waldstadion** des Traditionsvereins **SV Adler Osterfeld** vorbei. Dann biegen Sie in die *Ripsdörnestraße* ein und radeln diese 600 Meter entlang. An deren Ende biegen Sie rechts ab und nach 140 Metern nach links auf die *Vonderorter Straße*. Sie nähern sich nun dem Parkplatz des **Revierparks Vonderort** ⓬.

Der Freizeitpark liegt an der Stadtgrenze zu Bottrop und wurde 1974 eröffnet. Das rund 32 Hektar große Gelände wird von der *Bottroper Straße* in einen Nord- und einen Südteil zerschnitten. Im Norden befinden sich ein Spielplatz, verschiedene Sportanlagen und das Solbad, das derzeit allerdings wegen Renovierungsarbeiten geschlossen ist. Auch der südliche Teil samt Wasserspielplatz, Freizeithaus und einem Pavillon für Veranstaltungen soll in den nächsten Monaten auf Vordermann gebracht werden. Das Motto lautet »Park in Bewegung«. Geplant sind beispielsweise Flächen für Trendsportarten, Bewegungs- und Naturlernpfade. Das Konzept der Revierparks knüpft an die Volksparkideen der 1920er Jahre an. Realisiert wurden die Grünanlagen im Ruhrgebiet in den 1970er Jahren, um den Freizeitwert im ansonsten industriell geprägten »Pott« zu erhöhen.

Blick ins Sparkassen-Archiv

Eine Besichtigung des Parks lohnt sich, wenn er erneuert wurde. Vom Parkplatz radeln Sie rechts die *Bottroper Straße* entlang. Nach 350 Metern kommen Sie an der ehemaligen Eissporthalle vorbei, die nun unter dem Namen **Pflugbeil Arena** firmiert und von den unterschiedlichen Inlinehockey-Teams der »Miners« genutzt wird.

Sie setzen die Fahrt entlang der *Bottroper Straße* für weitere 750 Meter fort. Dann radeln Sie nach rechts in die *Westfälische Straße*. Nach 450 Metern sehen Sie auf der rechten Seite eine Filiale der Sparkasse Oberhausen – direkt daneben befindet sich ein interessantes Museum. Im recht einzigartigen **Sparkassen-Archiv** ⓭ können BesucherInnen nicht nur eine große Sammlung alter Sparbücher bewundern, sondern erfahren auch, dass in Oberhausen der erste Kontoauszugdrucker der Welt in Betrieb genommen wurde. Besichtigungen sind nach vorheriger Anmeldung möglich. Nähere Informationen gibt es unter der Rufnummer 0208/8347240.

Die Tour führt Sie für weitere 70 Meter über die *Westfälische Straße*, dann biegen Sie links auf die *Bergstraße* ab. Nach 120 Metern erreichen Sie die *Gildenstraße*, die Einkaufsstraße von Osterfeld. Die Kaufleute, die hier vor Ort die Stellung halten, sind mit Herzblut bei der Sache. Die Mitglieder der Werbegemeinschaft Osterfeld bekennen: »Wir l(i)eben Osterfeld!« In dem Podcast »Wir in Osterfeld« werden das facettenreiche Leben in dem Stadtteil und die verschiedenen Akteure vorgestellt. Reinhören lohnt sich – abrufbar bei iTunes, Spotify oder podcast.de.

Im Restaurant Jederman arbeiten auch Menschen mit Beeinträchtigung.

Für den Fall, dass Sie zum Tourabschluss einkehren wollen, sei Ihnen das **Bistro Jederman** auf dem Marktplatz empfohlen. Betrieben wird es von der Caritas. Es ist ein schöner Anlaufpunkt in Osterfeld, bietet Mittagstisch, Kaffee und Kuchen – und Menschen mit Beeinträchtigung einen Arbeitsplatz.

Ein weiterer Geheimtipp ist die **Metzgerei Surmann**. Wer die Chance hat, einmal an einem der beliebten Jazz-Konzerte teilzunehmen, die regelmäßig veranstaltet werden, sollte sie ergreifen.

Wenn Sie die *Gildenstraße* entlangrollen, entdecken Sie auch die Alltagsmenschen wieder. Mit diesem Wiedersehen endet die Tour.

ZIEL

Museen & Galerien

In einem ehemaligen Waschhaus der Siedlung **Eisenheim** befindet sich eine **Außenstelle des LVR-Industriemuseums**. Hier können sich BesucherInnen des denkmalgeschützten Quartiers über die Gründung und Entwicklung von Eisenheim informieren. Wie die Menschen dort gelebt haben, offenbart auch ein Blick in eine

So sehen die typischen Häuser der Siedlung Eisenheim aus.

Museumswohnung. Sie befindet sich in einem der 39 erhaltenen historischen Arbeiterwohnhäuser. Unterschiedlichste Exponate, vom Tretroller über den Panhas-Rührlöffel bis hin zum Protest-Transparent, lassen die bewegte Geschichte Eisenheims lebendig werden. Hinweis: Aktuell wird die Ausstellung allerdings überarbeitet. Voraussichtlich 2022 soll das Museum wiedereröffnen. Die Rundgänge durch Eisenheim finden weiter statt.
Berliner Straße 10a (Eisenheim), H Eisenheim, 02234/9921555 (Info-Service und Buchung für Führungen), www.industriemuseum.lvr.de

Im ehemaligen Kontorhaus der **St. Antony-Hütte** erfahren Interessierte Spannendes darüber, wie Oberhausen zur Wiege der Industriekultur wurde. Die Schilderungen der handelnden Herren namens Jacobi, Haniel, Krupp und Wenge gleichen einem historischen Wirtschaftskrimi. Es geht um nicht weniger als Betrug, Gewalt und Machtpolitik. Die Ausstellung bietet zudem interaktive Elemente. An einer virtuellen Station kann man spielerisch einen Hochofen beschicken und als Hüttenmeister Eisen schmelzen. Wechselausstellungen runden das informative Angebot ab. Tipp: Im Museumsshop kann man den Antony-Honig kaufen, den die Bienen rund um das Areal sammeln.
Antoniestraße 32–34 (Klosterhardt), Di–Fr 10–17 Uhr, Sa & So 11–18 Uhr, H St. Antony-Hütte, 02234/9921555, www.industriemuseum.lvr.de

Die **Burg Vondern** ist ein historisches Kleinod, eingeklemmt zwischen Rangierbahnhof und A42. Das Gebäudeensemble besteht aus der prächtigen spätgotischen Vorburg. BesucherInnen betreten den Hof durch ein Tor, dahinter fallen das barocke Haupthaus und eine modernisierte Remise ins Auge. Ein engagierter Förderkreis sorgt dafür, dass die Geschichte der Burg, die vermutlich bis 1266 zurückreicht, lebendig bleibt. Auf Schautafeln können sich Interessierte informieren. Wer die Burg besuchen möchte, sollte einen Blick in den Veranstaltungskalender werfen. Regelmäßig finden hier beispielsweise Matineen statt. Beliebt

Hagen Hoffmann bietet Touren an.

ist auch das Ritterfest. Um einen Eindruck zu gewinnen, wie es früher auf der Burg zuging, kann man an einer Führung teilnehmen.

Arminstraße 65 (Vondern), H Burg Vondern, 0208/896297 (Burgbüro zeitweise besetzt), www.burg-vondern.de

Der erste Kontoauszugdrucker steht im Sparkassen-Archiv.

1865 wurde die Sparkasse Oberhausen gegründet. Bürgermeister Schwartz wollte erreichen, dass die Menschen ihr Geld zur Seite legen. Zehn Silbergroschen, »maximal 200 Thaler«, musste man mindestens einzahlen. Daran erinnert das **Sparkassen-Archiv** ebenso wie an die erste Maschine, mit der Kundendaten auf Plättchen geprägt wurden. Ausgestellt wird eine Sammlung verschiedener Notgeld-Scheine, auch mit Motiven der Burg Vondern, historischer Sparbücher und Plakate, mit denen die KundInnen gelockt werden sollten. Spardosen werden präsentiert, die die Kinder früher zum Weltspartag trugen und auch in Akten können sich Interessierte vertiefen. Besuche sind nach Voranmeldung zu den Öffnungszeiten der Sparkasse möglich. Eintritt frei.

Westfälische Straße 5 (Osterfeld), Mo–Do 9–13 Uhr & 14–16 Uhr, Fr 9–13 Uhr, H Westfälische Straße, 0208/8347240, www.stadtsparkasse-oberhausen.de

Sport & Freizeit

Das **Solbad Vonderort** ist Teil des gleichnamigen Revierparks, der auf der Stadtgrenze zwischen Oberhausen und Bottrop liegt. Während zahlreiche Wege, die sich durch das 32 Hektar große Parkgelände ziehen, zum Spazieren einladen, kann man hier die Seele baumeln lassen. Der Garten ist großzügig gestaltet. Schwitzen kann man etwa in einer Erd-, Teich- oder Blockbohlensauna, teilweise nach Geschlechtern getrennt. Zur weiteren Entspannung wurden heimelig-hübsche Ruhezonen geschaffen. Massagen und Kosmetikanwendungen sind separat buchbar. Beliebt sind auch die Saunanächte. Im Sommer lockt das benachbarte Freibad. Eintritt für Erwachsene ab 15 Euro (Zwei-Stunden-Ticket für Sauna und Solbad). Am Wochenende zwei Euro Zuschlag. Der Eintritt ins Freibad kostet für Erwachsene fünf Euro, Kinder unter einem Meter zahlen einen Euro, alle anderen 3,50 Euro.

Bottroper Straße 322 (Vonderort), Mo-Do 8–22.30 Uhr, Fr & Sa 8–23 Uhr, So 8–21 Uhr (Kassenschluss 1,5 Stunden früher), H Revierpark Vonderort, 0208/999680, www.revierpark.com/solbad

Das 26 Hektar große Gelände der ehemaligen Oberhausener Landesgartenschau (**Olga**) ist ein beliebtes Ausflugsziel für Familien und SpaziergängerInnen. Kleine Gäste können nicht nur auf den Wiesen toben, für sie gibt es etwa einen Wasserspielplatz oder Tore zum Fußballspielen. Vom Aussichtsturm »Schwarzes Tor« hat man aus 16 Metern Höhe einen guten Ausblick über die zahlreichen Brücken hinüber zum Centro und

Aussichtsturm im Olga-Park

Gasometer. Geöffnet ist das ganze Jahr, der Eintritt ist frei.
Vestische Straße 45 (Osterfeld), H Olga-Park

Der **Volksgarten Osterfeld** ist der Geheimtipp unter den Oberhausener Parks. Die Grünanlage misst etwa 16 Hektar, die BesucherInnen eine große Vielfalt bieten. Spazierwege führen durch Mischwald, vorbei an Rasenflächen, allerlei Rosen, Stauden und anderen Gehölzen. Für Kinder ist eine kleine Spielfläche vorhanden.
Mergelstraße/Teutoburger Straße,
H Westerwaldstraße

Strukturwandel mal anders: Dort, wo früher auf der Zeche Jacobi malocht wurde, schwingen GolferInnen heute ihre Schläger. **Volksgolfplatz** nennen die MacherInnen die volksnahe Variante des sonst eher elitären Sports. Es geht hier bewusst lässig zu. Zweimal neun Löcher können auf dem Platz gespielt werden. Wer erst einmal üben möchte: Die Driving-Range kann ohne Vorkenntnisse genutzt werden. EinsteigerInnen können aber auch einen Schnupperkurs für 29 Euro buchen.
Jacobistraße 35 (Klosterhardt),
Mo–So 9–19 Uhr, H Jacobistraße,
0208/2997335, www.gcob.de

Übernachten

Das **Parkhotel Oberhausen** begrüßt seine Gäste in zwölf Sprachen. Das komfortable Vier-Sterne-Superior-Haus gibt es seit Jahrzehnten. Fußballprofis übernachten hier gern bei Auswärtsspielen im Ruhrgebiet, es ist aber auch eine beliebte Adresse für RadfahrerInnen oder TouristInnen, die Ausflüge in die Region machen wollen. Das Hotel verfügt über 98 Zimmer in den Kategorien Standard (ab 85 Euro pro Nacht), Komfort (ab 105 Euro), Deluxe (ab 125 Euro) und Juniorsuite (ab 155 Euro). Die größeren Zimmer bieten teilweise Badewanne sowie Fernsehgerät, Whirlpool und Balkon. Das moderne, gediegen-gemütliche Design in Cremetönen trägt die Handschrift von Chefin Uschi Wischermann-Bruckschlegel.

Komfortabel übernachten im Parkhotel

Mit zuvorkommender, aber nicht aufgesetzter Freundlichkeit schaffen sie und ihr Team eine Atmosphäre zum Wohlfühlen. Für TouristInnen werden Arrangements angeboten. Bei diesem Paket möchte man gerne noch mal Kind sein – für die kleinen Gäste ist eine Eis-Flatrate inklusive. Für Verliebte wird das Zimmer auf Wunsch mit Rosen und Kerzen dekoriert. Frühstück kostet zwölf Euro extra. Räder kann man für zehn Euro pro Tag leihen.
Teutoburger Straße 156 (Klosterhardt),
H Westerwaldstraße, 0208/69020,
www.parkhotel-oberhausen.de

PROMI TIPP

Opa Hausen

Opa Hausen

Opa Hausen ist der Kult-Rentner von Oberhausen. Er kennt seine Stadt wie kein anderer und kann eine Menge über sie erzählen. Und das tut er auch! Auf »Ruhrpott-Deutsch« kommentiert er alles rund um Oberhausen auf seiner Facebook- und Instagramseite »in diesem Internetz«. Themen sind Kultur, Museen, historische Ereignisse, Traditionen und auch das aktuelle Geschehen. Und weil der ehemalige Bergmann mit der Kerze auf dem Helm sein Wissen über das Ruhrgebiet so unterhaltsam auf Mundart vermittelt, ist er nun auch mit dem Heimatpreis des Landes NRW für die Stadt Oberhausen ausgezeichnet worden. Hinter der Figur steckt übrigens Ideengeber und Puppenbauer Dirk Trachternach mit seinem Team Maik Heimes und Peter Schütte. Was man sich bei einer Tour durch Oberhausen am besten anschauen sollte, erzählt Opa aber lieber selbst:

»Also, ich bin ja gebürtich hier aus Oberhausen – und hier kenn ich allet. Und son guten Tach geht für mich mit nem lecker Kaffee inne Homebar oder beie Cordes in Sterkrade los. Die haben gez sogar Pralinen von mir – klein und süß, so wie ich et bin! Und beim Stadtbummel in Sterkrade oder inne Innenstadt gibt et auch immer wat zu kucken. Nache Antonyhütte muss man natürlich unbedingt hin – dat is ja quasi die Geburtsstätte vonne Ruhrindustrie. Dann vielleicht noch zum Gasometer, inne Ludwig Galerie, inne Siedlung Eisenheim, innet Ebertbad ... oder ... ach Kinners: Hier gibbet so viel zu kucken, da brauchse gar nich weit wechfahrn. Und wenne mich unterwechs ma triffs, sach ma Tach! Denn so sind wir Leute aus Oberhausen: offen, kontaktfreudich und auch vielleicht ma wat ruppich – aber zum Klönen immer zu haben.«

FERIENWOHNUNG

»Schön, dass Du da bist« steht auf der Fußmatte von Bettina Kortz, und genauso herzlich fällt die Begrüßung der Gäste aus. Die beiden Ferienwohnungen tragen nicht ohne Grund den Namen **Liebevoll**. Sie und ihr Mann reisen selbst gerne und wissen, was sich Urlauber wünschen. Beide Unterkünfte sind modern und komfortabel eingerichtet. Buddha-Figuren sorgen für ein entspanntes Flair. Im Sommer darf der hübsche Garten samt Bambus-Lounge mitgenutzt werden. Auf Nachfrage stehen auch ein Kinderbett oder Hochstuhl zur Verfügung. Die Gastgeber können jede Menge Tipps für Ausflüge in die Umgebung geben. Die kleinere Wohnung für zwei Personen kostet 50 Euro pro Übernachtung – der Mindestaufenthalt liegt bei vier Nächten. Die größere Bleibe bietet Platz für vier Personen und kostet 99 Euro. Endreinigung und Nebenkosten sind inklusive. Ab einer Woche wird es günstiger. Die Lage ist zentral und dennoch ruhig – Urlaub mit Wohlfühlgarantie.

Michelstraße 43 (Rothebusch),
H Michelstraße, 0208/891682,
www.ferienwohnungen-liebevoll-oberhausen.de

Bettina Kortz begrüßt die Gäste in ihrer Ferienwohnung.

Gastronomie

CAFÉS UND FRÜHSTÜCK

Das Bistro **Jederman** auf dem Osterfelder Marktplatz ist eine Erfolgsgeschichte. Gegründet und betrieben von der Caritas, soll es Menschen mit Behinderung und psychischen Erkrankungen eine Arbeitsgelegenheit bieten. Mittlerweile ist das gemütliche Café im Pavillon zu einem Treffpunkt

Inklusiv genießen im Jederman

für alle geworden. MarktbesucherInnen kehren ebenso auf einen Kaffee ein wie ältere OsterfelderInnen, die den Mittagstisch schätzen. Nachmittags gibt's Kaffee und Kuchen. Das Team engagiert sich vielfältig und mit Herzblut. Es werden zum Beispiel Leseabende veranstaltet oder Kunstwerke ausgestellt. Wenn was im Stadtteil los ist, ist das Jederman garantiert mit von der Partie. Und ganz nebenbei wird Inklusion gelebt – toll.

Gildenstraße 19 (Osterfeld),
Mo, Mi & Do 8–18 Uhr, Di & Fr 7–18 Uhr, Sa 9–15 Uhr, So 15–18 Uhr, H Osterfeld Bahnhof Süd, 0208/82878086, www.jederman-ob.de

Valentino ist in Osterfeld für kalten Genuss bekannt, schließlich fahren die gleichnamigen Eiswagen schon seit Jahren durch die Straßen. Seit ein paar Jahren betreiben die Macher nun an der Gildenstraße ein Café. Wer also nicht warten will, bis Enrico Gurrera und seine Kollegen vorbeikommen, bekommt vor Ort kugelweise Vanille, Stracciatella und andere saisonale Sorten. Beliebte Adresse.
Gildenstraße 15 (Osterfeld), Mo–Sa 9–20 Uhr, So 11–20 Uhr (Im Sommer länger geöffnet), H Osterfeld Bahnhof Süd, 0162/4031311

Kronleuchter unter der Decke, Kaffee in Kännchen und Kuchen von Goldrandtellern. Ein Besuch bei Angelika Wenzel-Wohlsdorf und Ulrich Wohlsdorf ist eine Zeitreise. Die Chefin ist die Namensgeberin von **Geli's Café** und hat das ehemalige Bauernhaus der Familie Große-Brockhoff in ein charmant-nostalgisches Schätzchen verwandelt. Historische Dokumente an der Wand geben Aufschluss über die Geschichte des Hauses. Der Ofen ist übrigens nicht so alt wie er aussieht und prasselt an kalten Tagen gemütlich. Morgens wird auf Vorbestellung Frühstück serviert – die Zutaten werden hübsch auf einer Etagere angerichtet. Gutes Preis-Leistungs-Verhältnis. Nachmittags verrät ein Spiegel, welche selbst gebackenen Kuchen es gibt. Hoher Wohlfühlfaktor.
Arminstraße 1 (Vondern), Mi–Fr 9.30–13 Uhr, Sa & So 9.30–18 Uhr, H Arminstraße, 0208/895995, www.gelis-cafe.metro.biz

Geli's Café befindet sich in einem ehemaligen Bauernhaus.

GUTBÜRGERLICH

Das **Haus Koopmann** ist eine Traditionsgaststätte, wie es sie heute nur noch selten gibt. Vereine versammeln sich hier, Stammtische kehren ein. Wirt Bernd Greve versorgt seine Gäste nicht nur mit frisch Gezapftem, sondern auch mit Klassikern – von der Gulaschsuppe über Strammen Max bis zum Filet-Topf »Haus Koopmann«. Schneller, freundlicher Service und gutes Preis-Leistungs-Verhältnis.
Kniestraße 27 (Eisenheim), Mo–Di & Do–Sa 17–1 Uhr, So 10–14 Uhr & 17–1 Uhr, H Eisenheim, 0208/891194

In der schönen Siedlung Stemmersberg, einst erbaut für die Angestellten der Gutehoffnungshütte, befindet sich das Speiselokal **Zum Stemmersberg**. Die Chefs Conny und Georg sorgen für familiäre Atmosphäre. Auf der Karte steht gutbürgerliche Küche, die saisonal von Spargel bis Gänsekeule variiert. Alles wird frisch zubereitet, manchmal muss man deshalb etwas länger warten – doch die Gäste finden: Das lohnt sich.
Stemmerstraße 1 (Heide), Di–Sa 17–0 Uhr, So 11–14 Uhr & 17–0 Uhr, H Elly-Heuss-Knapp-Straße, 0208/669111, www.zum-stemmersberg.metro.rest

Surmann lohnt einen Besuch.

Ursprünglich war die Fleischerei **Surmann** eine traditionelle Metzgerei, die neben Wurst und Fleisch auch warme Speisen anbot. Vor ein paar Jahren hat die Familie ihren Betrieb um ein modernes Bistro erweitert. Ein Besuch lohnt zu sämtlichen Tageszeiten. Morgens kann man mit einem Frühstück in den Tag starten. Das Buffet bietet Leckeres aus der Metzgerei, aber auch süße Aufstriche. Mittags werden gehobene Mahlzeiten serviert. Die Gerichte wechseln täglich. Lohnenswert ist ein Besuch, wenn abends ein Konzert oder eine Ausstellung stattfindet. Die Seniorchefs engagieren sich in der Kulturszene und bieten KünstlerInnen und MusikerInnen immer wieder Raum. Wer einen Platz reserviert, kann vor Veranstaltungsbeginn auch speisen. Die Konzerttermine werden auf der Internetseite bekanntgegeben.

Gildenstraße 1 (Osterfeld), Frühstück von 8–11 Uhr & Mittagstisch 12–14 Uhr, H Osterfeld Bahnhof Süd, 0208/82849020, www.fleischerei-surmann.de

FLEISCH & BURGER

Das Restaurant **Zur Antony-Hütte** ist seit Generationen bekannt und beliebt. Es teilt sich in zwei Bereiche auf. »Über Tage« wird in dem Lokal klassische Wirtshausküche aufgetischt. FleischesserInnen sei hingegen das sogenannte »Grillgewölbe« empfohlen. Dort werden Spießchen angeboten oder Steaks, die bei 800 Grad gegrillt werden. Die Beilagen werden extra berechnet. Im Sommer kann man im Biergarten gemütlich draußen sitzen.

Hasenstraße 20 (Klosterhardt), Di–Sa 16–24 Uhr, So 11–24 Uhr, H Klosterhardter Straße, 0208/6349552, www.antony-huette.com

VEGETARISCH & VEGAN

Weil **Falafel 1001**-Gründer Muhamed Khalil die besten Kichererbsenklopse selbst macht, eröffnete er vor einigen Jahren einen Imbiss in Duisburg. Nun will sein Cousin Basil an der Ketteler Straße in den alten Räumen der legendären Pommesbude Reichstein die OberhausenerInnen auf den Ge-

Mmh, Basil serviert Falafel deluxe.

schmack bringen. Die Karte ist komplett vegan und die Rezepte stammen von Khalils Großmutter – er hat sie sich abgeguckt, wenn er bei ihr in der

Küche saß. Die Falafel gibt's als Sandwich. In der Deluxe-Variante gehören noch Bratkartoffeln zur Füllung. Mmh: Die Tellergerichte sind riesig. Gutes Preis-Leistungs-Verhältnis.
Kettelerstraße 1a (Osterfeld), Di–So 12–21 Uhr, H Westfälische Straße, 0163/8324271, www.falafel-1001-oberhausen.de

FÜR GUT

Das Restaurant **Zur Bockmühle** gehört zum Parkhotel und ist weit über Oberhausens Grenzen für seine exquisite Küche bekannt. Serviert werden gehobene Gerichte mit dem gewissen Etwas, passend zur Jahreszeit. Die Entenbrust wird beispielsweise von Blutorangen-Gel begleitet, auf der Suppe befindet sich noch ein Schäumchen. Stilvolles Ambiente, aufmerksamer Service. Reservierung ratsam.
Teutoburger Straße 156 (Klosterhardt), Mo–Sa 18–22 Uhr, H Westerwaldstraße, 0208/69020, www.parkhotel-oberhausen.de

INTERNATIONALE KÜCHE

Bei diesen Portionen freuen sich die Götter: Georgios Dimas und sein Team sorgen für griechische Momente. Der Eingang des Lokals **Aphrodite** ist von Säulen eingerahmt, das Interieur mediterran. Kalte und warme Vorspeisen sind schmackhaft, die Grillgerichte und Platten auch für den größeren Hunger dimensioniert. Für Freunde von »Alle Neune«: Kegelbahnen sind ebenfalls vorhanden. Im Sommer wird im Gartenrestaurant draußen gedeckt. Beliebt, deshalb besser reservieren.
Koppenburgstraße 50 (Rothebusch), Mo–Sa 17–22 Uhr, So 12–20 Uhr, H Am Mühlenbach, 0208/896838, www.aphrodite-oberhausen.de

Dolce Vita mit Naherholungseffekt: Das **Ristorante Waldhof** befindet sich im Revierpark Vonderort und ist ein typisches Ausflugslokal. SpaziergängerInnen können nach einer Runde durch den Park auf einen Cappuccino, ein Stück Kuchen oder Tiramisu einkehren. Für alle, die es herzhaft mögen, stehen Pizza und Pasta auf der Karte. FrühaufsteherInnen bekommen Frühstück, sonntags als Buffet. Auf der Terrasse hat man einen schönen Blick über das Gelände, das in den nächsten Monaten allerdings saniert wird.
Bottroper Straße 322 (Vonderort) Öffnungszeiten Café: Di–So 8.30–18 Uhr (Frühstück bis 12 Uhr), Restaurant: Di–So 12–23 Uhr, H Revierpark Vonderort, 0208/8287600

Im ehemals gutbürgerlichen Restaurant Haus Reimann wird mittlerweile indische Küche aufgetischt. **Nawaab** heißt das Lokal, das aus der Traditionsgaststätte mit dezenter Deko fernöstliches Flair kreiert. Die Karte bietet die Klassiker in guter Qualität und mit passendem Schärfegrad. Samstags gibt's verschiedene Spezialitäten vom Buffet.
Rothebuschstraße 122 (Rothebusch), Di–Fr 12–15 Uhr & 17–22 Uhr, Sa & So 12–22 Uhr, H Bertholdstraße, 0208/602622, www.restaurant-nawaab.de

Die **Taverne Artemis** gehört zu den alteingesessenen griechischen Restaurants in Oberhausen. Die Gerichte sind authentisch, wenn auch sehr fleischlastig. VegetarierInnen können die Vorspeisen allerdings auch als Hauptgang ordern. Die vielen Stammgäste loben das gute Preis-Leistungs-Verhältnis und die Atmosphäre.
Elpenbachstraße 62 (Klosterhardt), Mo–Sa 17–23 Uhr, So 11.30–23 Uhr, H Klosterhardter Straße, 0208/6217049, www.artemis-taverne.de

AUF DIE SCHNELLE

Schaschlik, Currywurst-Pommes oder Schnitzel: **Ulli's Grillstube** ist ein Traditionsimbiss, der die Frittenversorgung in Klosterhardt sicherstellt. Die Currywurstsoße schmeckt fruchtig-tomatig, wem der Sinn nach frisch gekochter Hausmannskost steht, wählt den wechselnden Mittagstisch. Ein paar Sitzplätze sind vorhanden, die meisten nehmen das Essen aber mit.
Teutoburger Straße 181 (Klosterhardt), Mo–So 11.30–22 Uhr, H Westerwaldstraße, 0208/603385

Asiatische Nudelsuppen und Bowls liegen im Trend – das kleine Lokal **Hot Cook** ergänzt das asiatische Speisenangebot im Oberhausener Norden. Die Gerichte heben sich wohlschmeckend vom typischen Asia-Einerlei ab. Die typischen Teigtaschen, Gyoza, sind selbst gemacht. Wer lieber Suppe, Ramen, ordert, kann zwischen verschiedenen Einlagen und Brühen wählen. Hier werden KarnivorInnen und VeganerInnen satt und glücklich. Eher Imbiss als Restaurant.
Teutoburger Straße 234 (Klosterhardt), Di–So 11.30–21.30 Uhr, H Harkortstraße, 0208/88425886, www.hotcook.de

Futtern wie bei Muttern: Wer keine Lust hat, selbst zu kochen, bekommt im **Imbiss Henkelmann** nicht nur Schaschlik, Frikandel und Pommes, sondern auch einen viel gelobten Mittagstisch. Meist stehen gutbürgerliche Gerichte auf der wechselnden Karte. Günstig und gut.
Bergstraße 101 (Rothebusch), Mo–So 11–18 Uhr, H Michelstraße, 0177/3004632

KNEIPEN & BARS

Am Rande des Olga-Geländes betreibt Frank Rzempowski die stylisch-lässige Location **Gecko Torhaus**. Der Autodidakt, der sich vor Jahren Tipps von dem bekannten Koch Stefan Opgen-Rhein hat geben lassen, und seine Crew haben ein Händchen dafür, eine schöne Atmosphäre zu zaubern: indoor ebenso wie outdoor im Biergarten – Sandstrand inklusive. Hier ist ein Platz an der Sonne begehrt. Kulinarisch variiert das Angebot von hausgemachter, gutbürgerlicher Küche bis zu mediterranen Spezialitäten. Ein Geheimtipp in Osterfeld.
Vestische Straße 45 (Osterfeld), Di–Do ab 17 Uhr, Fr 12–14 & ab 17 Uhr, Sa 17–23 Uhr, So 15–19 Uhr, H Zeche Osterfeld, 0208/668206, www.gecko-oberhausen.net

Schottes Kneipe ist ein uriger Pub mit reichlich Patina, in den Oberhausener Stammgäste, aber auch Gäste des Parkhotels gerne einkehren. Zu dem Namen kam die Kneipe wohl, weil der frühere Besitzer etwas knauserig war. An den Wänden hängen zahlreiche Mannschaftsfotos von Profifußballern, die schon mal zu Besuch kommen, wenn sie in der Nähe kicken. An der Theke und in den Sitznischen geht's bodenständig zu. Zu »Hopfenschaumsüppchen auf Bierdeckel« annonciert eine kleine Karte Salat, Suppe und Burger.
Teutoburger Straße 156 (Klosterhardt), Mo–So 18–24 Uhr, H Westerwaldstraße, 0208/69020, www.parkhotel-oberhausen.de

In Schottes Kneipe geht's urig zu.

Einkaufen

FEINKOST & SPEZIALITÄTEN

Lange bevor Andreas Düppengießer sein erstes Weingeschäft eröffnete, beschäftigte er sich bereits mit Trauben und der Frage, wie Wein produziert wird. Er wuchs in einem Weinanbaugebiet auf und erklärt sein Interesse lächelnd mit »frühkindlicher Prägung«. In seinem **Weinhaus Osterfeld** versammelt er italienische, französische, deutsche oder Tropfen aus Übersee. Zudem bietet er lokale Spezialitäten wie den Gin »Schachtwasser« oder »Alten Osterfelder« Schnaps an. Eine Auswahl an Feinkost-Zutaten rundet das Sortiment ab.

Bottroper Straße 153 (Osterfeld),
Di–Fr 11–19 Uhr, Sa 10–15 Uhr,
H Osterfeld Süd Bf, 0208/74176707,
www.weinhaus-osterfeld.de

Im Regal von Uwe Rüdel warten Blondie, Mausi mit Nuss, knusprige Kumpel und natürlich Chefs Liebling: So heißen die Brote, die der Bäckermeister noch ganz traditionell herstellt. Das Besondere an **Zuckersüß und Lecker Brot**: Das Geschäft öffnet erst mittags, damit die Stullen für das Abendbrot möglichst frisch sind. Seine Frau Maria ist für den zuckersüßen Part zuständig. Sie hat sich auf aufwändig verzierte Hochzeits- und Festtagstorten spezialisiert, die auf Bestellung gefertigt werden. Wer einen Vorgeschmack bekommen möchte: Für den kleinen Hunger gibt's verschiedene Stücke Kuchen und Cake-Pops.

Arminstraße 4 (Vondern), Di–Fr 13.30–18.30 Uhr,
Sa 9–13 Uhr, H Arminstraße, 0208/69408616,
www.facebook.com/zuckersuessundleckerbrot

»Simit« heißt übersetzt Sesamring, doch der **Simit Palast** bietet noch einiges mehr als die leckeren Kringel. In der alteingesessenen türkischen Bäckerei bekommen KundInnen süßes und herzhaftes Gebäck. Wer die Ware nicht zu Hause verputzen möchte, kann vor Ort an einem der wenigen Tische zum Beispiel Tee trinken oder die Linsensuppe probieren.

Gildenstraße 18 (Osterfeld), Mo–Fr 7–19 Uhr,
Sa 7–16 Uhr, So 9–14 Uhr, H Osterfeld Süd Bf,
01578/3634254

MODE & DESIGN

Friede, Liebe, schöne Mode – willkommen in »Obiza«. Riesige Buddhaköpfe und bunte Peace-Zeichen begrüßen die Modeliebhaberinnen, die das Atelier von Anne Große-Segerath besuchen. Unter dem Namen **Cle-Design** näht sie eigene Kollektionen, die das Gegenteil von schneller Mode

Cle-Design setzt auf Nachhaltigkeit.

sind. Die Chefin kennt die ProduzentInnen der Bio-Baumwolle, färbt das Garn selbst, batikt oder verziert alte Parka mit bunten Motiven. Jedes Teil ist ein Unikat. Anfang der Woche wird produziert, ab Donnerstag können Modebewusste die Neuigkeiten entdecken.

Arminstraße 103 (Vondern), H Breilstraße,
Do–Sa 11–21 Uhr, 0177/4101666,
www.instagram.com/annecledesign

Die Marke **Ulla Popken** hat sich auf Kleidung ab Größe 42 spezialisiert. In Osterfeld betreibt das Unternehmen ein **Outlet**, in dem vor allem Frauen eine große Modeauswahl finden. Auf den langen Kleiderstangen hängen etwa Shirts, Hosen, Jacken verschiedener Kollektionen. Wie beim Lagerverkauf üblich: Kundinnen sollten sich eher überraschen lassen als gezielt etwas zu suchen. Auch Gina Laura-Mode und Herrenbekleidung im Programm.

Bottroper Straße 166 (Osterfeld),
Mo–Fr 10–18.30 Uhr, Sa 10–16 Uhr,
H Osterfeld Süd Bf, 0208/3771130,
www.ullapopken.de/lagerverkauf

Die Mode, die Melanie Schmitz-Brackmann anbietet, geht den Kundinnen im Wortsinn **Hautnah**. In der Boutique findet frau Schönes für drunter – romantische Dessous oder auch Markenware für den Alltag. Bademoden und Sport-BHs sind ebenfalls erhältlich, übrigens nicht nur in den Standardgrößen. Die Auswahl reicht von A bis M und von 36 bis 60, gemäß dem Motto: »Sei stolz auf deinen Körper.«

Antoniestraße 1–3 (Klosterhardt),
Mo–Fr 10–18.30 Uhr, Sa 10–14 Uhr,
H Westerwaldstraße, 0208/600650,
www.hautnah-dessous.de

ORIGINELLES & ORIGINALE

Seit mehr als 30 Jahren setzen sich engagierte Ehrenamtliche der evangelischen Auferstehungsgemeinde für eine gerechtere Welt und nachhaltigeren Umgang mit Ressourcen ein. Wer im **Eine-Welt-Laden** Schokolade, Schreibwaren und kleine Geschenke kauft, unterstützt die Eine-Welt-Arbeit. Der Erlös wird für verschiedene Hilfsprojekte gespendet. Zum Sortiment gehört auch Oberhausener Kaffee aus fairem Anbau.

Bottroper Straße 163 (Osterfeld),
Di 10–12 & 16–18 Uhr, Do 16–18 Uhr, Fr 10–12 Uhr, Sa 10.30–12.30 Uhr, H Osterfeld Süd Bf,
0208/891369

Feuersäulen, die dem Lieblingsverein gewidmet sind, stählerne Behälter für Teelichter oder Bilder mit Ruhrpott-Skyline: Alexandra Viefhaus fertigt Heimatliebe **Made of Steel**: Die Deko-Artikel, die das Stahl- und Metallbau-Unternehmen herstellt, kommen gut an – und werden gerne verschenkt. Mittlerweile sind einige der Objekte in ganz Deutschland zu finden. Auf Wunsch werden auch Unikate gefertigt.

Andrea Viefhaus (re.) und ihr Team fertigen Ruhrpott-Deko made in Oberhausen.

Bergstraße 5 (Osterfeld),
Mo–Do 7.45–16.15 Uhr, Fr 7.45–12.15 Uhr,
H Kampstraße, 0208/7400960,
www.madeofsteel-oberhausen.de

PROMI TIPP

Matthias Reuter

Matthias Reuter ist Musikkabarettist und tritt mit seinen Programmen nicht nur in Oberhausen auf. Dort aber natürlich auch und gerne, z. B. im Ebertbad oder mit der regelmäßigen Kabarettshow »Nachgewürzt« im Zentrum Altenberg.
Termine findet man unter: www.matthiasreuter.de

Vor einiger Zeit hat mir ein Freiburger derart begeistert von seinem Kurzurlaub in Oberhausen erzählt, dass ich überlegte, ob ich nicht ins Ansichtskartengeschäft einsteigen soll. Also stellte ich mir die Frage: Was gehört eigentlich alles auf eine Oberhausener Ansichtskarte drauf?
Auf jeden Fall der Gasometer, das Schloss und der Rhein-Herne-Kanal. Das sollte man gesehen haben (so sagt man auch in Freiburg). Ich würde die Fahrradtrassen in Oberhausen noch dazunehmen. Mit der richtigen Radkarte in der Tasche (gibt´s bei der Radstation am Hbf) kann man z. B. auf der HOAG-Trasse, entlang der Emscher oder auf der Jacobi-Trasse die ganze Stadt autofrei strampelnd und ohne Stress erkunden und vielleicht auch mal 'nen Ausflug nach Bottrop, Duisburg oder Dinslaken machen (sind alle mittlerweile auch touristisch erschlossen). Danach trinkt man noch ein großes Pils und übernachtet dann in der Nähe des Centros im »In Hostel Veritas«.
Und am nächsten Tag fährt man nach Sterkrade und geht dort im Volkspark spazieren. Der muss auch noch mit auf die Ansichtskarte. Genauso wie das Industriemuseum, das Zentrum Altenberg, das Ebertbad und der Ebertplatz, das Druckluft, die Burg Vondern, das Theater Oberhausen und mindestens ein Brahma Hahn aus dem Kaisergarten.
Und dann ist die Karte aber auch voll. Dann muss man 'ne zweite anfangen. Oder noch mal wiederkommen. Für drei Wochen. Warum eigentlich nicht?

Sterkrade

Radtour Sterkrade
(rund 26 km)

Start & Ziel: Bahnhof Sterkrade

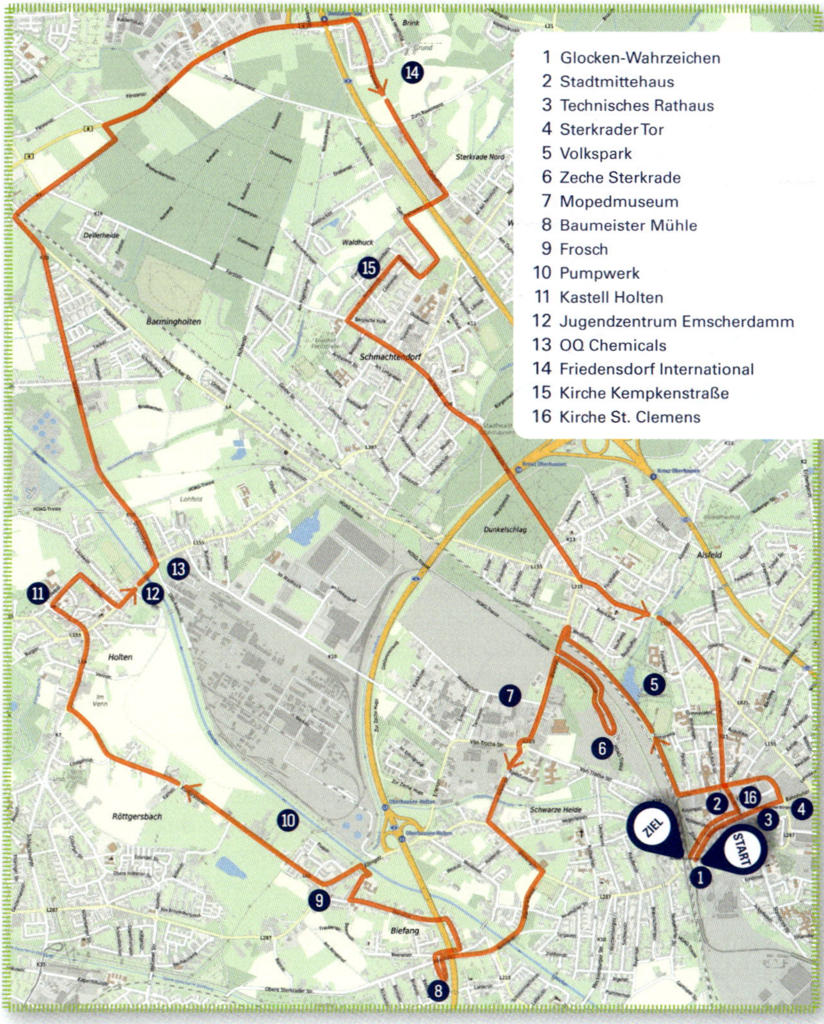

Die Tour auf Komoot

Willkommen im Norden der Stadt: Sterkrade ist flächenmäßig der größte Bezirk Oberhausens. Unter der althochdeutschen Bezeichnung »Starkinrotha« wurde die Siedlung erstmals 890 erwähnt – seit 1929 gehört der Bereich zu Oberhausen. Heute zählt Sterkrade rund 80.000 BewohnerInnen. In der Fußgängerzone kann man schön bummeln, es finden sich noch traditionsreiche Geschäfte. Der Markt ist der größte und beliebteste in der Stadt und lockt mittwochs und samstags zahlreiche PassantInnen. Unsere Radtour beginnt zentral am Bahnhof, führt vorbei an verschiedenen Kapiteln der Industriegeschichte, aber auch durchs Grüne. Sie entdecken Parks, Hofläden und manchen kulinarischen oder kulturellen Geheimtipp.

Sie starten am *Arnold-Rademacher-Platz* vor dem Bahnhof, direkt neben den **Glocken ❶**, einem wichtigen Wahrzeichen der Stadt. Diese waren ab 1953 Teil des Glockenspiels, das sich im Turm des Stadtmittehauses befindet. Jahrzehntelang konnten die Sterkrader der Melodie lauschen, doch im Laufe der Zeit stellte sich heraus, dass das verwendete Material nicht ganz einwandfrei war – das Geläut musste ersetzt werden. Die neuen Exemplare wurden 1994 eingeweiht. Damit die alten erhalten bleiben konnten, wurde gegenüber vom Bahnhof ein Gerüst installiert – den Rest können Sie nun vor Ort bestaunen.

Das Glockenspiel ist ein Wahrzeichen der Stadt.

Sie radeln die *Bahnhofstraße* entlang – wenn viele PassantInnen unterwegs sind, schieben Sie besser – und kommen an allerlei alteingesessenen Geschäften vorbei. Die **Fleischerei Kürten**, gelegen auf der rechten Seite, gibt es bereits seit 1922. Die größtenteils selbst hergestellten Wurstwaren sind sehr beliebt. Ein paar Meter weiter, ebenfalls auf der rechten Seite, liegt die Gaststätte **Klumpen Moritz**, für viele Stammgäste und Vereine die gute Stube der Sterkrader City. Linda Terhorst-Drüppel und Sarah Terhorst führen den Familienbetrieb in siebter Generation. Ursprünglich hieß das 1871 gegründet Lokal »Zum grünen Klumpen«, doch weil der Sohn des ersten Betreibers, Moritz, stets in grünen Holzschuhen unterwegs war, wurde die Gaststätte unbenannt. Mittlerweile hat der Klumpen Moritz sogar Eingang in die Literatur gefunden – Szenen eines Romans beschreiben die Kneipe ziemlich realistisch. Genügend Stoff bietet das pralle Kneipenleben ohnehin: Neulich wurde während einer Schlagerparty sogar ein Kind geboren.

Nach 170 Metern taucht auf der linken Seite eine weitere traditionsreiche Adresse auf. Das **Modehaus Lantermann** gibt es seit mehr als 180 Jahren. Doch nicht nur das Kaufhaus ist erwähnenswert, auch das sogenannte **Stadtmittehaus ❷**, in dem es untergebracht ist. Das stadtbildprägende Gebäude

Stadtmittehaus mit Glockenturm

verfügt über einen Turm, in dem die schon erwähnten Glocken läuteten. Mittlerweile erklingen andere Exemplare und deren Melodie zur jeweils vollen Stunde. Abends wird das Denkmal hübsch angeleuchtet. Neben Lantermann gehören unter anderem das **Schuhhaus Schmelzer**, **Café Cordes**, **Rahmenmacher Enders** und die **Kleinstädter Bühne** zu den Mietern.

Sie lassen das Stadtmittehaus links liegen und folgen der *Bahnhofstraße* für 250 Meter. Auf der rechten Seite sehen Sie nun das **Technische Rathaus** ❸. Rund 570 Mitarbeiter der Stadtverwaltung und Servicebetriebe arbeiten in dem Gebäude, das früher einmal zur Gutehoffnungshütte gehörte. Dahinter schließt sich das Quartier **Gute Hoffnung** an, zu dem sowohl Mehrfamilienhäuser als auch ein Familien- sowie ein Seniorenzentrum gehören. Älteren Menschen soll innenstadtnah ein weitgehend selbstständiges Leben ermöglicht werden. Das Bistro **Jahreszeiten** steht nicht nur Bewohnern offen. Der Name spielt auf die Geschichte des Standorts an. Wer sich vom Technischen Rathaus aus nähert, kann ein Stück der alten Weseler Rheinbrücke begutachten. Das Relikt soll an die große Zeit der Gutehoffnungshütte erinnern und daran, dass auf dem Gelände die Stahlbauelemente zum Brückenbau gelagert wurden.

Ein Stück der alten Weseler Rheinbrücke begrüßt Gäste des Quartiers »Gute Hoffnung«.

Vor dem Technischen Rathaus ist zudem ein kleiner Stadtgarten entstanden. Unter dem Motto »Essbare Stadt« ist Betreten und Pflücken ausdrücklich erlaubt. Im Vorbeifahren betrachten Sie die Kräuter- und Gemüsepflanzen und folgen schließlich dem blauen Steinband auf dem Boden Richtung Kreuzung. Vor Ihnen liegt das **Sterkrader Tor** ❹. Als das Centro eröffnete, hat auch die Sterkrader Innenstadt etwas gelitten. Mit der Eröffnung des Fachmarktzentrums wollten die Stadtplaner dafür sorgen, dass Dinge des täglichen Bedarfs wieder verstärkt im Stadtteil eingekauft werden – und die KundInnen anschließend durch die Fußgängerzone bummeln. Zwei riesige Schwungradhälften am Eingang schlagen die Brücke zur industriellen Vergangenheit des Standorts. Mittlerweile ist das Sterkrader Tor gut frequentiert.

Sie biegen an der Kreuzung nach links auf den *Eugen-Zur-Nieden-Ring* ab und folgen der Straße, die einen Bogen beschreibt, für 800 Meter nach links. Dann überqueren Sie an der Ampel die Straße samt Schienen und folgen dem Verkehrsschild für Radfahrer Richtung **Volkspark** ❺. Die Grünfläche grenzt auf etwa 1,5 Kilometern Länge an die Bahnschienen. Früher stand hier das älteste und größte Gehöft von Sterkrade. Es wurde bereits 1558 urkundlich erwähnt. Als der Eigentümer verstarb, erwarb die Gutehoffnunghütte das Areal. 1906 kaufte die Gemeinde Sterkrade die zehn Hektar große Fläche wieder zurück, um den Arbeitern ein Stückchen Natur in der Stadt zu bieten. Zwar hat Sterkrade an den Rändern jede Menge Wald zu bieten, doch die Menschen fuhren lieber in den Kaisergarten. Also entschied man sich, einen eigenen Park anzulegen. Der Architekt Hugo Koch orientierte sich an den Ideen der Sport- und Spielbewegung. Neben Rasenflächen mit hübschen Beeten, Bänken zum Verweilen, Spielplätzen und einem Weiher gehören auch das Volksparkstadion und eine etwas verwitterte, aber gern genutzte Minigolfanlage zum Gelände. Heute ist der Park ein beliebter Treffpunkt für Freizeitsportler und Erholungssuchende.

Der Volkspark ist eine Ruheoase.

Sie fahren den asphaltierten Weg entlang, bis Sie die Grünfläche nach 1,3 Kilometern einmal durchquert haben. Am Ende knickt der Weg nach rechts ab und Sie biegen danach scharf links auf die *Weierstraße* ab. Mit dem Rad geht's über eine Brücke, dahinter biegen Sie nach 200 Metern wieder links ab. Sie befinden sich nun auf der anderen Seite der Bahnschienen in einem Park, auf dem Gelände der ehemaligen **Zeche Sterkrade** ❻. Sie radeln an Sportplätzen vorbei und halten sich anschließend links. Der Weg führt Sie bergab. Unten angekommen geht's rechts weiter. Wenn Sie weiter geradeaus fahren, sehen Sie schon den alten Schacht 1.

Eigentlich war die Zeche gar nicht als solche geplant. Als man 1897 mit dem Abteufen von **Schacht 1** begann, wollte man nur einen Wetterschacht für das Steinkohlebergwerk Osterfeld anlegen. Zudem sollte der neue Schacht als zweiter Ausgang für die Zeche Hugo-Haniel in Holten dienen.

TIPP

Jeden 1. und 3. Sonntag im Monat können Interessierte an einer etwa 90-minütigen Führung der Stiftung Industriedenkmalpflege und Geschichtskultur teilnehmen. Der Eintritt kostet für Erwachsene fünf Euro pro Person, Kinder unter zwölf Jahren haben freien Eintritt. Festes Schuhwerk sinnvoll. Nähere Infos: www.industriedenkmal-stiftung.de oder 0231/93112233.

Die HOAG-Trasse führt an der Zeche Sterkrade vorbei.

Doch es kam anders: Auf »Hugo« ging der erste Schacht zu Bruch, also begann man 1903 in Sterkrade mit dem Kohleabbau. Aus dieser Zeit stammt auch noch das rote Fördergerüst, das die angrenzende Halle überragt.

Die Kohleförderung endete allerdings bereits 1933 wieder. Die Direktion der Gutehoffnungshütte funktionierte Schacht 1 um – er diente fortan nur noch zur Bewetterung, für die Seilfahrt und Materialförderung. 1994 wurde der Übertagebetrieb endgültig eingestellt. Fünf Jahre später stellte die Leitung den bis dato vorhandenen Übertagebetrieb auf Sterkrade I/II endgültig ein und ließ den Schacht verfüllen. Die Industriedenkmalstiftung bewahrte das Fördergerüst samt Halle 1995 vor dem Abriss.

Wenn Sie das Fördergerüst begutachtet haben, drehen Sie wieder um und rollen einige Meter zurück. Aufmerksamen Radlern dürften die weißen Tafeln am Wegesrand sowie flache Holzumrandungen aufgefallen sein. Diese zeichnen die Umrisse der ehemaligen Zwangsarbeiterbaracken auf dem Gelände nach. Gemeinsam mit Schülern hat die Jugendgeschichtswerkstatt das Schicksal von tausenden Deportierten, die in Oberhausen schuften mussten, aufgearbeitet. »Allein bei der GHH-AG waren 1944 rund 11.000 Zivilisten und Kriegsgefangene eingesetzt. Ohne den Einsatz von Zwangsarbeitern wäre die Kriegswirtschaft des Dritten Reiches spätestens 1943 komplett zusammengebrochen«, hat die Jugendgeschichtswerkstatt erforscht.

TIPP

In einem Sonderheft haben sich die engagierten Mitglieder der Geschichtswerkstatt Oberhausen zum Ende des Bergbaus mit allen neun Zechen in Oberhausen beschäftigt. Wer sich für weitere lokalgeschichtliche Themen interessiert, dem sei die regelmäßig erscheinende Publikation »Schichtwechsel« ans Herz gelegt. Nähere Infos: www.geschichtswerkstatt-oberhausen.de

Sie folgen dem Weg für rund 600 Meter weiter geradeaus. Auf der rechten Seite sehen Sie unterwegs ein markantes Schild mit der Aufschrift »HOAG« – Sie befinden sich gerade auf der zur Rad- und Spazierstrecke umfunktionierten alten Güterzugtrasse, die den Oberhausener Norden mit Duisburg verbindet. Die Strecke führt vorwiegend durchs Grüne und ist nach rechts ausgeschildert.

Unser Rundkurs geht allerdings geradeaus weiter bergauf, bis Sie wieder auf die *Weierstraße* treffen. Sie überqueren die Straße und biegen nach links ab. 550 Meter sind es bis zum Kreisverkehr, durch den geht's geradeaus, bis Sie nach 1,1 Kilometern die *Biefangstraße* erreichen.

TIPP

Von der Weierstraße geht unterwegs die Waldteichstraße ab. In dem unscheinbaren Industriegebiet versteckt sich eines der imposantesten Museen für Zweiradliebhaber. An Hausnummer 93 betreibt der Mopedclub Neumühl nämlich sein **Mopedmuseum ❼**. An jedem dritten Sonntag ist von 9.30 bis 14 Uhr geöffnet.

Sie biegen links in die *Biefangstraße* ab, am **Restaurant Posthorn** vorbei. Nach 350 Metern geht nach links die *Hagedornstraße* ab. Sollten Sie ein kleines Päuschen einlegen wollen, wäre hier eine gute Gelegenheit. An der Hagedornstraße befindet sich der **Bauernhof Hagedorn**. Neben einem kleinen Hofladen vertreiben die Landwirte ihre Waren über Automaten. Und das Beste: Es gibt auch ein Exemplar, das mit Konditoreis bestückt ist. Die Auswahl der Sorten ist groß, Löffel liegen meist daneben und vor dem Hof steht eine Bank, auf der man prima rasten kann. Wenn man Glück hat, kommt man mit den freundlichen Landwirten ins Gespräch.

Bei Bauer Hagedorn gibt's Eis aus dem Automaten.

Nach dem kurzen Abstecher geht's wieder zurück zur *Biefangstraße* und nach 120 Metern nach rechts in die *Markgrafenstraße*. Diese wird nach 400 Metern zur *Beerenstraße*. Sie fahren weiterhin geradeaus, erst an der Emscher vorbei, anschließend unter der Autobahn her. Nach 550 Metern weist Ihnen ein Schild den Weg zur *Homberger Straße*, dort liegt die **Baumeister Mühle ❽**. Sie ist die einzige noch funktionstüchtige in Oberhausen. Erbaut wurde die Kappenwindmühle 1848, zehn Jahre später wurde Heinrich Baumeister ihr Besitzer. In den nachfolgenden Jahren schrotete der Müller nicht nur sein eigenes Getreide, sondern auch das der landwirtschaftlichen Nachbarn. Bei gutem Wetter schaffte die Mühle früher zwei bis drei Tonnen Tagesleistung. Während sich die Flügel mit 15 bis 20 Umdrehungen pro Minute bewegen, drehen sich die 1,3 Meter großen Mahlsteine in der gleichen Zeit etwa hundertmal.

PROMI TIPP

Willi Wülbeck

1983 wurde Leichtathlet Willi Wülbeck 800-Meter-Weltmeister in Helsinki. Der Oberhausener Jung' begeisterte 40.000 Zuschauer und noch viele mehr an den TV-Bildschirmen, als er mit wehenden Haaren nach 1:43,65 Minuten über die Ziellinie lief. Eine Zeit, die bis heute noch kein deutscher Sportler unterboten hat. Zuvor hatte er bereits zehn Mal in Folge die Deutsche Leichtathletik-Meisterschaft gewonnen. Auch heute bewegt Wülbeck noch viele Menschen, etwa bei Aktionen wie »Schlag den Willi« oder bei Kursen in seiner Sportschule.

Am Oberhausener Norden schätze ich die naturnahe Umgebung. Der Hirschkamp mit dem Hiesfelder Wald ist eines der schönsten und größten Waldgebiete in der ganzen Umgebung, finde ich. Der Rotbach schlängelt sich sanft durch die Landschaft. Die Wege sind idyllisch und kilometerlang. Natur pur. Früher habe ich viele Waldläufe dort gemacht. Heute auch noch ab und zu. Früher war mir der Wohnort Barmingholten etwas abgelegen. Aber durch die mittlerweile umfangreiche Bebauung hat sich das Gefühl geändert. Und dennoch gibt es noch dieses naturnahe Flair. Ich bin viel mit dem Rad unterwegs bin, daher habe ich es hier besonders gut getroffen. Über die Emscherdämme kann man mittlerweile bis zum Rhein fahren. Wenn ich mir die Sportszene von Oberhausen anschaue, denke ich zuerst an das Fußballaushängeschild RWO. Sportlich verfolge ich das so am Rande. Ansonsten gibt es die Amateursportarten, wie Rudern oder Kanu oder Turnen. Leichtathletik hat leider nicht mehr die Bedeutung wie zu meiner Zeit in den 70er und 80er Jahren, wo Oberhausen im deutschen Leistungssport eine gute Adresse war. Schließlich kam ich ja auch aus dem Club Rot-Weiß Oberhausen. Später startete ich für den TV Wattenscheid, was eigentlich nur finanzielle Gründe hatte. Ansonsten sehe ich in Oberhausen eher den Freizeitsport im Kaisergarten, am Rhein-Herne Kanal oder auch auf den Sportanlagen. Ich selbst biete in Oberhausen im Kaisergarten auch einen Fitness-Kurs an. Fitness ist für mich sehr wichtig, für meine Gesundheit und für mein Wohlgefühl.

Die Baumeister Mühle ist noch funktionstüchtig.

Zwischen 1961 und 1995 stand die Mühle allerdings still. Hermann Baumeister, Urenkel des einstigen Besitzers, restaurierte das Bauwerk in den 1990er Jahren und richtete ein Museum ein. Beim Mühlentag zu Pfingsten kann man hoch emporsteigen und die Technik von damals begutachten. Gruppen ab zehn Personen können aber auch separate Termine vereinbaren. Das Restaurant **Il Carpaccio** lohnt ohnehin einen Besuch, es gehört zu den besten italienischen Lokalen der Stadt.

Sie fahren die *Homberger Straße* zurück und biegen nach rechts auf die *Beeckstraße* ein. Hinter der Autobahn radeln Sie links in die Dienststraße – die Route wird nun Richtung Biefang und Holten fortgesetzt. Nach 900 Metern geht's nach rechts in die *Kolkmannstraße*. An deren Ende biegen Sie hinter den Häusern nach links ab und gelangen zur *Königstraße*. Bis Sie allerdings geradeaus parallel zur Emscher radeln können, wird es noch ein wenig dauern. Die Emschergenossenschaft stemmt derzeit im Oberhausener Norden und im gesamten Ruhrgebiet ein Jahrhundertprojekt und befreit den Fluss auf insgesamt 51 Kilometern vom Abwasser. Bis vor Kurzem konnte man nämlich bloß die Nase rümpfen, wenn man sich dem Gewässer näherte – nicht umsonst wurde die Emscher im Volksmund »Köttelbecke« genannt. Nun soll der einst »dreckigste Fluss Deutschlands« wieder klar fließen.

Sie biegen also an der *Königstraße* links ab und fahren diese 200 Meter entlang, bis Sie zu einem Kreisverkehr gelangen, in dessen Mitte ein **Frosch** ❾ hockt. Küssen bringt nix – der Frosch, liebevoll »Frobi« getauft, ist das Wappentier von Biefang. In dem mehr als 735 Jahre alten Stadtteil gab es früher viele Sümpfe und eben Frösche. Der Bereich ist schön grün und landwirtschaftlich geprägt, auch wenn nur noch **Klapheck's Hof** samt Milchtankstelle übriggeblieben ist. Das Wappentier feiern die Biefanger jedenfalls einmal im Jahr mit einem Froschfest.

Frobi – küssen vergebens

Sie radeln im Kreisverkehr rechts über die *Kurfürstenstraße*. Rechts liegt Oberhausen, auf der linken Seite beginnt bereits Duisburg. Nach 500 Metern sehen Sie besagten Klapheck's Hof mit Milchautomaten vor dem Gelände. Dahinter taucht ein riesiges grünes Gebäude auf. Dabei handelt es sich um das neue **Pumpwerk** ❿, das dazu beitragen soll, dass die Emscher endlich sauber wird. Einige OberhausenerInnen hätten sich eine dezentere Farbgebung gewünscht, aber die Emschergenossenschaft betont, dass die Farbe nach verschiedenen

Veranstaltungen, bei denen die BürgerInnen mitreden durften, ausgesucht wurde.

Das neue Pumpwerk an der Emscher

Nach jahrelanger Vorarbeit geht das Pumpwerk 2021 in Betrieb. Angeschlossen ist das Werk an den Abwasserkanal, der durch den Damm läuft, über den man künftig radeln und spazieren gehen kann. Auf dem Dach des grünen Gebäudes entsteht zudem eine Aussichtsplattform, die eine hervorragende Sicht auf den Holtener Bruch ermöglicht. Finanziert werden die Mammut-Bauarbeiten, die auch andere Länder interessiert verfolgen, übrigens über die Abwassergebühren, die die OberhausenerInnen entrichten, aber auch über Beiträge, die die Städte an die Emschergenossenschaft überweisen. Die Kosten belaufen sich auf fünf Milliarden Euro.

Sie fahren die *Kurfürstenstraße* einen Kilometer weiter entlang. Nach rechts geht's in die *Küperstraße*. An deren Ende, nach 100 Metern, liegt eine der schönsten Gärtnereien von Oberhausen. Dirk Wischmann und seine Frau betreiben mit **Gartenwert** eine ökologische Staudengärtnerei. KundInnen, die Pflanzen für heimische Beete suchen, spazieren nicht durch ein Center, sondern beispielsweise durch einen Bauerngarten.

Zurück zur *Kurfürstenstraße*. Nach rechts geht's weiter. Direkt dahinter befindet sich **Zweirad Ahrens** – sollten Sie eine Panne haben, kann Ihnen der Chef sicherlich helfen. Ansonsten geht's am Kreisverkehr nach rechts auf die *Siegesstraße*. Nach 500 Metern erreichen Sie den Marktplatz von Holten. In dem geschichtsträchtigen Stadtteil steht das älteste Gebäude von Oberhausen, das **Kastell Holten** ⓫. Um es zu erreichen, kreuzen Sie an der Ampel die *Bahnstraße* und fahren weiter in die schmale *Kastellstraße* mit hübschen alten Häuschen. Immer geradeaus gelangen Sie zur sogenannten Holtener Burg.

Die ehemalige Wasserburg wurde als Grenzwehranlage im Jahr 1307 vom Grafen Engelbert II. von der Mark errichtet. Von der Anlage ist heute nur der Ostflügel der ehemaligen Hauptburg erhalten, der aus dem 16. Jahrhundert stammt. Im Schatten der Burg, die als Keimzelle von Holten gilt, entwickelte sich die Siedlung. Heute dient das historische Gemäuer der Bürgerschützengilde als Übungs- und Versammlungsstätte. Die BSG führt die Jahreszahl 1308 im Vereinsnamen und ist damit genauso traditionsreich wie das Kastell selbst. Neben der Denkmalplakette für das Kastell hängt denn auch noch ein weiteres Schild, auf dem das Schützenwesen als »immaterielles Kulturerbe« ausgewiesen wird.

Das Kastell Holten ist das älteste Gebäude in Oberhausen.

Das Jugendzentrum Emscherdamm wurde teilweise aus Kanalelementen gebaut.

Sie lassen das Wahrzeichen zurück und biegen vor der Kirche nach rechts in die *Wasserstraße* ein. Diese beschreibt nach etwa 300 Metern einen Bogen nach rechts und wird zur *Elisenstraße*. An deren Ende fahren Sie links auf die *Bahnstraße*. Wenn der Weg leicht ansteigt, kurz bevor er über die Emscher führt, lohnt ein Blick nach rechts. Seit einigen Jahren befindet sich unweit des Flusses das **Jugendzentrum Emscherdamm** ⓬. Im Zuge der Renaturierung und Verlegung der Emscher musste der Jugendtreff an anderer Stelle weichen. Die slowenische Architektin und Künstlerin Apolonija Šušteršič erarbeitete deshalb mit Kindern und Teenagern, wie sie sich den neuen Treffpunkt vorstellen. Vor allem der Skatepark und der Spielplatz, der aus Kanalelementen gebaut wurde, gehen auf diese Wünsche zurück. Nun fügt sich das Gebäude harmonisch in die Landschaft und war Teil der Emscherkunst 2013. Übrigens: Wenn abends Konzerte stattfinden, sind auch Erwachsene willkommen.

Das heutige Gelände von OQ Chemicals ist eine »Historische Stätte der Chemie«.

Parallel zum Fluss verläuft der *Emscherweg*. Sie radeln allerdings geradeaus, weiter auf der *Bahnstraße*, und entdecken auf der rechten Seite, *Ecke Otto-Roelen-Straße*, ein anderes Kapitel Oberhausener Industriegeschichte. 1927/1928 wurde das Unternehmen **Ruhrchemie** von fünf Bergbauunternehmen gegründet. Heute firmiert der Betrieb unter dem Namen **OQ Chemicals** ⓭ und ist Teil des OQ-Energieunternehmens aus dem Oman. 1.400 Beschäftigte arbeiten auf dem Gelände, nicht nur bei OQ Chemicals, sondern auch bei weiteren Betrieben am Standort.

Hergestellt werden spezielle Alkohole, Polyole, Carbonsäuren. Spezialester und Amine. Diese werden zur Produktion von hochwertigen Beschichtungen, Schmierstoffen, kosmetischen und pharmazeutischen Produkten, Aroma- und Duftstoffen, Druckfarben sowie Kunststoffen verwendet.

Das grundlegende Verfahren dazu, die sogenannte Oxo-Synthese, wurde von Otto Roelen erforscht. Im Jahr 2013, 75 Jahre nach der Patentierung, wurde das Unternehmen in Holten zur »Historischen Stätte der Chemie« erklärt. Bei den großen Rohren, die vor dem Werk emporragen, handelt es sich um alte Ammoniak-Reaktoren, die man zur Herstellung von Düngemitteln benötigt.

TIPP

Wenn Sie einen Abstecher in die Otto-Roelen-Straße zur Hausnummer 1 machen, erreichen Sie nach rund 160 Metern das **Crowded House.** In dem alten Gebäude der Ruhrchemie spielt wortwörtlich die Musik – hier proben zahlreiche Bands. Außerdem bereichern die engagierten Macher den Oberhausener Norden mit Comedy-Abenden, Konzerten und Partys. Programm und weitere Infos: www.crowdedhouse.de

Sie überqueren die *Bahnstraße* an der Ampel und setzen die Fahrt in Richtung *Drostenkampstraße* fort, die nach 350 Metern zur *Graßhoffstraße* wird. Diese fahren Sie weitere 1,7 Kilometer entlang und durchqueren den Stadtteil Barmingholten. Am Ende der Straße geht's nach links in die *Emmericher Straße*, die kurze Zeit später *Sterkrader Straße* heißt. Hinter dem Bahnübergang und einer Rechtskurve wird diese zur *Jägerstraße*. Streng genommen befinden Sie sich nun in Dinslaken. Holten, Dinslaken und Duisburg-Hamborn werden nicht ohne Grund als Drei-Städte-Eck bezeichnet. Wenn Sie der *Jägerstraße* folgen, die zunächst eine breitere Hauptstraße und später eine ruhigere Wohnstraße wird und durchs Grüne führt, nähern Sie sich aber wieder Oberhausen.

Nach 750 Metern fahren Sie nach links und dann nach rechts auf den Radweg, der parallel zur *Brinkstraße*, der *B8*, verläuft. Die Autos rauschen an Ihnen vorbei, doch Sie können locker über den Asphalt rollen. Sie kommen an einer Tagesstätte für Hunde vorbei, lassen die Autobahnauffahrt links liegen und durchqueren nach 1,8 Kilometern den Kreisverkehr geradeaus Richtung *Hünenbergstraße*: Willkommen zurück in Oberhausen! Dort biegen Sie rechts in den *Starenweg* ab. Links von Ihnen liegt das **Friedensdorf International** ⓮. Das Betreten des Privatgeländes ist jedoch nicht erlaubt. Seit mehr als 50 Jahren werden hier Kinder aus Kriegs- und Krisengebieten medizinisch versorgt und bekommen eine Chance auf ein besseres Leben.

Der Verein wurde im Juli 1967 von Oberhausenern anlässlich des Sechs-Tage-Kriegs gegründet. Die Macher wollten den unschuldigsten Opfern von Kriegen und Krisen schnell und unbürokratisch helfen. Die ersten Kinder kamen aus Vietnam, sie hatten schwere Verletzungen, waren etwa von Granaten oder Minen getroffen. Die Oberhausener organisierten Flüge, Krankenhäuser, die die kleinen PatientInnen kostenlos operierten, außerdem Freiwillige, die die Kinder betreuten. Die Nachsorge und Reha erfolgte im Friedensdorf.

TIPP

Wenn Sie sich für die Arbeit von Friedensdorf International interessieren, können Sie sich über verschiedene Projekte online informieren: www.friedensdorf.de

Auch Jahrzehnte später ist die Arbeit der HelferInnen nicht überflüssig geworden, wie sie in den 1960er Jahren eigentlich hofften. Noch immer holt das Friedensdorf aus Afrika, Zentralasien oder anderen Regionen junge PatientInnen ins Ruhrgebiet. Es sind nicht nur Kriegsverletzungen, die versorgt werden müssen, auch Verbrennungen oder andere gesundheitliche Beeinträchtigungen, die im Heimatland nicht gut behandelt werden können. Die Organisation gibt den Eltern das Versprechen, dass das Kind gesund zurückkehrt – manchmal dauert das auch ein Jahr.

Das Friedensdorf hilft verletzten Kindern aus Kriegsgebieten.

Finanziert wird die Arbeit – zu der zum Beispiel auch der Aufbau von Gesundheitsstationen in Kambodscha gehört – allein durch Spenden. Das Geld kommt durch Charity-Aktionen zusammen. Aber auch, wer in einem der Interläden oder im friedensdorfeigenen Deko-Geschäft Friedas Welt einkauft, tut etwas Gutes. Da es allerdings in den vergangenen Jahren immer schwieriger wurde, Krankenhäuser zu finden, in denen einige Kinder operiert werden können, hat das Friedensdorf unlängst selbst einen OP-Saal auf dem Gelände gebaut.

Sie folgen dem *Starenweg*. 1,2 Kilometer radeln Sie die Hauptstraße, die erst *Starenweg* und dann *Gabelstraße* heißt, entlang, dann sehen Sie auf der rechten Seite den **Hof Köster.** Vielleicht entdecken Sie auf den Wiesen gegenüber einen der mobilen Ställe, die der Landwirt betreibt. Die Hühner können scharren und picken, haben Auslauf und legen dafür Eier. Die sogenannten »Wieseneier« werden teilweise verarbeitet, können aber auch im Hofladen gekauft werden. Zur Saison gibt's hier zudem Spargel, Erdbeeren oder Blumen zum Selbstschneiden. Vergessliche Einkäufer können sich rund um die Uhr an einem Automaten mit frischer Ware eindecken.

Die *Gabelstraße* geht's weiter geradeaus, bis nach 100 Metern ein schmaler Weg namens *Steinacker* nach rechts führt. Nach 300 Metern können Sie nur nach links fahren und kurze Zeit später rechts. Der Pfad führt in ein Wohngebiet auf *Am Tüsselbeck*. Auch hier hat Bauer Köster manchmal seinen mobilen Hühnerstall stationiert. Sie folgen der Straße leicht nach links durch die noch recht neue Siedlung. Die Straße beschreibt zwischendurch einen Bogen. Wenn Sie nach 270 Metern auf die *Norbertstraße* stoßen, halten Sie sich rechts. Nach 140 Metern biegen Sie links in die *Kempkenstraße* ab.

Den Kirchturm, der zwischen den Häusern hervorragt, können Sie schon von Weitem sehen. Nach 160 Metern stehen Sie vor dem Gotteshaus und dem angrenzenden Gemeindehaus. Gebetet wird in der evangelischen Kirche nicht mehr. Als 2015 bekannt wurde, dass die Kirche abgerissen werden sollte, sammelte eine Bürgerinitiative rund 1.600 Unterschriften, um sie zu erhalten. Seit Frühjahr 2016 stehen Kirche und Pfarrhaus unter Denkmalschutz, der letzte Gottesdienst fand im Frühjahr 2019 statt. Nun organisiert der Verein **Kirche Schmachtendorf** (15) Veranstaltungen, darunter Konzerte und Kabarett, um den Erhalt zu finanzieren. Ins Pfarrhaus ist das hübsch-heimelige Wunschcafé eingezogen und in einer der oberen Etagen können Feriengäste **übernachten**. Sollten Sie noch keine Pause eingelegt haben – der Kuchen ist auf jeden Fall empfehlenswert und garantiert selbst gebacken.

Im ehemaligen Gotteshaus finden Konzerte und Kabarett statt.

Die Radtour führt Sie weiter die *Kempkenstraße* entlang, bis Sie nach 350 Metern zur *Forststraße* gelangen. Sie überqueren die *Hauptstraße*. An der Ecke gibt's Currywurst beim **Schmachtendorfer Kochpott**. Fans haben dem Imbiss fünf goldene Pommesgabeln verliehen, etwa für »bestes Essen« und »netten Service«. Alle, denen nicht der Sinn nach Manta-Platte steht, trampeln weiter geradeaus. Nach 550 Metern erreichen Sie die große Kreuzung *Schmachtendorfer Straße/Im Heeck*.

Rund um den Markt und an der *Dudelerstraße* gibt es noch einige alteingesessene Geschäfte. Einen Abstecher ist auch der Dekoladen »Friedas Welt« wert, der vom Friedensdorf betrieben wird.

Wenn Sie lieber direkt weiterfahren, setzen Sie die Route geradeaus fort. Die Straße heißt nun *Im Heeck* und wird nach 300 Metern zur *Hiesfelder Straße*. Achtung: Der Radweg verläuft auf der linken Seite.

TIPP

Schmachtendorf ist ein charmanter Stadtteil, der sich besonders durch sein Gemeinschaftschaftsgefühl auszeichnet. Wenn Sie einen Abstecher machen wollen, um durch den Ort zu bummeln, biegen Sie links in die Schmachtendorfer Straße ab. Nach 200 Metern erreichen Sie den Marktplatz, der oft einfach nur ein Parkplatz ist. Auf diesem befindet sich ein Brunnen des hier geborenen Bildhauers Otto Wesendonck, den er Schmachtendorf und insbesondere seiner Mutter und dem Heimatverein vermacht hat.

Sie radeln nun am Wald vorbei, überqueren die Autobahn und sausen für 1,4 Kilometer die Straße entlang. An der Kreuzung *Weseler Straße* geht's nach links zurück Richtung Sterkrade Mitte. Sie sind noch immer hungrig? In Alsfeld, so heißt der Stadtteil, seien Ihnen zwei Gastro-Adressen empfohlen: Bei **Piwy's** an der *Weierstraße* werden hervorragende Burger aufgetischt. Fahren Sie nach links in die *Weseler Straße*, sehen Sie nach 100 Metern **Maria's Grill Restaurant**. Dabei handelt es sich nicht etwa um eine Frittenbude, sondern um ein liebevoll geführtes portugiesisches Restaurant.

Pita Manufaktur

Die Route wird auf der *Weseler Straße* fortgesetzt. Nach 450 Metern sehen Sie rechts wieder den Volkspark samt Minigolfanlage. Sie radeln noch 800 Meter weiter, bis Sie nach rechts in den *Postweg* abbiegen. An der Ecke befindet sich die **Ruhrpottbrewery**. Tobias und Silke Palmer brauen Eigenmarken und führen in ihrem Fachgeschäft zahlreiche Craftbiere. Daneben, in der **Pita Manufaktur**, gibt's authentische Pita, frisch aus der Pfanne samt Wunschbelag.

Nach 210 Metern trifft der *Postweg* auf die *Steinbrinkstraße*. Diese fahren Sie nach links hinab. Im Haus Nummer 249 finden Sie eine ebenso traditionsreiche wie ungewöhnliche Buchhandlung. Offiziell heißen die Chefs Arndt und Tilman **Wiebus**, doch wenn Dr. Kobo Melone seine Runde dreht, haben die KundInnen nur noch Augen für ihn. Der promovierte Kater und die Hündin Belle machen es sich gerne zwischen den Schmökern bequem.

Sie folgen der *Steinbrinkstraße* und erreichen nach 100 Metern wieder die *Fußgängerzone*. Beachten Sie, dass Sie zu bestimmten Tageszeiten das Rad schieben sollten. Wenn Sie auf dem *Großen Markt* stehen, blicken Sie direkt auf die **Kirche St. Clemens** ⓰.

Die Ursprünge des Gotteshauses gehen zurück auf das Zisterzienserinnen-Kloster Sterkrade, das 1240 an der Stelle, an der sich heute die Kirche befindet, gestiftet wurde. Im Zuge der Säkularisierung wurde das Kloster 1809 aufgehoben und die Klostergüter wurden 1816 vom preußischen Staat verkauft. An gleicher Stelle entstand 1872 ein Neubau. 1898 zogen die Schwestern der göttlichen Vorsehung nach Sterkrade ins Kloster und engagierten sich vor allem in der Alten- und Krankenpflege.

Die Kirche, die Sie heute sehen, wurde nach dem Zweiten Weltkrieg erbaut – sie ist einer römischen Basilika nachempfunden.

St. Clemens ist ein Wallfahrtsort.

Die Propsteikirche ist für viele ein Ruhepol in trubeligen Zeiten – und sogar Ziel für WallfahrerInnen. Sterkrade ist vielleicht nicht vergleichbar mit Kevelaer oder Lourdes, doch Wunder sollen auch hier passiert sein. Das hängt mit dem Gnadenbild der »Mutter vom Guten Rat« zusammen, einer Kopie des Bildes von Lukas Cranach. Zwischen 1738 und 1748 bezeugten mehrere Personen eidesstattlich vor erzbischöflichen Kommissionen, dass sie durch ihr Gebet vor dem Gnadenbild gesundheitliche Heilung erlangt hätten. Seitdem ist es Ziel von Wallfahrten.

Auch nach der Säkularisierung des Klosters im 19. Jahrhundert blieb das Gnadenbild weiter in der Kirche. Heute findet es bei einer monatlichen Wallfahrt, jeweils am 15., Beachtung.

Die Tour hat an einem Glockengerüst begonnen – deshalb noch ein Satz zum freistehenden Glockenturm von St. Clemens: Er wurde nachträglich im Jahr 1987 errichtet. Das Geläut ist sechsstimmig und wurde erst 1988 von drei auf sechs Exemplare erweitert. Die größte, die sogenannte Friedensglocke, wiegt rund 3.150 Kilo und gehört zu den am tiefsten klingenden Bronzeglocken im Ruhrgebiet.

Wenn Sie die *Steinbrinkstraße* weiterlaufen oder -radeln, erreichen Sie nach 150 Metern wieder das Stadtmittehaus an der *Bahnhofstraße*. Halten Sie sich rechts, dann gelangen Sie nach 450 Metern zum Glocken-Wahrzeichen vor dem Sterkrader Bahnhof.

ZIEL

Museen & Galerien

Peter Wedig sammelt Mopeds wie andere Leute Briefmarken oder Münzen. Er ist Mitglied im MopedClub Neumühl, in dem sich Fans alter Zweirad-Schätzchen organisieren. Im **Mopedmuseum** in Holten lassen sie

Peter Wedig im Mopedmuseum

andere an ihrem Hobby teilhaben. In einer Halle parken Dutzende alte Modelle, darunter Zündapps, Kreidler oder das Zweirad, mit dem schon Wedigs Vater durch Duisburg-Neumühl knatterte. Sein erstes Kleinkraftrad, eine K50 SE Hercules von 1974, schenkte ihm der Vater zum 16. Geburtstag. Später verkaufte er das gute Stück, widmete sich größeren Maschinen und fand sein Schätzchen doch irgendwann wieder. Seitdem gibt er kein Moped mehr ab. Mit den meisten Exponaten könnte man sofort losknattern – aber fachsimpeln und gemeinsam polieren ist ja auch schön. Für Interessierte öffnen sich an jedem dritten Sonntag die Türen.

Waldteichstraße 93 (Holten),
3. So im Monat 9.30–14 Uhr,
H Waldteichstraße, www.mopedclub.net

Sport & Freizeit

»Tobi« heißt das löwenstarke Maskottchen der **Tobebox**, einem beliebten Indoor-Spielplatz. Zahlreiche Rutschen, Hüpfburgen und andere Spiele warten auf die jungen BesucherInnen – am Wochenende ist es oft voll. Für Eltern mit Kindern bis fünf Jahre wird dienstags und donnerstags von 9 bis 13 Uhr ein Spielcafé angeboten. Für Jungen und Mädchen kostet der Spaß sechs Euro Eintritt, Erwachsene zahlen 5,50 Euro (Heißgetränk inklusive). Montags ist Oma- und Opa-Tag, dann zahlen SeniorInnen keinen Eintritt. Ansonsten sind die Preise gestaffelt. Für Zwei- bis Vierjährige kostet das Ticket sechs Euro, 3- bis 14-Jährige: 9,50 Euro. Erwachsene Begleitpersonen: 5,50 Euro. Familienticket (zwei Erwachsene, zwei Kinder): 25 Euro. Der Eintritt gilt werktags für fünf Stunden, an Wochenenden und in den Ferien für drei Stunden. Im Spielbereich herrscht Sockenpflicht. Eigene Speisen und Getränke sind verboten, im Restaurant werden Pommes und Co. angeboten.

Weierstraße 96 (Weierheide),
Mo, Mi, Fr 14–19 Uhr, Di & Do 9–13 Uhr & 14–19 Uhr, Fr–So 9–19 Uhr,
H Freizeitpark Weierheide,
0208/63547676, www.tobebox.de

Die **HOAG-Trasse** ist ein Fahrradweg auf einer ehemaligen Güterbahnstrecke, die den Oberhausener Norden mit Duisburg verbindet. Der Weg führt vorwiegend durchs Grüne, Autos kreuzen nur selten. Auch für Wanderungen ist die Strecke freigegeben. Insgesamt gibt es zehn Auf- und Abfahrten, eine befindet sich kurz hinter dem Bahnhof Sterkrade.

In Walsum hat man Anschluss an die Rheinfähre nach Orsoy, am anderen Ende, in Buschhausen, gelangt man zum Grünen Pfad. Dieser Radweg führt bis zum Landschaftspark Nord in Duisburg. Der Emscherweg führt RadlerInnen am Wasser entlang, aber Achtung: Hin und wieder gibt es Bauarbeiten, deshalb besser vorher informieren.
www.radrevier.ruhr

Der Berg ruft – in diesem Fall muss man dafür gar nicht weit ins Gebirge fahren. In der **Neoliet Boulderhalle** gehen HobbysportlerInnen indoor die Wände hoch. Auf 4,50 Meter Höhe verteilen sich verschiedene Griffe zum Festhalten. Unterteilt sind die Routen nach Schwierigkeitsgrad, spezialisiert hat man sich auf Teenager und Erwachsene. Anders als beim Klettern muss man sich nicht mit einem Seil sichern. Zwei übereinanderliegende Schaumstoffmatten auf dem Boden federn Sprünge und Stürze ab. Vorkenntnisse für eine Expedition braucht man nicht, ein bisschen Fitness kann nicht schaden.

Das Neoliet bietet Indoor-Kletterspaß für Jugendliche und Erwachsene.

Die Tageskarte kostet 10,50 Euro, ermäßigt 9,50 Euro. Jugendliche (unter 14 Jahren) zahlen 7,50 Euro. Schuhe kann man für drei Euro ausleihen.
Erlenstraße 14 (Biefang),
Mo–Mi & Fr 12–22 Uhr, Do, Sa & So 10–22 Uhr,
H Weidenstraße, 0234/52009843,
www.neoliet.de/boulderbar-oberhausen

Im Ball am Ball: Das durchsichtige Rund, das sich Teilnehmer beim **Bubble Ball** über den Kopf stülpen, hat einen Durchmesser von 1,50 Metern. Dann geht's los – bei diesem Sport ist rempeln angesagt. Sechs SpielerInnen müssen es sein. Mindestens 45 Minuten dauert das Match und kostet 24 Euro. Das Party-Paket (199 Euro) gilt für zehn Personen. Wer lieber kickt, kann einen von drei Hallenfußballplätzen buchen. Abgerechnet wird nach Spielzeit. Amateuren reichen mitunter 30 Minuten (30 Euro), der Tarif für Trainierte (90 Minuten) liegt bei 90 Euro für die Mannschaft.
Gabelstraße 33 (Schmachtendorf),
Mo–Fr 15–0 Uhr, Sa & So 9–0 Uhr,
H Gabelstraße, 0208/29979914,
www.soccerworld-oberhausen.de

Minigolf ist der Klassiker für die ganze Familie. Am Rande des Volksparks in Sterkrade befindet sich die Anlage mit 18 Bahnen. Die könnten mal wieder einen Eimer Farbe vertragen, dennoch fühlen sich viele BesucherInnen wohl. Der Eintritt ist günstig: Für Kinder bis 14 Jahre kostet die Runde zwei Euro, Jugendliche zahlen 2,50 Euro, Erwachsene drei Euro. Geöffnet ist von April bis Ende Oktober.
Weseler Straße 59 (Alsfeld),
Di–Do 14–19 Uhr, Fr & Sa ab 14 Uhr,
So 11–19 Uhr (bei Regen geschlossen),
H Ludwigshütte, 01590/1751697,
www.minigolf-am-volkspark.de

Romy Schneider war einmal zu Gast im Hallenbad Sterkrade.

Im Andaman kann man bei Massagen und Wellness-Paketen entspannen.

Früher war eindeutig mehr Glamour im **Hallenbad Sterkrade**. Prominenteste Besucherin dürfte bis dato Filmstar Romy Schneider gewesen sein, die hier 1966 mit Michel Piccoli Szenen für den Streifen »Schornstein Nr. 4« drehte. Heutzutage bietet das funktionale Hallenbad ein Sport-, ein Familien- und ein Lehrschwimmbecken. Die Wasserrutsche kann man schon von draußen sehen, Sprungbretter sorgen für Abwechslung. Für Kinder bis sechs Jahre ist der Eintritt frei. Zwischen sechs und 16 Jahren zahlt der Nachwuchs 2,50 Euro, Erwachsene: 4 Euro, Familientickets: 10 Euro.

Holtener Straße 2 (Sterkrade),
Mo 6.30–16.30 Uhr, Di & Do–Fr 6.30–17 Uhr,
Mi 6.30–22 Uhr, Sa 8–15 Uhr, 1. & 3. So 8–15 Uhr, H Hirsch-Center, 0208/632243,
www.sbo.oberhausen.de/dienstleistungen/schwimmbaeder

Die **Salzgrotte** auf der Hardt bietet Meeresklima mitten in Königshardt. Umgeben von Salzsteinen kann man sich bei wechselndem Lichtspiel entspannen. In einem Bereich mit Soleverneblung wird eine intensiv-salzige Luft erzeugt. Bei Kaffee, Frühstück oder heißen Waffeln im angrenzenden Café Antik bekommt die Auszeit einen schönen Rahmen. Der Besuch in der Salzgrotte sollte besser reserviert werden. Eine Sitzung (45 Minuten) kostet zehn Euro, in der Soleverneblung (20 Minuten) sieben Euro.

Falkestraße 93 (Königshardt), Di–Fr 9–18 Uhr, Sa 9–15 Uhr, H Falkestraße, 0208/63490075, www.salzgrotte-aufderhardt.de

Ein Stückchen thailändische Entspannung liegt in Sterkrade. Dirk Leinroth und seine Frau Sasithorn haben ihr **Andaman Dayspa** komplett mit Möbeln und aufwändig verzierten Türen aus Thailand eingerichtet. Die Chefin kommt ursprünglich aus Bangkok. Das Besondere: Hier werden nicht nur typische Massagen angeboten. Wer ein Dayspa-Paket bucht, kann ein Bad im Whirpool, Peeling und Massagen miteinander kombinieren. Auf Wunsch ist zusätzlich ein Sauna-Gang möglich. Je nach Programm dauert der Aufenthalt im Privat-Spa bis zu drei Stunden. Die Preise für den Kurzurlaub variieren zwischen 69 und 169 Euro pro Person. Wer nur saunieren will, zahlt für maximal drei Personen und zwei Stunden 80 Euro, Obstkorb inklusive.

Brandenburger Straße 1 (Sterkrade),
Mo–Fr 10–19 Uhr, Sa 10–18 Uhr, H Oberhausen Neumarkt, 0208/6354727, www.andaman.de

Übernachten

Das **Hotel Zur Post** der Familie Kürten gehört zu den Traditionshäusern in Sterkrade. Die acht Zimmer sind alle neu, aber gemütlich eingerichtet. Formal hat das Hotel, das in der Fußgängerzone liegt, drei Sterne. Gemessen am Service und der Ausstattung wären aber auch mehr drin.

Komfortabel und gemütlich: Hotel Zur Post

Im Erdgeschoss und auf der Terrasse lässt sich schön feiern, das Haus Zur Post hat auch den Beinamen »Eventhotel«. EZ kosten je nach Tag und Saison zwischen 60 und 110 Euro, DZ 80–110 Euro, die Suite 80–130 Euro. Frühstück kann für 12 Euro hinzugebucht werden. Der Bahnhof Sterkrade ist nur ein paar Schritte entfernt.
Bahnhofstraße 12 (Sterkade), H Sterkrade Bf, 0208/668213, www.kuerten-partyservice.de/hotel

Das **Hotel Schmachtendorf** ist ein inhabergeführtes Vier-Sterne-Haus mit komfortablen Zimmern und persönlichem Service. In jedem Raum hängt ein Foto einer bekannten Oberhausener Sehenswürdigkeit. Die Zimmer sind in zwei Größen unterteilt, DZ in der Standardkategorie kosten 105 Euro, EZ 95 Euro. Die größere Superior-Variante ist jeweils zehn Euro teurer. Frühstück gibt's für 12,50 Euro extra. Während der Woche sind hier oft Geschäftsleute untergebracht, am Wochenende übernachten gerne Gäste,

Im Hotel Schmachtendorf kann man auch gut und stilvoll speisen.

die den zum Hotel gehörenden Saal für Familienfeiern nutzen. Wer mit dem Rad anreist, kann sein Gefährt sicher unterstellen. Für E-Autos steht eine Ladestation zur Verfügung.
Buchenweg 14 (Schmachtendorf), H Schmachtendorf Mitte, 0208/6217880, www.hotel-schmachtendorf.de

FERIENWOHNUNGEN

Das **ehemalige Pfarrhaus** an der Kempkenstraße beherbergt seit zwei Jahren das hübsche Wunschcafé. Darüber befindet sich eine gemütlich eingerichtete Ferienwohnung. Das Bett steht in einer Nische, die Couch im Wohnbereich ist ausklappbar und bietet zwei weiteren Personen eine Schlafmöglichkeit. Die Küche ist geräumig und gut ausgestattet, das Bad etwas klein, aber funktional. Ruhige, dennoch zentrale Lage in Schmachtendorf mit Blick in den Garten. Zwei Personen zahlen 50 Euro pro Nacht, inklusive Endreinigung, Handtücher und Bettwäsche. Kinder bis sechs Jahre übernachten gratis, zwischen sechs und zwölf Jahren werden 7,50 Euro pro Nacht fällig. Für älteren Nachwuchs kostet die Übernachtung 15 Euro.
Kempkenstraße 43 (Schmachtendorf), H Kempkenstraße, 0208/62941665, www.wunsch.cafe

Familie Bühler vermietet ein **Wellness-Studio-Appartement** mit Lieblingsplatz-Potenzial. Zwei Personen können hier die Seele baumeln lassen. Der Raum ist modern, aber gemütlich eingerichtet. Der Clou: Neben dem Bett befindet sich in einem abgetrennten Bereich eine Sauna, die auch als Infrarotkabine nutzbar ist. Wer sich die Zeit vertreiben möchte, findet Gesellschaftsspiele im Bettkasten oder kann Netflix-Filme streamen. Die erste Nacht kostet 119 Euro für zwei Personen, jede weitere 89 Euro. Die Preise beinhalten Handtücher, Bademäntel, Bettwäsche und die Endreinigung.

Jägerstraße 11 (Alsfeld), H Jägerstraße, 0152/29561302, www.wellnessapartement.de

Mitten im Grünen und dennoch zentral liegen die Ferienwohnungen **Ruh(r)bettchen**. Familie Bunk hat mit Liebe zum Detail drei gepflegte Unterkünfte eingerichtet. Im Kühlschrank erwarten die Gäste Snacks, ein Willkommensbier steht bereit. In der Nähe führen Rad- und Wanderwege vorbei. Wer eine weitere Strecke zurücklegen möchte, kann tageweise für 30 Euro einen Twizy leihen. In der Garage haben RadurlauberInnen die Möglichkeit, den Drahtesel unterzustellen. Auch E-Bikes können aufgeladen werden. Waschmaschine vorhanden. Die Übernachtung kostet für zwei Personen pro Nacht zwischen 45 und 65 Euro. Jede weitere Person wird mit 15 Euro berechnet, Endreinigung inklusive. Mindestaufenthalt drei Nächte. Ein weiteres Ruhrbettchen gibt's im Stadtteil Schmachtendorf.

Forsterbruchstraße 14 (Buschhausen), H Sterkrade Bf, 0157/54382506, www.ruhrbettchen.de

Sieben Appartements bietet das noch recht neue **Aparts Oberhausen**. Die Ferienwohnungen sind mit drei Sternen klassifiziert, modern eingerichtet und bieten jeden Komfort, den sich Kurz- und Langzeitreisende wünschen. Die Küche ist komplett ausgestattet und recht geräumig, das Badezimmer auf dem neuesten Stand. Die Bleiben im Erdgeschoss sind für RollstuhlfahrerInnen geeignet. Unter dem Dach bietet das Loft Platz für bis zu sechs Personen. Trotz direkter Lage am Sterkrader Bahnhof ist es ruhig. Die etwa 50 Quadratmeter großen Wohnungen kosten ab 65 Euro pro Nacht, das Loft ab 145 Euro, Handtücher, Bettwäsche und Endreinigung inbegriffen. Sehr gutes Preis-Leistungsverhältnis. Flexible Check-In-Zeiten.

Neumühler Straße 9 (Sterkrade), H Sterkrade Bf, 0208/77807218, www.aparts-ob.de

Heimelig und liebevoll im Vintage-Stil sind die Ferienwohnungen namens **Barock 13** eingerichtet. Den Titel **»Manufaktur für schöne (W)Orte«** trägt die Unterkunft, die sich neben einer alteingesessenen Druckerei befindet, nicht ohne Grund. In einem Fall mietet man ein komplettes Haus. 135 Quadratmeter verteilen sich auf zwei Etagen und bieten in drei

Die Ferienwohnung namens Barock 13 ist liebevoll im Vintage-Stil eingerichtet.

Schlafzimmern komfortabel Platz für bis zu sechs Personen. Passend zum Ort steht eine kleine Bücherei zur Verfügung. Nutzung für eine Person: 80 Euro pro Nacht, plus zehn Euro je weiterem Gast. Einmalige Gebühr für die Endreinigung: 75 Euro. Auch in der Wohnung **»Alte Druckerei«** fühlt man sich schnell zu Hause. Hier gibt es zwei Schlafzimmer für bis zu vier Gäste. Auch als Einzel- oder Doppelzimmer buchbar. Die gesamte Wohnung kostet für Einzelpersonen 50 Euro, jede weitere zehn Euro mehr. DZ ab 25 Euro. Gebühr für die Endreinigung: ab 20 Euro für ein Zimmer, 60 Euro für die Wohnung. Zum Haus gehört ein schöner Garten. Die Unterkunft ist Bett&Bike-geprüft, bietet Stellplätze für Räder, auch Werkzeug für den Notfall ist vorhanden.
Weseler Straße 125–127 (Alsfeld), H Jägerstraße, 0151/62618055, www.barock13.com

Im Urlaub kam **Gastgeberin Elke Bastians-Schlüter** auf die Idee, selbst eine Ferienwohnung einzurichten – und siehe da: Die Nachfrage ist groß. Die gemütliche Bleibe in der ersten Etage ist mit allem ausgestattet, was man für einen (Kurz-)Urlaub braucht. Wer nicht mehr gut zu Fuß ist, kann den Treppenlift zur Wohnung nutzen. Die Türen sind so breit, dass ein Rollstuhl hindurchpasst. Neben einem Schlafzimmer bietet die Couch zwei zusätzliche Schlafgelegenheiten. Die erste Nacht kostet 70 Euro für maximal vier Personen, jede weitere 40 Euro – Endreinigung, Handtücher und Bettwäsche sind im Preis enthalten. Kleine Hunde dürfen mitgebracht werden. Auch für Räder gibt es Parkmöglichkeiten.
Beethoven Straße 102 (Sterkrade),
H Greifswalder Straße, 0208/605517

Gastronomie

CAFÉS UND FRÜHSTÜCK

Die Bäckerei-Kette **Horsthemke** wurde 1895 in Oberhausen gegründet. Inzwischen zählen mehr als 100 Filialen in umliegenden Städten zu dem Unternehmen. Die ungewöhnlichste befindet sich an der Kirchhellener Straße. Dort gibt's nicht nur ein Café, sondern auch einen Brötchen-Drive-In. Wie bei bekannten Fast-Food-Restaurants bekommen AutofahrerInnen die frischen Backwaren durch das Fenster gereicht. Wer lieber aussteigt, kann seinen Kaffee auch vor Ort trinken.
Kirchhellener Straße 140–142 (Sterkrader Heide), Mo–Fr 6–18.30 Uhr, Sa 6–17.30 Uhr, So 7–17 Uhr, H Bromberger Straße, 0208/ 6967224, www.baeckerei-horsthemke.de

Das **Caffe Shakespeare** ist ein Kaffeehaus mit Brit-Chic und im Regal stehen Werke vom Namensgeber. Frauen finden's toll, Männer ein bisschen kitschig. Zu Kaffee, Tee oder heißer Schokolade werden süße oder herzhafte Crêpes serviert, außerdem Cupcakes und Torte. Wem der Sinn nach Mittagessen steht, wird bei Tortillas, Pasta oder Sandwiches fündig.
Steinbrinkstraße 227 (Sterkrade), Mo–Fr 10–18 Uhr & Sa 10–16 Uhr, H Sterkrade Bf, 0208/37702540, www.caffeshakespeare.com

Brit-Chic im Caffe Shakespeare

Das **Café Cortina** ist eine Traditionseisdiele, die seit Jahrzehnten verlässlich gute kalte Kugeln serviert. Die Umgebung gewinnt keinen Schönheitspreis, dennoch nehmen Stammgäste eine weitere Anfahrt für diesen Eisdielen-Klassiker in Kauf. Auch vegane oder lactosefreie Sorten im Angebot.
Neumühler Straße 41 (Schwarze Heide),
Mo–So 12–21 Uhr (im Sommer länger),
H Sterkrade Bahnhof, 0208/665795

Kuchen am Stiel oder Eishörnchen, die dank Schoko- und Streuselrand selbst ein Hingucker sind: Die MacherInnen vom **Café Edelweiss** lassen sich immer etwas einfallen – kreativ und lecker. Wer öfter vorbeischaut, sollte sich eine Stempel-Bonuskarte sichern, dann bekommt man die zehnte Kugel gratis.
Bahnhofstraße 12 (Sterkrade), Mo–So 12–20 Uhr,
H Sterkrade Bf, 0208/806343

Die Tasse Kaffee bei **Cordes** gehört nicht nur beim Marktbesuch dazu. Angelika Cordes führt das Traditionscafé in dritter Generation und schafft den Spagat zwischen Kännchen und Latte Macchiato spielend. Natürlich warten Buttercreme- oder Käse-Sahne-Torte in der Auslage. Lokalpatriotische Naschkatzen greifen aber auch beim Sterkrader Raben oder den Pottpralinen zu. In der Woche kann man im Marktcafé gut PassantInnen beobachten. Sind dort alle Tische besetzt, gibt es am Rande der Fußgängerzone noch einen zweiten Standort.
Stadtcafé: Steinbrinkstraße 217 (Sterkrade),
Mo–Fr 8–17.30 Uhr, Sa 8–15 Uhr, So 13–17 Uhr,
H Sterkrade Mitte, 0208/660767
Brandenburger Straße 5 (Sterkrade),
Mo, Mi–Do & Sa 7–14 Uhr
H Neumarkt, 0208/668426,
www.cafe-cordes.de

Naschkatzen sind im Traditionscafé Cordes richtig.

Wer einen Eisbecher genießen und Leute in der Sterkrader Fußgängerzone gucken möchte, kommt am **Eiscafé Milano** nicht vorbei. Neben Vanille, Erdbeere und Schoko experimentieren die Gelato-Experten gerne mit neuen Geschmacksrichtungen. Gutes Preis-Leistungs-Verhältnis.
Steinbrinkstraße 237 (Sterkrade),
Mo–So 9–22 Uhr
(im Frühling und Herbst kürzer),
H Sterkrade Mitte, 0208/74008914

Das **Café und Bistro Jahreszeiten** ist Teil des »Gute Hoffnung«-Quartiers, in dem mehrere Generationen Tür an Tür leben. Die schöne Gastronomie steht allen offen. Morgens kann man hier gut frühstücken. Die Mittagskarte wechselt regelmäßig, sonntags ist Kaffee- und Kuchen-Zeit.
An der Guten Hoffnung 8 (Sterkrade),
Mo–Sa 9–14.30 Uhr,
H Rathaus Sterkrade, 0208/88253150,
www.jahreszeiten-oberhausen.de

Mehr als 30 Sorten finden EisliebhaberInnen in der Auslage vom Eiscafé **Civetta**. Die Kreationen sind schön cremig. Sind einzelne Kugeln nicht genug, kann man sich einen der vielen Eisbecher aussuchen – neben einer eisigen Lasagne gibt es auch Portionen für zwei: Eine heißt »Romeo und Julia«.

Hartmannstraße 104 (Königshardt), Mo–So 11–21 Uhr (im Frühling und Herbst abends kürzer), H Falkestraße, 0208/675432, www.eiscafe-civetta.de

Im alten Pfarrhaus neben der Kirche an der Kempkenstraße, betreiben Verena Altena und Sonja Kibben das heimelige **Wunschcafé**. Es ist ein beliebter Treffpunkt zum Frühstück, das sich jeder selbst zusammenstellen kann. Nachmittags wird sehr leckerer selbst gebackener Kuchen serviert. Im Sommer lädt der verwunschene Garten zum Verweilen ein. Seinem Namen macht das Café alle Ehre – jede/r bekommt einen guten Wunsch mit auf den Weg. Beliebt, deshalb besser einen Platz reservieren.

Kempkenstraße 43 (Schmachtendorf), Mo–Mi 15–18 Uhr, Fr–So 9–18 Uhr, H Kempkenstraße, 0208/62941665, www.wunsch.cafe

Das Wunschcafé ist ein Geheimtipp.

GUTBÜRGERLICHE KÜCHE

Gaststätte mit Tradition: Klumpen Moritz

Die Gaststätte **Klumpen Moritz** ist urig, legendär und seit 1871 die gute Stube von Sterkrade. Feste wurden schon unzählige gefeiert, Vereine treffen sich hier, Stammgäste trinken ihr Bierchen. Mittlerweile wird das Traditionslokal von Sarah Terhorst und Linda Terhorst-Drüppel geführt. Als Kinder haben die beiden in dem Lokal ihre Hausaufgaben gemacht, nun kümmern sie sich um das Wohl der BesucherInnen. Aufgetischt wird gutbürgerliche Küche, ab und zu gibt's Specials wie Tapas-Abende. Ein Kneipen-Klassiker, der sämtliche Wandel überlebt hat.

Bahnhofstraße 30 (Sterkrade), Mo–Fr 10–22 Uhr, Sa 10–15 Uhr & 18–22, H Sterkrade Bf, 0208/660845, www.klumpenmoritz.de

Das **Gasthaus Luft** gehört zu den Traditionsadressen im Norden der Stadt und ist doch mit der Zeit gegangen. Die Räume bestechen durch moderngediegenes Interieur und gemütliche Gastlichkeit. Hier treffen sich Stammtische, Knobelrunden oder Königshardter NachbarInnen auf ein Bierchen oder mittags zum Essen. Zudem lässt sich in dem Ambiente schön feiern. Die Karte bietet Klassiker von Herrentoast bis Zwiebelrostbraten. Ein bisschen raffinierter ist die empfehlenswerte Monatskarte mit

Gasthaus Luft – eine Traditionsadresse

Speisen der Saison. Für kleine Gäste gibt es eine Spielecke.
Königshardter Straße 90 (Königshardt), Di–Fr 11.30–14 Uhr & 17–23 Uhr, Sa 17–23 Uhr, H Theodor-Spiering-Platz, 0208/670273, www.gasthaus-luft.de

Die alteingesessene Gaststätte **Zum Ansitz** hat neue Besitzer. Jutta und Gerd Ludwig, Gastronomen mit Leib und Seele, haben die Kult-Kneipe übernommen. Die Küche ist tadellos, die Bratkartoffeln garantiert selbst gemacht und die Currywurst, die es eigentlich nur zu Fußballspielen geben sollte, wurde nach Gäste-Protesten zum Dauerbrenner auf der Karte. Im Sommer kann man draußen sitzen. Weil die Chefs Musikfans sind, gibt es manchmal Konzerte oder Live-Klänge zum Frühschoppen.
Weseler Straße 336 (Holten), Di–Sa 17–0 Uhr, So 11–14 Uhr & 17–0 Uhr, H Holten Bf, 0208/682323, www.zum-ansitz-schmachtendorf.de

Jutta und Gerd Ludwig, Chefs der Gaststätte Zum Ansitz

FLEISCH & BURGER

Für alle GrillmeisterInnen ist das **Alte Bierhaus** eine gute Adresse, denn der Zusatz zum urigen Lokal lautet »Essen vom heißen Stein«. Bevor die Steaks auf dem Teller landen, müssen die Gäste das Fleisch erst einmal selbst zubereiten. Die Rohware wird auf einer Platte gebrutzelt. So kann jeder bestimmen, ob es rare, medium oder »well done« sein soll. Beilagen müssen separat geordert werden.
Rossbachstraße 1 (Schwarze Heide), Di–So 17–22 Uhr, H Badenstraße, 0208/631737, www.heisserstein-online.eu

NiederländerInnen lieben die Schnitzel vom **Restaurant Posthorn**. Der eine oder andere Gast entdeckte das Steakhaus auf dem Rückweg vom Centro, nun hat sich die Adresse im Nachbarland herumgesprochen. FleischliebhaberInnen loben Grillteller und Steaks. Mobiliar und Deko sind Geschmacksache, aber das Essen ist frisch und der Service herzlich.
Biefangstraße 100 (Biefang), Di–Sa 17–22 Uhr, So 11.30–22 Uhr, H Biefangstraße, 0208/665865, www.facebook.com/posthornoberhausen

Seitdem es Burger in der Luxus-Variante gibt, ist **Piwy's** Manufaktur ein heißer Kandidat um den Titel »Bester Burger der Stadt«. Fans fahren Kilometer weit, um Hamburger, Cheeseburger oder die Käsebombe mit dreifach Cheddar, doppelt Speck und frittierten Zwiebelringen im Bierteigmantel zu ordern. Das Fleisch kommt von einem regionalen Metzger, die Burgerbrötchen werden frisch für Piwy's hergestellt. Natürlich stehen auch Pommes auf der Karte. Eher modern-stylischer Imbiss als Restaurant, es kann aber auch vor Ort gegessen werden.

Hervorragende Burger gibt's bei Piwy's.

Weierstraße 189 (Alsfeld), H Jägerstraße, Mo–Fr 12–22 Uhr, Sa & So 13–22 Uhr, 0208/62571469, www.piwys-burger.de

VEGETARISCH/VEGAN

Wer seinen Stadtbummel unterbrechen möchte, bekommt in der **Pressvitabar** eine gute Portion Vitamine in Form von frisch zubereiteten Smoothies und Säften. Die Variation mit Spinat, Avocado, Birne und Trauben ist »Popeyes Liebling«. Bowls, Wraps sowie ein wechselnder Mittagstisch runden das Angebot ab. Zum Nachtisch werden im Bistro-Ambiente Frozen Joghurt und Waffeln aufgetischt. Übrigens: Das Team ist auch für Party-Catering samt mobiler Cocktailbar buchbar.

In der Pressvitabar wird Gesundes und Leckers, zum Beispiel Bowls, aufgetischt.

Bahnhofstraße 41 (Sterkrade), Mo–Di & Do–Fr 11.30–20.30 Uhr, Mi 10.30–20.30 Uhr, Sa 11–14 Uhr & 16–20.30 Uhr, So 16–20.30 Uhr, H Sterkrade Bf, 0203/38564188, www.event-catering.nrw

FÜR GUT

Wer im Oberhausener Norden etwas feiner speisen möchte, für den führt kein Weg am **Hotel und Restaurant Schmachtendorf** vorbei, das nicht nur Übernachtungsgästen offen steht. Bodenständige Gerichte werden mit edlen Zutaten kombiniert. Jeden zweiten Samstag wird zum Essen eine Piano-Begleitung geboten. Reservierung dringend empfohlen. Tipp: WeinfreundInnen und solche, die es werden wollen, können an offenen Weinproben teilnehmen.

Buchenweg 14 (Schmachtendorf), Mo–Fr 17.30–23 Uhr (Küche bis 22 Uhr), So 12–14.30 Uhr (Buffet) & 17–22 Uhr (Küche bis 21 Uhr), H Schmachtendorf Mitte, 0208/62178833, www.hotel-schmachtendorf.de

Die Einkehr im **Il Carpaccio** ist ein Erlebnis. Das liegt an der außergewöhnlichen Location – untergebracht ist das Restaurant in der Baumeister Mühle. Im Baudenkmal lässt sich hervorragend speisen. Serviert wird gehobene italienische Küche im stimmungsvollen Ambiente. Für Verliebte wird auf Wunsch im Turm der Mühle ein Candlelight-Dinner arrangiert, im Sommer kann man schön auf der Terrasse sitzen. Das benachbarte Sacklager lässt sich für Veranstaltungen mieten. Reservierung sinnvoll.

Homberger Straße 11 (Buschhausen), Di–Fr & So 12–15 Uhr & 17.30–22.30 Uhr, Sa 17.30–22.30 Uhr, H Brunostraße, 0208/2050425, www.il-carpaccio-ob.de

INTERNATIONALE KÜCHE

Das **Balcanico** ist ein Balkan-Restaurant wie es im Buche steht. Die Karte ist fleischlastig, im Hintergrund läuft zuweilen Balkan-Musik und die Stammgäste versichern, dass die Ćevapčići genauso schmecken wie von Mama zubereitet. Wer sich an die bosnischen Hackfleisch-Spezialitäten hält, macht nichts falsch. Vegetarier finden einige Vor- und wenige Hauptspeisen auf der Karte.
Bahnhofstraße 4 (Sterkrade), Di–So 12–22 Uhr, H Sterkrade Bf, 0208/69677349, www.facebook.com/balcanicooberhausen

Wenn verschiedene Geschmäcker unter einen Hut gebracht werden müssen, ist das **Lugano** die richtige Adresse. Pizza- und Pastafans kommen bei den Hauptgängen genauso auf ihre Kosten wie Fleisch- und FischliebhaberInnen. Positiv: Es gibt eine kleine Auswahl für VegetarierInnen und VeganerInnen, zudem können sämtliche Speisen glutenfrei zubereitet werden. Mittags gilt eine kleinere, teilweise günstigere Karte. Drinnen sitzt man schöner als draußen.
Bahnhofstraße 80–84 (Sterkrade), Mo–So 12–22 Uhr (Mo–Sa Mittagstisch 12–16 Uhr), H Hirsch-Center, 0208/6356677, www.restaurant-lugano.de

Italienische Gastfreundschaft mitten in Sterkrade: Das Restaurant **Da Vito** schafft den Spagat zwischen gehobenen Gerichten mit Trüffeln, selbst gemachter Pasta und einer guten Pizza. Die Karte ist bewusst klein gehalten – die tagesaktuellen Empfehlungen des Küchenchefs werden auf einer Tafel notiert. Dass man hier gut essen kann, hat sich herumgesprochen, also besser reservieren.
Bahnhofstraße 6 (Sterkrade), Mo–Sa 16–22.30 Uhr, So 12–22 Uhr, H Sterkrade Bf, 0208/6357100, www.ristorantedavito.de

Kalispera: Das Team der **Taverna Notos** holt ein Stück Griechenland in den Oberhausener Norden. Chef Georgios und sein Team tischen nicht die typischen Grillplatten-Klassiker auf, sondern authentische Speisen, wie man sie aus dem Urlaub kennt. Die Familie

In der Taverna Notos werden authentische Gerichte serviert.

stammt von Santorini, Notos bedeutet »Süden«. Dort wähnt man sich im Sommer, wenn man einen Platz auf der Terrasse ergattert. Das Lokal ist beliebt, deshalb besser reservieren.
Kolberger Straße 114 (Alsfeld), Di–Sa 17–23 Uhr, So 12–23 Uhr H Kolberger Straße, 0208/62944799, www.facebook.com/GriechischesLokal

Platz ist in der kleinsten Hütte: **Maria's Grill** gehört zu den charmantesten Restaurants in Oberhausen. In dem ehemaligen Imbiss kommt dank maritimer Wandmalerei und rot-karierter Tischdecken das Urlaubsgefühl automatisch. Die Chefin Ana Patricia Rodrigues Pereira zaubert typische portugiesische Speisen. Für VegetarierInnen gibt's ebenfalls eine gute Auswahl. Sehr beliebt, deshalb unbedingt reservieren.

Maria's Grill wünscht »Bom appetite«!

Weseler Straße 132a (Alsfeld), Di–Sa 18–21 Uhr, So 17–21 Uhr, H Jägerstraße, 0175/7059357, www.facebook.com/mariasgrillrestaurant

Die **Trattoria Antica** macht ihrem Namen alle Ehre. Die Gäste von Pina Gervasi tafeln zwischen alten Uhren, Bügeleisen, einer Schreibmaschine und anderen antiken Schätzchen. Vieles hat die herzliche Chefin von ihren Stammgästen geschenkt bekommen. Das sorgt für wohlig-nostalgische Wohnzimmeratmosphäre. Leckere Pizzen und Pasta, dazu eine schöne Auswahl Fisch und Fleisch: Hier ist nichts überkandidelt, die Atmosphäre locker, die Gerichte gut und bodenständig kalkuliert. Reservierung empfohlen.
Bahnstraße 153 (Holten), Di–So 17–23 Uhr, H Ruhrchemie, 0208/6215148, www.restaurant-antica.de

Nostalgisch-schön: das Antica

Das China-Restaurant **Bambus Garten** ist nicht nur bei AusflüglerInnen, die die Halde Haniel hinaufkraxeln, wegen seiner günstigen Preise beliebt. Neben Klassikern wie gebratener Ente und Co. werden Spezialitäten auf gusseisernen heißen Platten serviert. Wer sich durchprobieren möchte, dem sei das Buffet empfohlen. Dies gibt's mittags (Di–Do 12–14.30 Uhr. Fr & Sa 12–14.30 Uhr, mit mongolischem Grill) zum Preis von 7,50 Euro. Abends kann man zwischen A-la-carte-Speisen oder Buffet wählen (18–22 Uhr mit mongolischem Grill). Für Erwachsene: 9,90 Euro, Kinder (bis zehn Jahre) zahlen fünf Euro. Im Sommer lockt der Biergarten.
Kirchhellener Straße 319 (Königshardt), Di–Sa 11–15 Uhr & 17.30–23 Uhr, So 11–23 Uhr, So 11–23 Uhr, H Everslohstraße, 0208/3765055

AUF DIE SCHNELLE

Der **Oraniengrill** ist ein winzig-kuscheliger Imbiss, in den nicht viele Leute passen. Geboten wird alles für den schnellen Genuss: Currywurst-Pommes, Frikadelle oder Schaschlik sowie Döner. Die Varianten Oraniendöner (Fleisch und Pommes mit Soße im Fladenbrot) oder Joppiedöner sind Eigenkreationen.
Oranienstraße 127 (Schmachtendorf), H Oranienstraße, Mo–Fr 13–19 Uhr, 0208/688626, www.oraniengrill-oberhausen.eatbu.com

Stammgäste haben dem **Kochpott** fünf goldene Pommesgabeln gegeben: bestes Essen, nettester Service, schönstes Ambiente, schärfste Sauce und größte Auswahl. Der Traditionsimbiss ist modern eingerichtet, die Betreiber freundlich, die Currywurst solide und das Gyros richtig gut. Die Auswahl ist groß, alles ist frisch – für VegetarierInnen und

VeganerInnen werden sogar fleischlose Wurstvarianten angeboten. Gutes Preis-Leistungs-Verhältnis.
Bergische Hufe 16 (Schmachtendorf), Di–So 12–21 Uhr, H Kempkenstraße, 0208/683453, www.kochpott.com

Der Koch Dimitri Alexandris und seine Frau betreiben die noch recht neue **Pita Manufaktur**. Das typische griechische Brot ist die Spezialität des charmanten Imbisses. Der Teig wird nach einem alten Familienrezept hergestellt. Die Wunsch-Pita kann selbst zusammenstellt werden – mit Gyros, Bifteki oder auch vegetarisch mit Zucchini- oder Kichererbsen-Puffer. Auf der Getränkekarte geht's mit griechischer Limo oder Bier authentisch weiter. Das modern-stylische Lokal kommt ohne Säulen-Folklore aus. Wenige Sitzplätze vor Ort.
Postweg 23 (Sterkrade), H Holtener Straße, Mo & Mi–So 11.30–21 Uhr, 0208/94103990, www.pita-manufaktur2020.eatbu.com

Currywurst, Gyros, Schnitzel oder halbe Hähnchen: Der **Hirschkampgrill de Haan** annonciert für sich, »die Adresse in Oberhausen« zu sein. Der »Hirschi« in Retro-Orange hat auf jeden Fall seit Jahrzehnten seine Fans. Der Service ist freundlich, die Pommes sind ordentlich, die Currywurst ebenfalls. Hawaii-lastige Karte – neben Putenschnitzel werden auch Gyros und Chicken Nuggets dieser Art serviert.
Höhenweg 162 (Königshardt/Walsumermark), Di–Sa 11.30–21 Uhr, So 12.30–21 Uhr, H Walsumermarkstraße, 0208/674078, www.facebook.com/hirschkampgrill.dehaan

Das Team **Könings in der ehemaligen Pfeffermühle** versucht den Spagat zwischen Edel-Imbiss und Restaurant. Schnitzel und Burger stehen ebenso auf der Karte wie ambitionierte

Pommes mit Schokosauce von Könings

Schmorgerichte oder Hausmannskost. Die Pottfritten sind top, die Saucen werden nach eigenen Rezepturen hergestellt. Ausgeschenkt werden Weine, Craftbiere aber auch lokale Liköre namens »Zauberlehrling«oder der Holtener »Nachtwächterschluck«. Genauso kreativ ist das Dessert »Pommes mit Schokoladensauce und Streusel«: schmeckt überwiegend süß und weniger merkwürdig als es klingt.
Dorstener Straße 439 (Tackenberg), Di–Do 16–20 Uhr, Fr & Sa 12–20 Uhr, H Taunusstraße, 0208/63583377, www.koenings.com

Die Betreiber des **Grill-Restaurant Gresak** haben in der Vergangenheit gewechselt, doch die geheime Gewürzmischung, die aus den Hähnchen die nahezu besten Flattermänner der Stadt machen, ist gleich geblieben – zum Glück. Wer Gyros, Schnitzel und Currywurst bevorzugt, wird ebenfalls fündig. Vor Kurzem wurde der Imbiss komplett renoviert. Vor Ort gibt es ein paar gemütliche Sitzgelegenheiten.
Dorstener Straße 311 (Tackenberg), H Am Dicken Stein, Mo–So 12–23 Uhr, 0208/611995

Die Hähnchen von Gresak sind legendär.

Am Abend

KNEIPEN & BARS

Frisch Gezapftes und regelmäßig Live-Musik: **Mc Jacks Pub** lockt Fans der grünen Insel mit Guinness und urig-geselliger Atmosphäre. Ein beliebter Treffpunkt in Schmachtendorf, nicht nur zum Frühschoppen an Markttagen.
Hiesfelder Straße 193 (Schmachtendorf), Mo, Di & Fr ab 17 Uhr, Do 11–14 Uhr & ab 17 Uhr, Sa ab 18 Uhr, H Schmachtendorf Mitte, 0170/5535502, www.facebook.com/mcjackspub

Die **Hardtschänke** ist eine rustikale Kneipe wie es sie früher an jeder Ecke gab. Die Chefin steht selbst hinter der Theke, die Atmosphäre ist urig-gesellig – und wenn der Ball rollt, geht's rund. Friko und Currywurst stillen den Hunger. »Olé, Olé« singen die Gäste nicht nur beim Fußballgucken, sondern auch bei Oktoberfesten oder anderen Partys. Alles top!
Hartmannstraße 2 (Königshardt), H Matzenbergstraße, Di–Sa 17–0 Uhr, So 11–0 Uhr, 0208/670477

In den Räumen der Gaststätte **Alt-Buschhausen** wurde schon viel geschwoft und geschunkelt. Die KarnevalistInnen trafen sich hier zu Prunksitzungen, die Steirer Freunde machen aus dem Vereinslokal eine Hochburg für alpine Musik. Die Speisekarte bietet von Pizza und Flammkuchen bis hin zu Pfannengerichten eine bunte Mischung und ordentliche Portionen. Im Sommer lockt ein schöner Biergarten.
Lindnerstraße 191 (Buschhausen), Di–Fr 16–1 Uhr, Sa 17–1 Uhr, So 11–14 Uhr & 18–22 Uhr (Biergarten bis 22 Uhr), 0208/650733, www.alt-buschhausen.de

LIVEMUSIK & TANZEN

Das **Jugend- und Kulturzentrum Emscherdamm** der evangelischen Kirche ist ein beliebter Treffpunkt hoch im Norden der Stadt. Vor den Toren Holtens können Jugendliche skaten, quatschen oder abhängen. Abends, wenn Partys oder Konzerte stattfinden, öffnen sich die Türen für alle. Das Spektrum reicht von Rockabilly bis Metal – Coverbands werden in der Regel ausgesperrt. Tagsüber ist der Eintritt frei, abends variiert der Preis. Feiner Zug der Verantwortlichen: Niemand soll draußen bleiben, weil er oder sie pleite ist. Alternativ kann man das Ticket also mit einem Thekendienst »abarbeiten«.
Flugstraße 1 (Holten), Mo–So 16–21 Uhr & zu Veranstaltungen, H Lützowstraße, www.emscherdamm.de

Das **Crowded Haus** ist ein kulturelles Kleinod in Holten und bietet Programm sämtlicher Genres. In unmittelbarer Nähe zum Chemiewerk gelegen, finden Bands aus Oberhausen und Umgebung hier Probenräume. NachbarInnen gibt's keine. An Werktagen darf von 18 Uhr bis 7 Uhr morgens Musik gespielt werden, an den Wochenenden sogar noch länger. Und das nutzen die Musikgruppen, die beispielsweise bei den Rocknächten auftreten. Comedy, Theater,

Das Crowded House bietet Programm sämtlicher Genres.

Lesungen und Vernissagen runden das abwechslungsreiche Programm ab.
Otto-Roelen-Straße 1 (Holten), H Ruhrchemie
www.crowdedhouse.de

In der evangelischen **Kirche an der Kempkenstraße** werden seit 2019 keine Gottesdienste mehr gefeiert, dafür betreibt ein Verein das Gotteshaus als Veranstaltungsstätte mit besonderem Ambiente. Das Programm reicht von Konzerten und Kabarett bis zur Kinderdisco – und ganz nebenbei bringt die Kulturkirche Menschen zusammen. Einen Überblick über die geplanten Auftritte gibt's im Netz: www.kirche-schmachtendorf.de.
Kempkenstraße 41 (Schmachtendorf), H Kempkenstraße

KINO & BÜHNE

Am Lito-Palast, heute die Heimat der **Kleinstädter Bühne**, hängen viele Erinnerungen. Ursprünglich als Kino gegründet, beherbergte der Bürgersaal später das legendäre »Old Daddy«. 2001 entschlossen sich die Mitglieder des Amateurtheaters, die Geschichte des Bürgersaals fortzuschreiben. Übrigens: Die »Kleinstädter« sind der älteste aktive Theaterverein in Oberhausen

Die Kleinstädter Bühne zeigt Stücke wie »Mordgedanken oder: Schnarcht ihre Frau auch?«

und haben sich über die Jahrzehnte ein treues Publikum erspielt. Wenn die HobbyschauspielerInnen Krimis, Komödien oder Kindertheater inszenieren, sind die Vorstellungen schnell ausverkauft. Tickets und Programminformationen gibt es online: www.kleinstaedter.de. Der Eintritt ist gestaffelt nach Genres und kostet für Erwachsene ab 9 Euro, Kinder zahlen ab drei Euro. Manchmal sind im »Lito« auch Gastspiele zu sehen.
Finanzstraße 1 (Sterkrade), H Neumarkt

Einkaufen

FEINKOST & SPEZIALITÄTEN

Die **Fleischerei Kürten** ist ein Traditionsbetrieb und weit über die Stadtgrenzen bekannt. Udo und Ute Kürten führen den Familienbetrieb in dritter Generation. Das Fleisch beziehen sie

Die Wurstwaren der Fleischerei Kürten wurden schon oft prämiert.

von Höfen, die eine artgerechte Haltung der Tiere garantieren. Den etwas höheren Preis nehmen die qualitätsbewussten KundInnen in Kauf. Gewurstet wird selbst. Schinken- und Salamispezialitäten von ausgewählten italienischen Manufakturen ergänzen das Sortiment. Wer sich weiterbilden und genießen möchte, kann ein Steak-Seminar buchen. Für die samstägliche Erbsensuppe oder den

Mittagstisch zum Mitnehmen stehen SterkraderInnen schon mal Schlange.
Bahnhofstraße 12 (Sterkrade), H Sterkrade Bf, Mo–Fr 7–18.30 Uhr & Sa 6–14 Uhr, 0208/668213, www.kuerten-partyservice.de

Brot und Brötchen sind in der **Bäckerei Troll** Handarbeit. Anfangs verarbeiteten Thomas Lang und sein Team ausschließlich Vollkorn. Doch das Sortiment ist mit dem Kundengeschmack gewachsen. Nun werden auch glutenfreie Backwaren oder solche für AllergikerInnen hergestellt. Die Macher legen Wert darauf, nur regionale, natürliche und biologische Zutaten zu verwenden.
Bahnhofstraße 21 (Sterkrade), Mo–Fr 8–18 Uhr, Sa 8–14 Uhr, H Sterkrade Bf, 0208/63589633, www.trollbrot.de

Lukullus nennt sich das Fachgeschäft für polnische Spezialitäten. Wer selbst kochen will, bekommt hier alle Zutaten, von Rote-Bete-Konzentrat, Gewürzmischungen, Wurstwaren bis hin zu Bier oder Gebäck. Sogar die Eier werden aus Polen importiert. Auch Zeitschriften oder polnisches Shampoo sind erhältlich. Gut sortiert, wöchentlich wechselnde Angebote.
Brandenburger Straße 1 (Sterkrade), Mo–Fr 9–18 Uhr, Sa 9–15 Uhr, H Neumarkt, 0208/20798200, www.lukullus-laden.eu

In die Herrenhandtasche von **Ruhrpottbrew** passen exakt sechs Flaschen, mehr braucht Mann nicht zum Glücklichsein. Tobias Palmer, gelernter Brauer, reiste nach seiner Ausbildung durch die Welt, lernte zahlreiche (Bier-)Geschmäcker kennen. In Sterkrade entwickelte er seinen eigenen Gerstensaft. Ganz neu ist das »Abendbrot«-Bier, das aus den Brotresten einer Oberhausener Bäckerei

Ruhrpottbrew made in Oberhausen

hergestellt wird. In dem Fachgeschäft versammeln sich internationale Craftbiere und, unter dem Motto »Bier von hier«, Sorten anderer Ruhrpott-Brauereien. Wer sich nicht sicher ist, was ihm schmeckt, kann sich einen Probierschluck zapfen lassen. Regelmäßig werden Tastings und Braukurse angeboten.
Postweg 29 (Sterkrade), H Holtener Straße, Do–Fr 12–19 Uhr, Sa 10–15 Uhr, 0208/41199346, www.ruhrpottbrew.de

Gegenüber vom **Hof Köster** steht ein mobiler Hühnerstall. Hier scharren und picken zahlreiche Hühner und legen fleißig »Wieseneier«. Die stecken zum Beispiel in den Nudeln, Keksen und dem Eierlikör, die es im Hofladen zu kaufen gibt. Kösters »Junggesellenbande« im Stall nebenan liefert Rindfleisch. Je nach Saison gibt's eigenen Spargel und Erdbeeren. Außerdem können frische Blumen geschnitten werden. Die Ziegen freuen sich über Streicheleinheiten. Wer am Wochenende mal keine Eier zu Hause hat oder auf die Schnelle Grillfleisch braucht, kann die Produkte rund um die Uhr am Automaten ziehen.
Gabelstraße 71 (Schmachtendorf), Mo–Fr 9–18.30 Uhr, Sa 9–16.30 Uhr, So 10–13 Uhr (zur Spargelzeit), H Gabelstraße, 0208/671963, www.koestershof.de

Mmh: Seit 1860 gibt es die **Fleischerei Reuschenbach**. In Sterkrade werden rund 120 Wurstsorten selbst hergestellt. Die Palette reicht von Salami über frische Fleischwurst bis zu Spezialitäten für den Grill. Die Produktion und ein Verkaufsrondell befinden sich in Sterkrade, ein weiteres Geschäft gibt es in Schmachtendorf.
Hiesfelder Straße 208 (Schmachtendorf),
Mo–Fr 7–18 Uhr, Sa 8–13 Uhr,
H Schmachtendorf Mitte, 0208/6258129,
www.fleischerei-reuschenbach.de

Rohmilch frisch von der »Tankstelle« kann man bei Andreas **Klapheck** direkt vor dem Hof zapfen. Eigene Gefäße müssen mitgebracht und die Milch vor dem Verzehr abgekocht werden. Zudem gehört ein kleiner Laden zum Hof, in dem Fleischwaren sowie eine Auswahl Obst, Gemüse, Säfte und Marmelade angeboten werden.
Kurfürstenstraße 70 (Biefang),
Mo–Sa 9–13 Uhr, H Marissen, 0208/680982,
www.bauernhof-klapheck.de

Diese Genussmanufaktur lohnt einen Besuch. Chef Mario Grube und sein Team sind bundesweit bei Messen und Filmgalas als Caterer unterwegs. Unter dem Namen **Mahlgrad** haben sie eine eigene Kaffeerösterei gegründet. Im Schatten der Halde Haniel befindet sich ein sehenswerter Showroom samt Barista-Akademie. Dort lernen Kaffee-Aficionados, wie sie Herzen oder Blumen schäumen. Mindestens genauso beliebt wie der Kaffee ist das **Pottkorn**. Die Macher nennen es selbstbewusst »Dat beste Pop aus dem Pott«. Hergestellt wird es aus französischem Mais, das wahlweise mit Butterkaramell, Vollmilchschokolade, Whisky, weißem Trüffel und anderen Zutaten veredelt wird.

Pottkorn ist Edel-Popcorn.

Kirchhellener Straße 253 (Königshardt),
Mo–Fr 14–18 Uhr, Sa 10–14 Uhr, H Venn,
02842/2194390, www.pottkorn.de

Bereits in vierter Generation führt Benjamin Frohne die kleine, feine **Bäckerei Frohne** in Königshardt. Die Sorten klingen verführerisch: Das Wottelbrot etwa ist eine Hafervollkorn-Variante mit Dinkelschrot, Sonnenblumenkernen und Möhren. Das passende »Oberhausener Kniftenbrettchen« bekommt man ebenso – es wird von einem befreundeten Tischler hergestellt und ist auch in den Versionen »Ausgepooft«, »Is wat« oder »Moin Schätzken« zu haben. Übrigens: Wer sich das Anstehen sparen will, bestellt das Brot vor, dann wird es in einem Abhol-Regal hinterlegt.
Matzenbergstraße 158 (Königshardt),
Di–Fr 6–13 Uhr, Sa 6–14 Uhr, So 7.30–11 Uhr,
H Pfälzer Straße, 0208/670952,
www.baeckerei-frohne.de

Benjamin Frohne backt in vierter Generation.

Frisches aus dem Automaten bei Hagedorn

Der Hof der Familie **Hagedorn** ist so alt, dass sogar die Straße nach ihm benannt ist. Hermann Hagedorn baut Kartoffeln an und betreibt einen mobilen Hühnerstall. Die Eier sowie Obst und Gemüse befreundeter Landwirte werden im kleinen Hofladen verkauft. Außerdem sind vor dem Tor drei Automaten postiert, an denen man sich rund um die Uhr mit Milch, Eiern, Kartoffeln und sogar Eis eindecken kann. Wenn das Tor geöffnet ist, dürfen SpaziergängerInnen gerne den Hof anschauen.

Hagedornstraße 109 (Schwarze Heide),
Mi–Fr 8–12 Uhr & 14–17.30 Uhr, Sa 8–12.45 Uhr,
H Biefangstraße, 0208/665610

Lust auf Fisch? Frischer als vom **Forellenhof Kiefer** geht's nicht. HobbyanglerInnen können in sechs Teichen ihr Mittag- oder Abendessen selbst fangen. Neben den namensgebenden Forellen schwimmen, je nach Saison, auch Karpfen, Aale oder Zander hier. Geangelt werden kann täglich, außer montags. Der Eintritt wird für einige Stunden oder einen ganzen Tag gezahlt – und variiert nach Angelrevier. Wem das allerdings zu lange dauert, kann sich im angeschlossenen Feinkostgeschäft mit Spezialitäten eindecken. Ein Geheimtipp sind die frisch gebratenen Forellen, die im Sommer auf der Terrasse serviert werden.

Erzbergerstraße 136 (Alsfeld),
Fischverkauf Di–So 9–18 Uhr,
Angeln 7–18 Uhr (März bis 3. Oktober) &
7.30–17.30 Uhr (4. Oktober bis Februar),
H Nordfriedhof, 0208/671039,
www.forellenhof-kiefer.de

Vito Sersale hat viele Jahre Restaurants betrieben, bevor er in Schmachtendorf sein Feinkostgeschäft **Servito** eröffnete. Dort finden GenießerInnen Weine, Grappa, Pasta, Wurst, Käse und andere Zutaten für gutes italienisches Essen. Für alle, die lieber vor Orten speisen möchten, gibt es eine kleine Karte mit Antipasti und Pasta-Gerichten. Die Weine aus den Regalen werden gegen Korkgeld sofort geöffnet. Eine schöne Adresse für alle, die es sich gutgehen lassen wollen.

Forststraße 12 (Schmachtendorf),
Mo–Fr 10–22 Uhr, Sa 10–16 Uhr,
H Tenterstraße, 0208/74015022

Servito ist ein Feinkostgeschäft mit angeschlossenem Bistro.

MÄRKTE

Der **Wochenmarkt in Sterkrade** ist einer der bestsortierten in Oberhausen und Umgebung. Er bietet eine große Auswahl an Obst, Gemüse, Fleisch, Pflanzen, Gewürzen, aber auch Mode – und ist deshalb stets gut besucht. Wer Bekannte beim Einkaufen trifft, verlegt seinen Plausch gerne in eines der umliegenden Cafés.
Steinbrinkstraße, Mi & Sa 8–13 Uhr,
H Sterkrade Mitte, www.stig-sterkrade.de

Diese **Spätschicht** macht Spaß – dabei handelt es sich nicht etwa um Überstunden im Büro, sondern um einen Feierabendmarkt in Sterkrade, der jeweils am dritten Donnerstag im Monat stattfindet. BesucherInnen flanieren, verweilen und genießen, die Atmosphäre ist gesellig und fast mediterran. Zu den Ausstellern gehören nicht nur die klassischen Marktstände, sondern auch Foodtrucks. Ab und zu treten KünstlerInnen auf.
Kleiner Markt (Sterkrade),
3. Do 16–20 Uhr (im Sommer bis 21 Uhr),
H Sterkrade Mitte, www.stig-sterkrade.de

MODE & DESIGN

Der Name **Spickermann** steht in Sterkrade für Tradition. 1866 gründete ein gewisser Schlossermeister Carl Spickermann seinen Handwerks- und Handelsbetrieb und bot mit seiner Frau Eisenwaren, Geschirr und Haushaltswaren an. Viele Ältere kennen das Fachgeschäft noch unter »Der kleine Krupp«. Diesen Spitznamen bekam Spickermanns Sohn Willi verliehen, als er den Betrieb übernahm und ihn durch Inflation, Wirtschaftskrise und den Krieg führte. Nun steht die vierte Generation in der Verantwortung. Den guten Namen hat sich das Unternehmen bewahrt. Noch immer finden die KundInnen hochwertige Küchenartikel, Dekoratives für die Wohnung oder nützlich-pfiffige Geschenke.
Klosterstraße 6 (Sterkrade),
Mo–Di, Do–Fr 9.30–18 Uhr, Mi 9–18 Uhr,
Sa 9–14 Uhr, H Sterkrade-Mitte,
0208/668305, www.spickermann-shop.de

Das Modehaus **Lantermann** ist seit Jahrzehnten eine bekannte Marke in Sterkrade. Auf rund 1.000 Quadratmetern finden Damen und Herren neue Outfits für sämtliche Gelegenheiten. Dazu Wäsche und Accessoires. Wer sich nicht sicher ist, ob Bluse oder Rock zum persönlichen Stil passen, bekommt Tipps vom Modeberater. Ist die Hose zu lang, gibt's ein hauseigenes Änderungsatelier. Der persönliche Service hebt sich von großen Ketten ab.
Bahnhofstraße 51 (Sterkrade),
Mo–Fr 10–18 Uhr, Sa 9.30–14 Uhr,
H Sterkrade Mitte, 0208/699960,
www.lantermann.de

Friedas Welt heißt das Fachgeschäft für schöne Geschenke und Dekoration, das das Friedendorf International betreibt. Namensgeber ist das Maskottchen der Hilfsorganisation. Erhältlich ist Kunstvolles, Kulinarisches und

Friedas Welt führt schöne Geschenke und Deko-Artikel.

Kreatives. Zudem finden regelmäßig Workshops und Veranstaltungen statt.
Hiesfelder Straße 193 (Schmachtendorf), Mo–Di, Do–Fr 9–13 & 15–18 Uhr, Mi 9–13 & Sa 10–13 Uhr, H Schmachtendorf Mitte, www.friedas-welt-oberhausen.de

ORIGINELLES & ORIGINALE

Ruhrpott-Devotionalien und Geschenke jeder Art – **Tabakwaren Brinkmann** bietet schöne und lustige (Un-) nützlichkeiten, die RuhrgebietsfreundInnen das Herz wärmen: Tassen, Kleidung, Kulinarisches. Zudem bekommt man in dem Shop Eintrittskarten für Veranstaltungen in Oberhausen und Umgebung, etwa für die Kleinstädter Bühne oder RWO-Spiele.
Dudeler Straße 7 (Schmachtendorf), Mo–Fr 8.30–18.30, Sa 8.30–14 Uhr, H Schmachtendorf Mitte, 0208/685503

Kleidung für Erwachsene, Tischdecken, Gardinen, Handtücher, Spielzeug oder feines Kaffeeporzellan: Im Interladen lassen sich einige Schätzchen entdecken. Wer hier kauft, tut außerdem noch etwas Gutes. Im **Interladen des Friedensdorfes** werden gut erhaltene Spenden verkauft, die im Friedensdorf selbst keine Verwendung finden.
Steinbrinkstraße 207 (Sterkrade), Mo–Fr 10–18 Uhr, Sa 10–14 Uhr, H Rathaus Sterkade, 02064/49740, www.friedensdorf.de

Stifte, Grußkarten, Radiergummis, Boxen für das Pausenbrot: **Osterkamp** hat sich seit 1884 auf Schreibwaren spezialisiert und Generationen von Schulkindern ausgestattet. Um sich von der Discounter-Konkurrenz abzuheben, setzen die MitarbeiterInnen auf Beratung und Fachwissen. Mit einer großen Auswahl an Taschen und Tornistern hat sich das Team weit über die Stadtgrenzen hinaus einen Namen gemacht.
Steinbrinkstraße 231 (Sterkrade), Mo–Fr 9–18 Uhr & Sa 9–13 Uhr, H Sterkrade Mitte, 0208/668051, www.osterkamp-schreibwaren.de

Bei Familie Bartz liegt die Begeisterung für Spielsachen in der Familie. Seit mehr als 100 Jahren existiert das **Haus des Kindes**, ein Fachgeschäft für Puppen, Modelleisenbahnen oder Bauklötze. Mittlerweile hat mit Sohn Sven die dritte Generation übernommen. Zwar finden sich auch Trends im Sortiment, die Klassiker sind aber noch immer gefragt. Für große Spielkinder werden regelmäßig Männerabende organisiert.
Brandenburger Straße 7 (Sterkrade), Mo–Fr 9.30–18 Uhr, Sa 9.30–14 Uhr, H Sterkrade Mitte, 0208/665646, www.hausdeskindes.net

Im Fachgeschäft von Dietmar **Enders** wäre die Handpuppe Opa Hausen beinahe mal aus dem Rahmen gefallen. Der Effekt war natürlich gewollt und lag an der dreidimensionalen Optik, bei der BetrachterInnen das Gefühl hatten, dass die Handpuppen von Dirk Trachternach ziemlich lebendig sind. Der Rahmenmacher setzt Kunst stets passend in Szene. KunstfreundInnen finden bei ihm zudem eine feine Auswahl von Unikaten wie handgefertigte Grafiken von James Rizzi. Der verstorbene Pop-Art-Künstler hat im Kulturhauptstadtjahr 2010 selbst aus dem Einkaufstempel Centro einen Kunstpalast gemacht.
Steinbrinkstraße 217 (Sterkrade), Di & Do 9–18 Uhr, Mi & Fr–Sa 9–14 Uhr, H Sterkrade Mitte, 0208/846400, www.bild-und-rahmen-enders.de

Für **Andreas Ahrens** ist sein Beruf Berufung. Schon als Achtjähriger reparierte er zum ersten Mal einen Drahtesel. Inzwischen führt er einen ungewöhnlichen **Fahrradhandel**. Klassische Geschäftsräume gibt's nicht, stattdessen erinnert der Hof auf den ersten Blick an einen Schrottplatz, zu dem LiebhaberInnen kommen, um sich Ersatzteile für ihre Zweiräder zu beschaffen. Für alte Räder wird eine Abwrackprämie gezahlt. Verleih: ab 7,50 Euro pro Tag. Bei gutem Wetter besser vorher anrufen.

Kurfürstenstraße 196 (Holten),
Mo–Fr 9.30–18.30 Uhr, Sa 10–14 Uhr
(Winteröffnungszeiten: »von hell bis dunkel«),
H Küperstraße, 0208/6216278

Als kleiner Junge wollte Daniel Dellen so fahren können wie die Jungs in Steven Spielbergs Filmklassiker E.T. Erst kurvte er mit einem BMX-Rad durch die Gegend, später auf einem Mountainbike. Aus seiner Leidenschaft für Räder hat er längst einen Beruf gemacht. Zu den KundInnen seines Fachgeschäft **WatzUp.Bikes** zählen Mountainbike-Fans aus ganz Deutschland. Viele wollen aus eigener Muskelkraft durch das Gelände fahren, der Anteil an E-Mountainbikes wird jedoch größer. Ein weiterer unschätzbarer Vorteil für die Watz-Männer und -Frauen: Mit der Halde Haniel liegt der Hausberg mit mehreren Kilometern Teststrecke auf der anderen Straßenseite.

Kirchhellener Straße 309 (Königshardt),
Di–Fr 13–19 Uhr, Sa 10–14 Uhr, H Everslohstraße,
0208/620162900, www.watzup.bike

Dirk Wischmann und seine Frau Sabrina haben den grünen Daumen. Ihre Staudengärtnerei **Gartenwert** unterscheidet sich deutlich von Standard-Gartencentern, sie sieht schön verwunschen aus. Die Pflanzen wachsen im Kräuter- oder Bauerngarten oder in der »Heimischen Ecke«. Auf rund 6.000 Quadratmetern werden 600 Arten präsentiert, alle selbst gezogen und vermehrt. Auf Wunsch plant der Fachmann zu Hause anhand von Fotos, was in den Beeten gut wachsen würde. Geht es um größere Projekte, ist eine Vor-Ort-Beratung möglich.

Küperstraße 18 (Holten), H Küperstraße,
Mo–Fr 9–18 Uhr, Sa 9–16 (März bis Oktober),
Do–Sa 9–15 Uhr (November bis Februar),
0157/55120975, www.gartenwert.de

WatzUp.Bikes ist ein gefragtes Fachgeschäft für Mountainbikes.

Dirk Wischmann und seine Frau betreiben kein Standard-Gartencenter.

MUSIK & LITERATUR

Dr. Kobo Melone ist der heimliche Star in der Buchhandlung **Wiebus**. Der Kater, offenbar ein Literaturliebhaber, kam vor 15 Jahren in das Geschäft spaziert und zog bald darauf ein. Die Buchhandlung ist ein hübsches Fachgeschäft alter Schule. Wiebus senior und junior sowie die engagierten MitarbeiterInnen kennen die LieblingsautorInnen ihrer Kundschaft. Es gibt eine große Auswahl regionaler Literatur, ein gut geführtes Antiquariat und, dem promovierten Vierbeiner sei Dank, eine nennenswerte Zahl Schmöker für Katzenfans. Damit kann auch Belle leben. Der zweite Vierbeiner des Hauses, eine spanische Hundedame, und der Kater verstehen sich prima.

Arndt Wiebus mit Dr. Kobo Melone

Steinbrinkstraße 249 (Sterkrade),
Mo–Di & Do–Fr 10–16 Uhr, Mi & Sa 10–13 Uhr,
0208/668255,
https://wiebus-buchhandlung.buchhandlung.de

»Bücher sind ein Lebensmittel, sie gehören in jeden Stadtteil«, ist Waltraud Krause überzeugt. Deshalb arbeitet die 77-Jährige noch immer gerne und versorgt ihre KundInnen in ihrer **Königshardter Buchhandlung** mit Lesestoff. Die Liebe zur Literatur begleitet sie schon ihr ganzes Leben. Im Geschäft stapeln sich die Schmöker, doch mit einem Handgriff zaubert sie die gesuchten und gewünschten Exemplare hervor. Die persönliche Beratung des Teams wissen die großen und kleinen Leseratten zu schätzen.

Waltraud Krause in ihrer Buchhandlung

Höhenweg 28 (Königshardt), Mo–Fr 9–19 Uhr,
Sa 9–14.30 Uhr, H Falkestraße, 0208/676030

Die Buchhandlung **Zweitbuch** ist ein ausgezeichneter »Ort der Kultur«: In Wohnzimmer-Atmosphäre präsentiert Lars Baumann sein erlesenes Programm. Natürlich findet man Bestseller, doch der Experte unterstützt gezielt kleine Verlage und belletristische Nischen-Neuerscheinungen. Das kommt bei den Kunden gut an, einige Fans reisten sogar aus Finnland an. Der Chef und sein Team lassen sich oft etwas Neues einfallen, präsentieren Bücher via Film oder laden zu Veranstaltungen ein. Motto: Lesen und lesen lassen.

Schmachtendorfer Straße 155 (Schmachtendorf),
Mo–Di & Do–Fr 9–12.30 Uhr & 13.30–18.30 Uhr,
Mi & Sa 9–14 Uhr, H Schmachtendorf Mitte,
0208/686399, www.zweitbuchhandlung.de

Wissenswertes & Service

ANREISE

Mit dem Auto

Oberhausen ist über die Autobahnen A2, A3, A42 und die A516 gut erreichbar. Die Stadt liegt allerdings, mit Ausnahme der Autobahnen, in einer Umweltzone und darf nur noch von Fahrzeugen mit grüner Plakette befahren werden.

Mit der Bahn

Oberhausen wird von ICEs, ICs, S- und Regionalbahnen angesteuert. Die Stadt liegt zentral. Direktverbindungen gibt es etwa mit Köln, Frankfurt, Amsterdam und Arnheim. Mit der Bahn erreicht man die Nachbarstadt Duisburg in sieben Minuten. Nach Essen dauert es 17, zum Düsseldorfer Hauptbahnhof 25 Minuten. Besonders groß ist der Hauptbahnhof nicht, vor Ort kann man sich aber mit dem Nötigsten für die Reise ausstatten.

Mit dem Flugzeug

Am Bahnhof des Internationalen Flughafens Düsseldorf (DUS) halten zahlreiche Regionalexpresse, die nach Oberhausen fahren und den Flughafen in 17 Minuten anbinden. Ein Taxi kostet für die etwa 33 Kilometer lange Strecke rund 80 Euro.

Mit dem Bus

Am Hauptbahnhof befindet sich eine Haltestelle für Fernbusse. Oberhausen wird beispielsweise vom Anbieter Flixbus angesteuert.

VOR ORT

Mit dem Auto

Je nach Tageszeit sind Parkplätze rund um die Marktstraße in Alt-Oberhausen und in der Sterkrader Innenstadt schwer zu bekommen. Wer einen freien Stellplatz findet, zahlt 0,50 Euro für jede angefangene halbe Stunde. Die Parkgebühren lassen sich mit Münzgeld, EC- und Kreditkarte oder App (Handyparken) begleichen. Wer nur mal kurz zum Bäcker oder in ein anderes Geschäft huscht, kann die sogenannte Brötchentaste betätigen und parkt 15 Minuten kostenlos. Ausnahmen gelten für FahrerInnen von Elektroautos. Diese Wagen können für maximal vier Stunden kostenfrei abgestellt werden, BesitzerInnen müssen aber eine Parkscheibe gut sichtbar hinter die Windschutzscheibe legen. BesucherInnen des Centro parken in den dazugehörigen Parkhäusern rund um die Uhr kostenfrei.

E-Mobilität

Wer einmal ein E-Auto fahren möchte, kann im Centro zwei Wagen, einen BMW i3 und einen Nissan Leaf, mieten. Der Service kostet vier Euro pro Stunde oder 45 Euro für den ganzen Tag. Die ersten 30 Kilometer sind inklusive, danach kostet jeder Kilometer weitere 0,10 Euro. KundInnen müssen sich vorab registrieren und erhalten eine Kundenkarte. Abschließend kann man die Pkw per App buchen. Die Batterie hat eine Reichweite von rund 300 Kilometern. Nach der Fahrt muss das Auto wieder auf dem vorgesehenen Parkplatz abgestellt werden.

Auch der Anbieter Ruhrauto hat ein elektrisches Carsharing-Angebot: am Rathaus (Schwartzstraße 72, Alt-OB) und am Technischen Rathaus (Bahnhofstraße 66, Sterkrade). Vor der ersten Fahrt müssen sich KundInnen auf der Internetseite registrieren. Danach bekommt man einen Vertrag und eine sog. Drivecard. Das Auto kann anschließend ebenfalls online oder telefonisch unter 0211/74966810 gebucht werden. Der Preis variiert zwischen 1,95 Euro und 4,90 Euro pro Stunde. Tagespreise: 24 bis 49 Euro. Nähere Infos: *www.ruhrauto-e.de*

Der Energieversorger EVO hat an verschiedenen Stellen im Stadtgebiet Ladesäulen für E-Autos installiert. Fahrzeuge mit Steckertyp 2 können bis maximal 22 kW laden. Der Vorgang wird entweder über die App eCharge gestartet oder man scannt an der Ladesäule einen QR-Code ein. Bezahlt wird per Kreditkarte oder Paypal. Ladesäulen befinden sich beispielsweise am

- EVO-Kundencenter: Christian-Steger-Straße 61–71 (Alt-OB)
- Rathausvorplatz: Schwartzstraße 72 (Alt-OB)
- Technischen Rathaus: Bahnhofstraße 66 (Sterkrade)
- Marktplatz: Osterfeld 14 (Osterfeld)
- Centro: Parkhäuser 1–7

Eine komplette Liste gibt's online: *www.evo-energie.de/elektroladestationen-oberhausen*

Ladestationen für E-Bikes stehen am Kaisergarten im Bereich der Grillstation am Schloss (Am Kaisergarten), im Biergarten am Ruhrpark (Kewerstraße) und am Centro (Platz der Guten Hoffnung) zur Verfügung.

ÖPNV

Oberhausen hat ein gut ausgebautes innerstädtisches Bus- und Bahnnetz. Tagsüber verkehren 33 Linien, die teilweise auch in die Nachbarstädte fahren. Über eine ÖPNV-Trasse pendeln Busse und Straßenbahnen zwischen dem Oberhausener Hauptbahnhof und dem wichtigen Verkehrsknotenpunkt Sterkrade. Entlang der Trasse liegt auch die Haltestelle Neue Mitte, direkt am Centro. In Sterkrade, Osterfeld und Holten gibt es weitere Haltepunkte des Regionalverkehrs. Die Neue Mitte ist vom Hauptbahnhof mit einem Kurzstrecken-Ticket erreichbar. Für alle, die sich verschiedene Sehenswürdigkeiten in Oberhausen schauen wollen, bietet sich das 24- oder 48-Stunden-Ticket an. Es ist gültig für beliebig viele Fahrten und kann von bis zu vier Personen genutzt werden. Die Welcome-Card-Ruhr kombiniert freie Fahrt im ÖPNV mit freiem Eintritt zu verschiedenen Attraktionen in Oberhausen, aber auch in anderen Ruhrgebietsstädten. Informationen und Tickets bekommt man in den Servicecentern der Stadtwerke Oberhausen GmbH (Stoag):

- Kundencenter am Hauptbahnhof, *Willy-Brandt-Platz (Alt-OB), Mo–Fr 8–18 Uhr, Sa 9–14 Uhr*
- Kundencenter Neue Mitte, Platz der Guten Hoffnung (Alt-OB), *Mo–Fr 10.30–16 Uhr*
- Kundencenter Sterkrade Bahnhof, Busterminal (Sterkrade), *8–18 Uhr, Sa 9–14 Uhr*

Nähere Infos zu Tickets und Fahrplänen telefonisch unter 01806/6504030 (0,20 Euro pro Minute aus dem Festnetz, 0,60 Euro mobil) oder im Netz: *www.stoag.de*

Revierflitzer

Am Abend und in der Nacht (Mo–Do & So 21–2 Uhr, Fr 21–6 Uhr, Sa 21–9 Uhr) kommen NachtschwärmerInnen mit dem sogenannten Revierflitzer nach Hause. Buchbar sind die schwarzen Autos via kostenloser App. Sie fahren in den Stadtteilen nördlich der A42 bis zum Centro und zur Turbinenhalle. Zustiegsmöglichkeiten bestehen an Bushaltestellen oder auch größeren Straßenkreuzungen. Unterwegs können andere Fahrgäste einsteigen, die in die gleiche Richtung wollen. Der On-Demand-Service wird nach gefahrenen Kilometern abgerechnet und kostet zwischen 2,95 Euro und 13 Euro. ÖPNV-AbonnentInnen fahren günstiger. Auch wer den Revierflitzer für zwei und mehr Personen bucht, kann sparen. Im Stoag-Kundencenter am Sterkrader Bahnhof werden auch Guthabenkarten für den Revierflitzer verkauft.

www.stoag.de/service/revierflitzer

E-Roller

Für alle, die individuell und umweltschonend unterwegs sein möchten, bieten sich die orangefarbigen EVO-Roller an, die im Oberhausener Stadtgebiet verteilt stehen. Mit bis zu 45 km/h geht's durch die Stadt. Eine volle Akku-Ladung reicht für rund 100 Kilometer. Wer einen Roller mieten möchte, muss sich die entsprechende EVO-App herunterladen, sich zunächst registrieren, ein Zahlungsmittel hinterlegen und seinen Führerschein verifizieren lassen. Anmelden können sich alle, die im Besitz eines Führerscheins Klasse B und älter als 21 sind. Hat alles geklappt, zeigt die App ein freies Zweirad in der Nähe an – ein Helm gehört zur Ausstattung dazu. Um das Aufladen der Roller kümmert sich das EVO-Team. Die Registrierung kostet 4,86 Euro (inkl. 30 Freiminuten). Danach sind es pro Minute 0,18 Euro, pro Tag werden maximal 24 Euro fällig.

www.evo-sharing.ruhr

Fahrrad

Oberhausen ist überwiegend flach und eignet sich gut zum Fahrradfahren. Es gibt zahlreiche Radwege abseits der Hauptstraßen, über die man ohne störenden Autoverkehr rollen kann. Wer ohne eigenes Rad anreist, kann vor Ort eins ausleihen.

Das Zentrum für Ausbildung und berufliche Qualifikation Oberhausen (ZAQ) betreibt die Radstation am Hauptbahnhof. Hier kann man seinen alten Drahtesel wieder flottmachen oder Pannen reparieren lassen. Außerdem stehen 30 Leihräder zur Verfügung. Bei größeren Gruppen ist es besser, wenn vorher reserviert wird. Die Räder kosten zwischen 7 und 9 Euro für 24 Stunden.

Willy-Brandt-Platz 1 (Innenstadt),
Mo–Fr 7–19 Uhr, Sa 10–16 Uhr,
H Hauptbahnhof, 0208/855174,
www.zaq-oberhausen.de

»Call a bike« hat seine eher überschaubare Anzahl an Rädern auch am Hauptbahnhof geparkt. Die Deutsche Bahn will mit ihrem Bikes-Sharing-Konzept für alle, die mit dem Zug anreisen, eine Weiterfahrt garantieren. Ausleihe und Rückgabe können via App organisiert werden. Das Rad muss wieder an einer festgelegten Station geparkt werden, die man ebenfalls über die App findet. Die Preise variieren je nach Tarif (ab 0,10 Euro pro Minute und 1 Euro pro 30 Minuten). Tageshöchstpreis: 9 Euro.

www.callabike.de

Unter dem Namen Metropolrad Ruhr vermietet die Firma Nextbike in Oberhausen rund 300 Räder an 21 Standorten. Die Anmeldung erfolgt online oder über einen Terminal. Eine Registrierung über die Hotline 030/69205046 funktioniert auch. Anschließend kann man Räder aufschließen, indem man einen QR-Code scannt oder die Radnummer in eine App eingibt. Pro 15 Minuten wird 1 Euro fällig, für 24 Stunden kostet die Ausleihe 15 Euro. Pro Account können maximal vier Räder gemietet werden. Die Räder können auch an anderen Stationen abgegeben werden. Wer allerdings »wild« parkt, zahlt 20 Euro Strafe.
www.metropolradruhr.de

Der Anbieter Revierrad betreibt eine Station am Haus Ripshorst und hat verschiedene Mietmodelle zur Auswahl – darunter auch E-Bikes, die man aber besser vorbestellen sollte. Ein Cityrad kostet für zwei Stunden 6 Euro, pro Tag 9 Euro. Wer das Rad mehrere Tage leiht, bekommt Rabatt. Trekkingräder kosten 13,50 Euro pro Tag, Pedelecs 25 Euro. Zusätzlich sind auch Räder für Kinder oder Fahrradanhänger erhältlich (5 Euro pro Tag). Helme, Gepäcktaschen, Notfallsets und Regenponchos runden das Sortiment ab. Wer sein Rad an einer anderen Station zurückgeben möchte, zahlt eine One-Way-Gebühr (4–10 Euro). Für Reisende, die den Ruhrtalradweg fahren, kann ein Bustransfer organisiert werden. Keine telefonische Reservierung der Räder möglich.
Ripshorster Straße 306 (Borbeck),
Di–So 10–18 Uhr (März, Mai–Okt.),
Di–So 10–17 Uhr (Nov.–Feb.),
Haus Ripshorst, 0208/8485720
(nur Info-Hotline)
www.revierrad.de

Fahrrad parken

Im Parkhaus neben der Radstation (Hbf.) kann man sein Rad sicher abstellen. Die Tageskarte kostet 0,90 Euro, die Monatsmiete beträgt 9 Euro, die Jahreskarte 90 Euro. Zusätzlich bietet das ZAQ Oberhausen insgesamt 75 Radboxen an (Hbf., Bf. Sterkrade und Holten). Die Radboxen müssen für ein ganzes Jahr angemietet werden, das kostet ebenfalls 90 Euro. Eine vorzeitige Kündigung ist jederzeit möglich. Um die Boxen zu öffnen, wird ein Schlüssel oder Chip benötigt, für den eine Kaution hinterlegt werden muss.
www.zaq-oberhausen.de

Um Radfahren und ÖPNV besser miteinander zu verzahnen, hat der VRR mit der Firma Dein Radschloss Fahrradboxen am Bahnhof Sterkrade aufgebaut. VRR-KundInnen, die bereits ein Abo-Ticket für den Nahverkehr besitzen, können die Radabstellanlagen bequem mit ihrem im Ticket eingebauten Chip nutzen. Wer keine Karte hat, bekommt nach der Registrierung einen Pin-Code zur Reservierung und Bezahlung mitgeteilt. Pro Tag kostet der Parkplatz 1 Euro, pro Woche 5 Euro. Monatsmiete: 15 Euro, für das ganze Jahr werden 90 Euro fällig.
www.dein-radschloss.de

Taxi

Die Grundgebühr für ein Taxi beträgt in Oberhausen tagsüber 3 Euro plus 2 Euro (So und nachts: 2,10 Euro) pro gefahrenem Kilometer.

- Taxizentrale Oberhausen, *0208/666666*
- Taxiteam Oberhausen, *0208/22222 oder 0208/607607*
- Taxi King Oberhausen, *0208/854259*

www.bk-taxi.de

AUSKUNFT

Die Tourist-Information gegenüber vom Hauptbahnhof hält umfangreiches Informationsmaterial zu den Oberhausener Sehenswürdigkeiten bereit. Hier kann man Touren buchen, nach Souvenirs stöbern oder Tickets für Veranstaltungen kaufen.
Willy-Brandt-Platz 2 (Innenstadt), Mo–Mi & Fr 10–14 Uhr, Do 10–18 Uhr, Sa 10–13.30 Uhr, H Hbf, 0208/824570
Eine weitere Tourist-Information gibt es im Centro, direkt an der Coca-Cola-Oase.
Mo–Sa 10–20 Uhr, H Neue Mitte, 0208/824570,
www.oberhausen-tourismus.de

Ermäßigungen

Bei einem längeren Aufenthalt in der Region lohnt sich die Ruhr.Topcard. Sie kostet 56 Euro für Erwachsene und 36 Euro für Kinder und bietet ruhrgebietsweit bei 90 Einrichtungen freien Eintritt. In 50 weiteren kommt man zum halben Preis rein. In Oberhausen gibt's kostenlosen Zugang zum Aquapark, ins Legoland Discovery Center, in die Ludwiggalerie im Schloss Oberhausen, ins LVR-Industriemuseum Peter-Behrens-Bau, LVR-Industriemuseum St. Antony-Hütte und ins Solbad Vonderort. 50 Prozent Ermäßigung winken auf eine Eintrittskarte im Theater an der Niebuhrg, im Sea Life sowie bei den Internationalen Kurzfilmtagen. ***www.ruhrtopcard.de***

Mit der RuhrKultur.Card für 45 Euro bekommt man freien Eintritt in 21 Ruhrkunstmuseen und kann sich eine Eintrittskarte zum halben Preis in den elf teilnehmenden Theatern sichern. In Oberhausen machen mit: Theater, Internationale Kurzfilmtage, Gasometer sowie das LVR-Industriemuseum Peter-Behrens-Bau. Die Karte ist nicht übertragbar. ***www.ruhrtourismus.de***

Die Welcome-Card-Ruhr kombiniert freie Fahrt im ÖPNV mit freiem Eintritt zu verschiedenen Attraktionen in Oberhausen, aber auch in anderen Ruhrgebietsstädten. Oberhausen liegt im Gebiet der Welcome-Card-West. Dieses umfasst außerdem Mülheim, Essen, Bottrop, Duisburg sowie Ziele am Niederrhein. Buchbar ist das Ticket für 24, 48 oder 72 Stunden und kostet entsprechend zwischen 25 und 48 Euro. Die Karte muss vorab im Webshop, telefonisch oder an einer Tourist-Info gekauft werden. Anschließend wird das Ticket mit dem Namen des Nutzers personalisiert. Es gibt keine Unterscheidung zwischen Erwachsenen- und Kinder-Cards. Generell fahren Kinder bis 6 Jahre im ÖPNV in Begleitung eines Erwachsenen kostenlos und im Alter von 6 bis 14 Jahren zum reduzierten Tarif. Die Eintrittspreise der teilnehmenden Attraktionen variieren – demnach lohnt sich ein individueller Blick, ob sich die Welcome-Card für junge Besucher wirklich lohnt.

NOTFÄLLE

- Polizei: *110*
- Feuerwehr: *112*
- Ärztlicher Notdienst: *116117*
- Zahnärztlicher Notdienst: *0180/986700,* ***www.zahnarzt-notdienst.de***
- Apothekennotdienst: *01805/93888 oder* ***www.aponet.de***

- Die Polizeiwache in Alt-Oberhausen befindet sich am Friedensplatz 2–5 und ist rund um die Uhr besetzt. *H Hauptbahnhof, 0208/8264121*
- Die Polizeiwache in Sterkrade befindet sich am Wilhelmplatz 2 und ist rund um die Uhr geöffnet. *H Ludwigshütte, 0208/8264131*

NEWS & AKTUELLES

In Oberhausen erscheinen zwei große Tageszeitungen: Die Westdeutsche Allgemeine Zeitung und die Neue Ruhr Zeitung informieren über Aktuelles aus der Stadt. Außerdem gibt es das kostenlose Anzeigenblatt Wochenanzeiger, das immer mittwochs und samstags erscheint. Der WDR informiert montags bis freitags um 19.30 Uhr in der Lokalzeit Ruhr auch über das Geschehen in Oberhausen. Radio Oberhausen sendet auf UKW 106,2.

KARTENVORVERKAUF

Karten für die Vorstellungen des Theater Oberhausen gibt es an der Theaterkasse:
Will-Quadflieg-Platz 1 (Marienviertel), Mo 12–18.30 Uhr, Di–Fr 10–18.30 Uhr, Sa 10–13 Uhr, H Theater, 0208/8578184 (für Kartenvorbestellungen),
www.theater-oberhausen.de

Eintrittskarten für Veranstaltungen im Ebertbad bekommen Interessierte überall dort, wo es Karten gibt, aber auch im eigenen Ticketshop.
Ebertplatz 4 (Marienviertel), Mo–Fr 10–18 Uhr, H Theater, 0208/2054028, ***www.ebertbad.de***

An der König-Pilsener-Arena gibt es einen Ticketshop für sämtliche Veranstaltungen in der Multifunktionshalle.
Arenastraße 1 (Neue Mitte), Mo–Fr 10–17 Uhr, H Neue Mitte, 0208/82000 (Ticket-Hotline),
www.koenig-pilsener-arena.de

Tickets für ein Spiel von Rot-Weiß Oberhausen bekommen Fans an verschiedenen Vorverkaufsstellen und in der Geschäftsstelle RWO.
Lindnerstraße 78 (Buschhausen), Mo–Di und Do–Fr 10–17 Uhr, Mi 10–15 Uhr (nicht an Heimspieltagen unter der Woche), H Schloss Oberhausen,
www.rwo-online.de
Fanshop Vorplatz Stadion Niederrhein, Lindnerstraße 2–6 (Buschhausen), Mo & Do 16–19 Uhr (an Heimspieltagen bis Stadionöffnung geschlossen)

In den beiden Tourist-Informationen werden Tickets für sämtliche Veranstaltungen in Oberhausen und Umgebung angeboten.
Willy-Brandt-Platz 2 (Innenstadt), Mo–Mi & Fr 10–14 Uhr, Do 10–18 Uhr, Sa 10–13.30 Uhr, H Hbf, 0208/824570
Centro: Mo–Sa 10–20 Uhr, H Neue Mitte, 0208/824570,
www.oberhausen-tourismus.de

POST

Brief- und Paketmarken bekommt man in vielen Lottoshops und anderen Geschäften. Eine größere Postfiliale befindet sich in der Nähe des Hauptbahnhofs:
Paul-Reusch-Straße 2, Mo–Fr 9–18 Uhr, Sa 9–13 Uhr

BILDNACHWEISE

Alexandra Roth: S. 3 (3), S. 4 (2), S. 6, S. 11, S. 13, S. 22 (u.), S. 26 (re./u.), S. 28 (3), S. 29 (3), S. 30 (o.), S. 31 (2), S. 32, S. 33 (li.), S. 34 (2), S. 35 (4), S. 36 (3), S. 37 (4), S. 38 (3), S. 39 (4), S. 40 (2, o.), S. 41 (3), S. 42 (3), S. 43 (2, u./re.), S. 44, S. 48, S. 50, S. 53, S. 54, S. 56, S. 58, S. 59 (u.), S. 62, S. 63, S. 64, S. 67, S. 68, S. 69, S. 77 (u.), S. 82, S. 85, S. 87, S. 88, S. 89, S. 91, S. 92, S. 93, S. 94, S. 95, S. 97 (2), S. 98, S. 99 (2), S. 100, S. 101 (re.), S. 102, S. 103 (2), S. 105, S. 106, S. 107, S. 108, S. 109 (2), S. 110, S. 112, S. 113, S. 114, S. 116, S. 117, S. 118, S. 119, S. 120, S. 121, S. 123, S. 127, S. 129, S. 130 (o.), S. 131, S. 133, S. 134, S. 137, S. 138, S. 139, S. 140, S. 142 (o.), S. 144, S. 145, S. 146, S. 147, S. 148 (2, li/u.re.), S. 149 (2), S. 150 (re.), S. 152, S. 155 (2), S. 156, S. 158 (2), S. 159, S. 160, S. 161, S. 164, S. 165 (2), S. 166 (2), S. 167, S. 168 (2), S. 169, S. 170 (2), S. 171, S. 172 (2), S. 174, S. 175, S. 176, S. 180, S. 181 (2), S. 182, S. 184, S. 186 (2), S. 187 (2), S. 188 (2), S. 191 (3), S. 192, S. 193, S. 194, S. 195, S. 196 (2), S. 197 (2), S. 198, S. 199, S. 200, S. 201 (2), S. 202 (2), S. 203 (2), S. 204, S. 205 (2), S. 206 (2), S. 208, S. 209, S. 210 (2), S. 211 (2), S. 212, S. 214 (2), S. 215 (2), S. 224
Udo Milbret: S. 2
Karen & Klaus Tyrna: S. 7
Oliver Knorr: S. 8
Sea Life Oberhausen: S. 9
Olaf Hasenbein: S. 12
RVR/Volker Wiciok: S. 14
Kurzfilmtage/Daniel Gasenzer: S. 15 (re.)
Carsten Walden: S. 15 (li.), S. 16 (2), S. 17 (li.), S. 18 (2), S. 19 (2), S. 20 (2), S. 25, S. 26 (re.o.), S. 33 (re./u.), S. 59 (o.), S. 74 (2), S. 75, S. 78, S. 90 (u.), S. 132, S. 163, S. 178, S. 183
Heinz Wagner: S. 17 (re.)
Rainer Suhr: S. 22 (o.), S. 26 (li.)
Fabienne Piepiora: S. 23 (o.), S. 32, S. 80, S. 84, S. 104
OWT: S. 24, S. 33 (re./o.), S. 46, S. 49, S. 73, S. 77 (o.), S. 81, S. 90 (o.), S. 135 (o.), S. 141, S. 148 (li./o.)
Hans Blossey: S. 27, S. 157
Tree2Tree/Béla Kubick: S. 30 (u.)
Aquapark: S. 40 (u.), S. 128
Bunkermuseum: S. 43 (li./o.)
Heinz Brieden: S. 55
Tom Thöne/OWT: S. 61, S. 96, S. 135 (u.), S. 136
LVR-Industriemuseum Oberhausen: S. 66
Harald Hoffmann: S. 79
Galerie KiR: S. 93
www.ingimage.com: S. 101 (li.)
POTTpeople/Carsten Wrede: S. 111
Ebertbad: S. 115
Centro Oberhausen: S. 21, S. 124, S. 130 (u.), S. 142/143 (u.), S. 147, S. 150 (li.), S. 176, S. 151 (2), S. 176
Unibail Rodamco Westfield: S. 126
Sandra Gehlich: S. 162
Jakob Studnar: S. 177
Willi Wülbeck: S. 185
Friedensdorf/Jakob Studnar: S. 190
Thomas Briem: S. 207
Kleinstädter Bühne: S. 208 (li.)
Kartendaten: Stadtplanwerk Ruhrgebiet 2.0 © Regionalverband Ruhr und Kooperationspartner (Lizenz: dl-de/by-2-0); Datengrundlagen: ALKIS, ATKIS © Land NRW/Katasterämter (Lizenz: dl-de/zero-2-0 und © OpenStreetMap – Mitwirkende (License: ODbL) S. 45, 70, 71, 125, 153, 179

STICHWORTVERZEICHNIS